ein Ullstein Buch

ÜBER DAS BUCH:

Nat Drinkwater ist Kommandant der Korvette *Melusine* geworden, einer von den Franzosen gekaperten Prise, die nun Geleitschutz für eine britische Walfängerflottille im Nordmeer fahren soll. Von Anfang an machen die rauhen Walfängerkapitäne Front gegen das Kriegsschiff, das sie als lästigen Aufpasser empfinden. Auch erntet sein im Eis unerfahrener Kommandant nur Spott und Hohn, denn die *Melusine* ist zwar schnell und schnittig, aber viel zu leicht gebaut. Drinkwater muß die Erfahrung, die ein Überleben im Eis ermöglicht, unter hohen Kosten an Menschenleben und Material erwerben. Dann aber kann er den Walfängern bei einem Jahrhundertfang von Nutzen sein. Nachdem ein Schiff durch Feuer verloren ging und ein zweites gekapert wurde, lernen die Kapitäne allmählich den Schutz des kompetenten Marineoffiziers schätzen. Für Drinkwater aber kommt die Bewährungsprobe, als er nach dem Gefecht mit einem Kaperer unter Notruder einen Schutzhafen an Grönlands Küste anläuft – und ihn voll feindlicher Schiffe findet!

Die grandiose Landschaft Ostgrönlands und das eisige Nordmeer mit seiner damals noch intakten Tierwelt bilden den Hintergrund für einen der gelungensten Romane aus der marinehistorischen Serie um Nathaniel Drinkwater.

DER AUTOR:

Richard Woodman ging mit sechzehn Jahren von der Schule ab, um vor dem Mast das Tall Ships' Race von 1960 mitzusegeln, die Transozeanregatta der großen alten Rahsegler. Er absolvierte seine Kadettenzeit bei der britischen Handelsmarine, erwarb das Offizierspatent und fuhr als Navigator auf Überseefrachtern und Wetterschiffen. 1967 trat er in den Dienst von Trinity House, der traditionsreichen britischen Seefahrtsbehörde, und fährt jetzt als Kapitän einen ihrer Versorgungstender. Er schrieb ein preisgekröntes marinehistorisches Sachbuch über die jahrhundertealte Geschichte von Trinity House, *Keepers of the Sea*, und seit 1982 die erfolgreiche Romanserie um den Seehelden Nat Drinkwater, die durch Spannung, Realismus und nautische Exaktheit besticht. Bei Ullstein liegen inzwischen sechs Titel daraus vor, weitere sind in Vorbereitung.

Richard Woodman

Die Korvette

Kapitän Drinkwater und die Walfänger von Grönland

Roman

ein Ullstein Buch

ein Ullstein Buch / maritim
Nr. 20742
Herausgegeben von J. Wannenmacher
im Verlag Ullstein GmbH,
Frankfurt/M – Berlin
Titel der Originalausgabe:
The Corvette
Erstveröffentlichung 1985
bei John Murray (Publishers) Ltd.,
London
Aus dem Englischen
von Eckhard Kiehl

Deutsche Erstausgabe

Umschlagentwurf:
Hansbernd Lindemann
Umschlagillustration:
Val Bivo

Printed in Germany 1987
Gesamtherstellung:
Clausen & Bosse, Leck
ISBN 3 548 20742 1

Juli 1987

Vom selben Autor
in der Reihe der
Ullstein Bücher:

Die Augen der Flotte (20531)
Kutterkorsaren (20557)
Kurier zum Kap der Stürme (20585)
Die Mörserflottille (20666)
Die Wracks von Trafalger (20787)

CIP-Kurztitelaufnahme der
Deutschen Bibliothek

Woodman, Richard:
Die Korvette: Kapitän Drinkwater u. d.
Walfänger von Grönland; Roman /
Richard Woodman. [Aus d. Engl.
von Eckhard Kiehl]. – Dt. Erstausg. –
Frankfurt/M; Berlin: Ullstein, 1987.
(Ullstein-Buch; Nr. 20742: Maritim)
Einheitssacht.: The corvette ⟨dt.⟩
ISBN 3-548-20742-1
NE: GT

FÜR MEINE MUTTER

Inhalt

TEIL EINS

DER KONVOI

»Und es wurde gemeldet, daß die Franzosen beabsichtigten, über unsere Walfänger herzufallen...«

Aus: ›The Man O'War's Man‹ von Bill Truck

Prolog

Mai 1803

London

»*Was* hat er?« Der Erste Lord der Admiralität, der eben noch gleichmütig zum Fenster hinausgesehen hatte, wandte sich abrupt um. Mit finsterem Blick musterte er den Sekretär, der ein Bündel Papiere mit den täglichen Routinemeldungen in der Hand hielt.

»Er hat den Dienst quittiert, Mylord.«

»Den Dienst quittiert? Soll ihn doch der Teufel holen, verdammt noch mal! Glaubt er etwa, er könne den Dienst in der Marine quittieren, wann es ihm paßt?«

Der Sekretär vermied es klugerweise, sich dazu zu äußern; der Earl St. Vincent überquerte mit wenigen Schritten den kleinen Teppich zwischen Fenster und Schreibtisch. Beide Hände auf die Platte gestützt, beugte er sich vor, wobei sein Gesicht fast die Farbe der Schärpe des Bath-Ordens annahm, den er für einen Morgenempfang bei Hof angelegt hatte. Er sah zu Templeton hoch, seinem Dritten Sekretär.

Obwohl erheblich größer als der Erste Lord, fühlte Mr. Templeton sich doch vor St. Vincent klein. An die Wutausbrüche Seiner Lordschaft war er zwar gewöhnt, aber die Macht, die dem Ersten Seelord zu Gebote stand, beeindruckte ihn immer von neuem. Als der Earl jetzt seine Tirade fortsetzte, sprach tiefe Frustration daraus.

»Als hätte ich nicht schon genug Probleme durch das Wiederaufflammen des Krieges und den miserablen Zustand der Werften! Jetzt muß ich auch noch einem verdammten Wichtigtuer beibringen, was seine Pflicht ist. Herrgott noch mal, Sir, mit der Marine kann man doch nicht so umspringen wie mit einem Regiment. Diese Einstellung ist nun wirklich allzusehr *Mode* geworden!«

St. Vincent stieß dieses Wort voll Verachtung aus. Seit dem Frieden von Amiens hatte er sich bemüht, die Korruption in den Werften auszumerzen; hatte versucht, dort Vorräte für die Marine anzulegen und den Veruntreuungen und der Mißwirtschaft ein Ende zu machen, die der Intendantur seines Rivalen, Sir Andrew Snape Hammond, Comptroller of the Navy und Vorsitzenden des mächtigen Navy Board, soviel Kummer bereiteten.

Die Meuterei im Cadiz-Geschwader niederzuschlagen, war ihm damals weitaus leichter gefallen. Er konnte doch nicht jeden langfingrigen Missetäter, der sich an den Vorratslagern Seiner Majestät vergriff, aufhängen lassen, oder jedem Profitgeier, der der Marine Seiner Majestät Material lieferte, das Handwerk legen. Doch die Sorge um die ihm anvertrauten Schiffe erforderte das eigentlich, und durch seinen ehrlichen Widerstand gegen die sehr weltliche Haltung der Londoner Politiker hatte er sich viele Feinde geschaffen.

Lord St. Vincent zog die Schultern hoch und putzte sich die Nase mit einem feinen Leinentaschentuch. Templeton kannte die Geste: St. Vincent gedachte, seine angestauten Frustrationen quasi durch das »Zündloch« seines Büros loszuwerden, da ihm die »Mündung« durch seine Gegner verstopft worden war.

»Seien Sie doch bitte so gut, Templeton, und vermerken Sie auf der Akte von Sir James Palgrave, daß er für die Dauer des jetzigen Krieges kein Kommando mehr bekommt.«

»Sehr wohl, Mylord.«

St. Vincent wandte sich wieder dem Fenster und der Betrachtung der schwankenden Baumgipfel im St. James Park zu. Das war jetzt sein einziger Ausblick auf den Himmel. Templeton wartete. St. Vincent dachte über die Torheit nach, einen Mann nur wegen seines Titels zum Vollkapitän zu machen. Er erinnerte sich an Palgrave: ein Lieutenant mit ziemlich durchschnittlichen Leistungen, aber mit einer Vorliebe für starke Weine und einem äußerst empfindlichen Ehrgefühl. Vielleicht lag das an der Belanglosigkeit seines Titels. St. Vincent, dessen Stellung auf persönlichen Verdiensten beruhte, hatte für ererbten Rang nichts übrig, wenn bessere Leute dadurch in den Schatten gestellt wurden. Eigentlich war es nicht Aufgabe des Ersten Seelords, sich um einen Nachfolger für Palgrave zu kümmern, doch war damit eine Angelegenheit von ziemlicher Bedeutung verbunden.

Templeton räusperte sich. »Und die *Melusine*, Mylord?« Da St. Vincent schwieg, fuhr er fort: »Wenn man die Dringlichkeit ihrer Befehle und die Nachrichten bedenkt, die...«

»Warum hat Palgrave den Dienst quittiert, Templeton?« fragte St. Vincent plötzlich.

»Ich weiß es nicht, Mylord.« Es gehörte nicht zu den Aufgaben eines Dritten Sekretärs des Marineministers, Gerüchte weiterzugeben, so zuverlässig die Quelle auch sein mochte. Aber Sir James' überstürzter Abschied rührte angeblich von einer Verletzung her, die er sich beim illegalen Duell mit dem Kapitän eines der Schiffe zugezogen hatte, für die er Geleitschutz fuhr.

Templeton versuchte, von diesem Thema abzulenken. »Und die *Melusine*, Mylord? Die Neubesetzung des Kommandos fällt doch wohl unter Ihre Zuständigkeit.«

St. Vincent sah ruckartig auf. Nur durch den Ausbruch einer Frühjahrsgrippe, die die meisten höheren Beamten einschließlich des Ersten Sekretärs Seiner Lordschaft erfaßt hatte, war Templeton die Möglichkeit geboten worden, dem Ersten Seelord täglich Vortrag halten zu dürfen.

Templeton wurde sich seiner Anmaßung bewußt und lief rot an. »Ich bitte um Entschuldigung, Mylord. Ich wollte nur auf die Nachrichten hinweisen ...

»Die Nachrichten sind mir nicht entgangen, Templeton«, sagte St. Vincent scharf. Ironisch fügte er hinzu: »Wen hatten Sie denn als Nachfolger im Sinn?«

»Niemand im besonderen, Mylord«, entgegnete der Sekretär verlegen; er fragte sich beunruhigt, ob der scheinbar allwissende alte Mann wohl von seiner Verbindung zu Francis Germaney, dem Ersten Offizier der *Melusine*, erfahren hatte.

»Na, wer hat sich denn beworben, Sir? Wir haben doch sicherlich keinen Mangel an Kommandanten, oder?«

Der Stich saß. »Durchaus nicht, Mylord.« Das Sekretariat wurde täglich mit Briefen und Einstellungsgesuchen von Kapitänen und Leutnants überflutet, die auf Halbsold untätig an Land saßen. Alle gingen aus dem Allerheiligsten des Ministers, wo Beförderung oder Ablehnung ihren mitleidlosen und parteiischen Lauf nahmen, säuberlich an die Absender zurück.

»Besorgen Sie mir die Namen der hartnäckigsten Bewerber im letzten Monat, Sir, und beeilen Sie sich gefälligst.«

Templeton entschwand mit der Behendigkeit eines gemaßregelten Kadetten, während St. Vincent auf die dicken Kumuluswolken starrte, die über den Schornsteinen von Downing Street dahinzogen, ohne sie eigentlich recht wahrzunehmen.

Seit der Wiederbeginn des Krieges vor zwei Wochen hatten sich die auf halben Sold gesetzten, unbeschäftigten Offiziere noch nachdrücklicher um neue Kommandos bemüht. Das Wartezimmer für Leutnants, direkt unter ihm, war eine wahre Bärengrube von Wünschen und Enttäuschungen, die den Ordonnanzen ein kleines Vermögen an Trinkgeld einbringen würde. Sollte diesen Kerlen doch die Pestilenz an den Hals fahren! St. Vincent seufzte bei dem Gedanken, daß gerade durch die von ihm eingeleitete Neuordnung der Marine ein gefährlicher Bruch in der nationalen Verteidigung entstanden war. Die Geschwindigkeit, mit der die Einheiten der Flotte wieder in Dienst gestellt wurden, ließ sich jetzt nur durch eine Rückkehr zu den alten Lastern der Bestechung, der Korruption und der stillschweigenden Duldung ermöglichen. St. Vincent machte diese Situation schwer zu schaffen, während seine weltlicher gesinnten Feinde, von der fanatischen Rechtschaffenheit des Ersten Seelords nicht mehr bedroht, nur noch ein zynisches Lächeln für ihn übrig hatten.

Templetons Rückkehr unterbrach den bitteren Tagtraum des alten Mannes. »Nun?«

»Drei, Mylord«, sagte Templeton etwas außer Atem. »Es sind drei, deren Hartnäckigkeit besonders ins Auge fiel.«

»Nun berichten Sie schon, Sir.«

»Erstens White, Mylord, Captain Richard White...«

»Zu ranghoch für eine Korvette, aber er muß das nächste Linienschiff bekommen. Notieren Sie das bitte.«

»Sehr wohl, Mylord. Dann wäre da Yelland. Er hat sich bei Kopenhagen hervorragend geschlagen.«

St. Vincent schnaubte verächtlich. Was Yelland auch bei Kopenhagen geleistet hatte, es reichte nicht aus, um die vorgefaßte Meinung des Ersten Seelords zu erschüttern. Templeton, der es merkte, versuchte abzuschwächen: »Obwohl er natürlich nur Commander ist...«

»Eben, eben, Templeton. Die *Melusine* ist ein Zwanzig-Kanonen-Schiff. Wer ist der Dritte?«

»Äh, Drinkwater, Mylord. Oh, ich bitte Eure Lordschaft um Verzeihung, auch er ist nur Commander.«

»Spielt keine Rolle.« St. Vincent dachte über den Namen nach und versuchte, ein Gesicht damit zu verbinden. »Drinkwater? Lesen Sie mir seine Akte vor. Vielleicht geben wir ihm nur ein Kommando auf Zeit und brauchen ihn dann nicht zum Post Captain * zu befördern.«

Templeton war mit den Nerven fast am Ende. Beim Versuch, die richtige Akte hervorzusuchen, machten sich einige Papiere selbstän-

* *Post Captain:* Rang in der britischen Marine zur Zeit der Segelkriegsschiffe, der dem heutigen »Captain« (Kapitän zur See) entspricht. Dieser Rang war in zwei Stufen unterteilt, abhängig von der Größe und der Bewaffnung des Schiffes, welches der betreffende Offizier anvertraut erhielt. Lieutenants konnte der Rang eines Captain (ehrenhalber) verliehen und das Kommando über ein kleines Schiff (Sloop, Kutter usw.) übertragen werden. Dieser Rang entspricht heute dem eines Commander (Fregattenkapitän). Nachdem sie so genügend Erfahrung gesammelt hatten, erhielten sie dann das Kommando über ein »klassifiziertes Schiff«, wobei sie gleichzeitig zum »Post Captain« ernannt wurden (Anm. d. Übers.).

dig und segelten auf den kostbaren Teppich hinunter. Er begann, seine Beförderung auf Zeit zu bedauern, und dankte seinen Sternen, daß er diesen Posten nur zeitweilig wahrnehmen mußte. Seinen Verwandten auf der *Melusine* hatte er inzwischen völlig vergessen.

»Äh, Nathaniel Drinkwater, Mylord, erhielt seine Bestallung zum Leutnant im Oktober 1797 nach Kampenduin. Wurde als Erster Offizier der Brigg *Hellebore* auf Befehl von Lord Nelson zu einem Sondereinsatz ins Rote Meer abgeordnet. Als Leutnant Befehlshaber der Bombarde *Virago* während des Flotteneinsatzes in der Ostsee; wegen seiner Verdienste vor und während der Schlacht von Kopenhagen auf Empfehlung von Parker und Nelson zum ›Master und Commander‹ befördert*. Später im selben Jahr unter Nelson bei der Bombardierung von Boulogne verwundet und deswegen aus dem aktiven Dienst entlassen, Mylord.«

St. Vincent nickte. »Jetzt weiß ich, wer er ist. Ich erinnere mich, daß er 1798 vor Cadiz zu Besuch auf die *Victory* kam, bevor Nelson sich das Mißfallen Ihrer Lordschaften zuzog, weil er diese Brigg Hellebore um ganz Afrika herumschickte. Hat er nicht die *Antigone* zurückgebracht?«

Templeton blätterte in den Akten. »Jawohl, Mylord. *Antigone*, französische Fregatte, wurde für die Marine erworben.«

»Hm.« St. Vincent dachte über die Sache nach. Er erinnerte sich, daß Mr. Drinkwater schon als Leutnant 1798 nicht mehr ganz jung gewesen war. Aber er war ihm schon damals aufgefallen: ein energischer Mund und ruhig blickende, graue Augen, die gelassene Kompetenz verrieten. Außerdem hatte Drinkwater sowohl Parker als auch Nelson beeindruckt, und das war bei den unterschiedlichen Charakteren dieser beiden keine geringe Leistung. Darüber hinaus kennzeichneten ihn seine bisherigen Verdienste und seine hartnäckig wiederholten Gesuche als einen energischen Offizier.

Reife und Energie war genau die Kombination, die er auf *Melusine* benötigen würde, wenn die Geheimberichte stimmten. St. Vincents Stimmung begann sich zu heben. Palgrave wäre sowieso nicht seine Wahl gewesen, denn er hatte die *Melusine* im Frieden befehligt, eine Tatsache, die mehr für seinen Einfluß als für seine Fähigkeiten sprach.

»Da wäre noch etwas, Mylord«, bemerkte Templeton, der sich wieder in ein besseres Licht setzen wollte.

»Was denn?«

* siehe *Kutterkorsaren* (UB 20557), *Kurier zum Kap der Stürme* (UB 20585) und *Die Mörserflottille* (UB 20666).

»Drinkwater, Sir«, sagte der Sekretär, wobei er diese Tatsache aus den Akten fischte wie eine Trumpfkarte aus einem schlechten Spiel, »war schon früher mit Geheimaufträgen betraut: auf dem Kutter *Kestrel*, Mylord, der von Lord Dungarths Abteilung eingesetzt wurde.«

St. Vincents Augen leuchteten auf. »Damit ist die Sache besiegelt, Templeton. Lassen Sie einen Einstellungsbescheid aufsetzen, so daß ich ihn noch vor acht Glasen unterschreiben kann. Das ist Mittag, Templeton, Mittag! Und instruieren Sie Captain Drinkwater, er möge sich unverzüglich hier einfinden.« Er machte eine nachdenkliche Pause. »Ersuchen Sie ihn, am Freitag bei mir vorzusprechen.«

»Sehr wohl, Mylord.« Templeton bückte sich nach den zu Boden gefallenen Papieren.

St. Vincent ging zu seinem Fenster zurück. »Räuchert man eine Viper in ihrem Nest aus, Templeton?«

Der Sekretär sah auf. »Tut mir leid, Mylord, das weiß ich nicht.«

»Ist auch egal. Aber wir wollen mal sehen, was Captain Drinkwater zuwegebringt, oder?«

»Jawohl, Mylord.« Templeton sah vom Teppich auf, erleichtert, daß Seine Lordschaft nicht mehr ärgerlich mit ihm war. Er fragte sich, ob der ihm unbekannte Captain Drinkwater wußte, daß die Zeiten, zu denen der Erste Seelord Besucher empfing, etwas ausgefallen waren; wahrscheinlich nicht. Auf jeden Fall, dachte er, war das Wohlwollen eines so korrekten Ersten Seelords wie John Jervis Earl St. Vincent an gewisse Bedingungen geknüpft.

»Lassen Sie doch bitte meinen Wagen vorfahren, Templeton.«

Der Sekretär erhob sich, die Papiere an die Brust gepreßt. »Sofort, Mylord.« Im Geist formulierte er bereits den Brief an seinen Verwandten auf der *Melusine*: »Mein lieber Germaney, bei meinen täglichen Besprechungen mit Seiner Exzellenz, dem Ersten Seelord, habe ich dafür gesorgt, daß Captain Nathaniel Drinkwater Euer neuer Kommandant wird. Er wird nicht Post Captain, sondern nur ›Job Captain‹, so daß durchaus noch Hoffnung für Deine eigene Beförderung besteht...«

Erstes Kapitel

Mai 1803

Der »Job-Captain«

»Non, M'sieur, non... Pardon.« Monsieur Bescond schlug sich mit der rechten Hand vor die Stirn und fuhr in stark akzentuiertem Englisch fort: »Die Schultär, *mon Capitaine*, sie muß sein 'öher. Mehr – wie sagt man – 'ochgezogen.«

Drinkwater biß die Zähne zusammen. Der Schmerz in seiner Schulter war immer noch ziemlich scheußlich, aber es war jetzt ein dumpfer Schmerz, mit dem er nach den Qualen, die ihm der zersplitterte Knochen und die zerfetzten Muskelstränge verursacht hatten, durchaus fertig werden konnte. Und Bescond konnte er keineswegs tadeln, denn er unterwarf sich ja freiwillig diesem rigorosen täglichen Fechttraining, um die verletzten Schultermuskeln zu stärken und zu dehnen. Die Narbe zog sich den ganzen rechten Arm hinunter und vereinigte sich am Gelenk mit den Spuren einer alten Verwundung, die ihm von dem französischen Agenten Santhonax beigebracht worden war. Das war vor sechs Jahren in einer dunklen Gasse in Sheerness gewesen, aber bei kaltem oder feuchtem Wetter wurde er durch einen ziehenden Schmerz immer noch daran erinnert.

Monsieur Bescond, der emigrierte Anwalt, der jetzt als Fechtmeister sein Brot verdiente, rief ihn und seinen Trainingspartner zur nächsten Runde auf. Drinkwater ging wieder in Fechtstellung und fühlte seinen rechten Arm vor Anstrengung zittern. Die Spitze seines Floretts schien heftig hin und her zu tanzen; während Bescond wieder beobachtend beiseite trat, machte er einen plötzlichen Ausfall, damit seinem Gegner das Zittern nicht auffiel.

Mr. Quilhampton war jedoch nicht ganz bei der Sache. Drinkwaters Florettspitze bog sich an seinem gepolsterten Brustschutz in höchst befriedigender Weise durch.

»Bravo, M'sieur, très bien... Das war klassisch in seiner Einfachheit. Und Sie, *M'sieur*«, sagte Bescond, zu Quilhampton gewandt, »Sie müssen den Gegner jederzeit im Auge behalten.«

Sehr angetan von seinem unerwarteten Erfolg, beendete Drinkwater die Übungsstunde, indem er seine Maske abnahm. »Wurden Sie abgelenkt, James?« fragte er.

Quilhampton nahm ebenfalls die Maske ab und nickte in Richtung Tür.

Drinkwater drehte sich um. »Ja, Tregembo, was gibt's?« Er schälte sich aus dem Plastron und zog den Fechthandschuh aus. Das Hemd klebte ihm am Körper, der nach der Verwundung immer noch ausgemergelt war. Einige Haarsträhnen hatten sich aus seinem Zopf gelöst.

»Ich bin sofort gekommen, als ich das Siegel sah, Sir«, brummte der alte Seemann aus Cornwall und übergab Drinkwater das Päckchen.

Quilhampton erhaschte einen Blick auf die rote Siegelmarke der Admiralität mit dem Emblem des unklaren Ankers und beobachtete seinen alten Kommandanten mit steigender Ungeduld. Er sah, wie die Farbe aus Drinkwaters Gesicht wich, so daß die dünne Narbe auf der linken Wange und die blauen Schmauchspuren über dem Auge plötzlich hervortraten.

»Was gibt's, *M'sieur*? Hoffentlich keine schlechten Nachrichten?« Auch Bescond sah ihn besorgt an. Er hatte diesen hageren Marineoffizier mit der hängenden Schulter und seinen fast noch dünneren Kameraden mit der hölzernen linken Hand bewundern gelernt. Für Bescond verkörperten sie den verbissenen Widerstand seiner neuen Wahlheimat gegenüber den Ungeheuern jenseits des Kanals, die seine Eltern hingemetzelt und eine Forke in den Bauch seiner schwangeren Frau gestoßen hatten.

»Mr. Q«, begann Drinkwater mit plötzlicher Formalität, die Frage des Franzosen ignorierend.

»Sir?« entgegnete Quilhampton, dem bewußt wurde, daß der Inhalt des Päckchens die *salle d'armes* auf wundersame Weise in das Achterdeck eines Kriegsschiffs verwandelt hatte.

»Es sieht so aus, als hätten wir endlich ein Schiff«, fuhr Drinkwater fort. »Monsieur Bescond, meine besten Empfehlungen und einen guten Tag. Tregembo, meinen Mantel! Bei Gott, Mr. Q, ich bin zum Job-Captain ernannt und auf eine Sloop * kommandiert worden!«

* Die meisten vollgetakelten Schiffe mit weniger als 20 Geschützen wurden in der britischen Flotte »Sloops«, in der französischen Flotte »Korvetten« genannt (Anm. d. Übers.)

Ein begeisterter James Quilhampton begleitete Drinkwater zu seinem Haus in der High Street von Petersfield. Seit seine verwitwete Mutter ihn dank der Fürsprache des damaligen Leutnants Drinkwater als Kadett auf der Brigg *Hellebore* unterbringen konnte, hatte sich Quilhampton seinem Vorgesetzten persönlich verbunden gefühlt. So gering Drinkwaters Einfluß auch sein mochte, Quilhampton war sich darüber klar, daß er keinen anderen Gönner hatte. Daher schenkte er Drinkwater seine absolute Loyalität. Durch die enge Verbundenheit seiner Mutter mit Elizabeth Drinkwater war er mit dem Haus in der High Street wohlvertraut und hatte Drinkwater damals auch – zusammen mit Mr. Lettsom, dem Schiffsarzt auf der Bombenketsch *Virago* – nach der fürchterlichen Verwundung vor Boulogne wieder nach Hause gebracht.

Quilhampton war im Drinkwaterschen Haushalt viel eher zu Hause als in der schäbigen Wohnung seiner Mutter. Louise Quilhampton, eine hübsche, redselige Witwe, half Elizabeth Drinkwater bei der Arbeit in einer Armenschule und war, da sich ihre Charaktereigenschaften in glücklicher Weise ergänzten, die meiste Zeit im Hause ihrer Freundin zu finden, wo ihr unbekümmertes Gerede auch die fünfjährige Charlotte Amelia und den jüngsten Zuwachs der Drinkwater-Familie, Richard Madoc, zu erfreuen schien.

James Quilhampton war genauso ein Teil der Familie geworden wie seine Mutter. Er hatte sich mit Charlotte Amelia beschäftigt und sie zurückgehalten, als ihr Vater dem französischen Kriegsgefangenen Gaston Bruilhac für ein Porträt Modell gesessen hatte; und er hatte ihr eine Tracht Prügel erspart, als sie die Würmchen aus gelber und brauner Ölfarbe aufessen wollte, die Bruilhac zur Darstellung der Epaulette benutzt hatte, die Drinkwaters neuen Rang als »Master und Commander« kennzeichnete. Das war im Herbst 1801 gewesen, als Drinkwater aus der Ostsee zurückgekehrt war und bevor er für den schicksalhaften Angriff auf Boulogne wieder zur Flotte Nelsons abkommandiert wurde. Quilhampton mußte lächeln, als er jetzt Bruilhacs durchaus gelungenes Porträt betrachtete und auf die Rückkehr Drinkwaters wartete, der seine Frau von ihrer unmittelbar bevorstehenden Abreise in Kenntnis setzen wollte.

Jene einzelne Epaulette, die die kleine Charlotte Amelia so fasziniert hatte, hätte eigentlich auf Drinkwaters rechte Schulter gehört, dachte Quilhampton. Ganz abgesehen davon, daß sie dann die hängende Schulter etwas kaschiert hätte, war es auch skandalös, daß Drinkwater nach allem, was er zur Rettung der Schiffe geleistet hatte, nachdem Nelsons verwegener Nachtangriff fehlgeschlagen war, nicht zum Post-Captain befördert worden war. Doch Ihre Lordschaften mochten Mißerfolge nicht, und sein Gönner hatte die Konsequenzen mittragen müssen.

Quilhampton schüttelte den Kopf, selbst jetzt noch verärgert darüber. Nun hatte man Commander Drinkwater also zu einem Job-Captain gemacht, der den Titel Captain nur aus Höflichkeit bekam, und ihm ein Kommando auf Zeit übertragen, weil der eigentliche Kommandant der *Melusine* sich absentiert hatte. Es war schon verdammt unfair, insbesondere nach der Verwundung, die Drinkwater vor Boulogne davongetragen hatte.

Der junge Offizier hatte dem fiebernden Drinkwater viele Stunden am Krankenbett vorgelesen. Kurz darauf war der Krieg durch einen unsicheren Waffenstillstand beendet worden, den nur wenige für dauerhaft hielten, der jedoch denjenigen, die dafür mit ihrer Gesundheit hatten bezahlen müssen, ihr persönliches Opfer sehr deutlich zu Bewußtsein brachte. Die erzwungene Inaktivität hatte allmählich den Rangunterschied zwischen den beiden Männern verwischt und sie zu Freunden gemacht. Fremde, die dem Rekonvaleszenten Drinkwater begegneten, wie er zusammen mit Quilhampton voller Energie den Butser Hill erklomm, hielten die beiden meist für Brüder. Vom Gipfel des Hügels aus beobachteten sie stundenlang den fernen Ärmelkanal, wobei Drinkwater dauernd von Quilhampton wissen wollte, was für Schiffe er mit seinem Teleskop ausmachen konnte.

Gaston Bruilhac hatte vor seiner Entlassung auch entzückende Porträts von Drinkwaters beiden Kindern gemalt und schließlich auch noch Elizabeth überredet, ihm Modell zu sitzen. Quilhampton wandte sich um und betrachtete das Gemälde. Die sanften braunen Augen und der große, schön geschwungene Mund schienen ihm zuzulächeln. Der Maler hatte sie sehr gut getroffen, dachte er, als die Tür aufging und Elizabeth hereinkam. Sie trug ein graues Kleid mit hoher Taille, und es war ihr deutlich anzumerken, daß sie von der Nachricht der bevorstehenden Abreise ihres Mannes völlig überrascht war.

»Soso, James«, sagte sie, »Sie sind also auch Teil dieser Verschwörung, die uns Frauen in dem Moment, da wieder Krieg ausbricht, einfach ignoriert.« Nachdenklich kaute sie auf ihrer Unterlippe, und Quilhampton murmelte wenig überzeugende Proteste. Sein Blick wanderte von Elizabeth zu Drinkwater, der hinter ihr ins Zimmer kam, das Gesicht ausdruckslos.

»Oh, ich weiß sehr wohl, was in euch vorgeht. Ihr seid wie Kinder . . .« Ihre Stimme wurde sanfter. »Nein, ihr seid schlimmer als Kinder.« Sie wandte sich ihrem Mann zu. »Du siehst am besten mal nach, ob du nicht etwas zu trinken findest, damit wir auf dein neues Kommando anstoßen können.« Traurig lächelte sie, als Drinkwater plötzlich auf sie zutrat und ihre Hand an seine Lippen hob. Dann setzte sie sich, und er ging hinaus, um eine Flasche zu holen.

»Passen Sie gut auf ihn auf, James«, sagte sie leise. »Seine Wunde wird ihm noch viele Monate zu schaffen machen. Sie wissen ja, wie sie schmerzt, wenn wir Südwestwind und feuchteres Wetter bekommen.«

Quilhampton, den Elizabeths Bitte rührte, nickte stumm.

»Das ist die letzte Flasche von Dick Whites Malvasier.« Mit diesen Worten trat Drinkwater wieder ins Zimmer, wobei er den Staub von einer Flasche wischte. Dicht auf dem Fuß folgte ihm seine dunkelhaarige kleine Tochter, die aufgeregt herausplatzte: »Mama, Mama! Richard ist in den Tilbrook gefallen.«

»Was sagst du da?« Elizabeth erhob sich, und Drinkwater hielt beim Entkorken der Flasche inne.

»Ach, ist nicht weiter schlimm«, sagte Charlotte Amelia. »Susan hat ihn wieder rausgeholt. Aber er ist ganz naß...«

»Gott sei Dank! Wie ist das passiert?«

»Och, er hat sich wie eine verdammte Landratte benommen, Mama.«

»Charlotte!« Elizabeth unterdrückte ein Lächeln, das sich jedoch ungehindert auf den Gesichtern der beiden Männer ausbreitete. »So redet eine junge Dame nicht!«

Charlotte Amelia schmollte, bis ihr Blick sich mit dem ihres Vaters traf.

»Vielleicht«, sagte Elizabeth, die merkte, woher der Wind wehte, »vielleicht wäre es wirklich besser, wenn ihr beide wieder zur See gehen würdet.« Dann begann sie Charlotte Amelia zu erklären, daß Papa von dem alten König George einen Brief aus Windsor erhalten habe und nun wieder in den Krieg ziehen und die Feinde des Königs bekämpfen müsse. Und James Quilhampton nippte, sich irgendwie schuldig fühlend, an dem zur Feier des Tages kredenzten Malvasier und spürte den unausgesprochenen Vorwurf in Elizabeths sanfter Beständigkeit.

Captain Drinkwater rückte die Jacke aus feinem Tuch zurecht. Das stärkere Schulterpolster, das der Schneider auf seinen Wunsch hin eingesetzt hatte, um die verkümmerten und überbeanspruchten Muskeln seines Nackens zu unterstützen, konnte die ungleiche Höhe seiner Schultern und die leichte Schiefstellung des Kopfes nicht ganz verbergen. Diese Entstellung wurde durch die schwere Epaulette noch hervorgehoben. Trotzdem nickte er seinem Spiegelbild zufrieden zu und zog seine Uhr aus der Westentasche. Es war Viertel vor sechs in der Frühe, und Earl St. Vincent saß schon seit einer Dreiviertelstunde an seinem Schreibtisch. Drinkwater trank den letzten Schluck Kaffee, schnallte den Degen um und warf den Mantel über die Schultern. Dann nahm er seinen Hut aus der Schachtel, blies die Kerze aus und verließ das Haus.

Drei Minuten später erreichte er den Strand und ging schnell durch den Schmutz, der die Straße bedeckte, in Richtung Whitehall, wobei er sich innerlich auf das kommende Gespräch mit dem Ersten Seelord vorbereitete. Er blieb nur einen Moment stehen, um sich die Schuhe von einem hageren Burschen schwärzen und mit einer alten Perücke polieren zu lassen.

Als die Uhr bei den Gardekavalleristen, der genaueste Zeitmesser in London, die sechste Stunde schlug, schritt er durch die Trennwand, die das Admiralitätsgebäude vor randalierenden Seeleuten schützen sollte, die es wegen ihres ausstehenden Soldes immer wieder belagerten. Die Ehrenbezeugung des Postens erwiderte er, indem er mit zwei Fingern an den Hutrand tippte.

Hinter den Glastüren blieb er stehen und hustete. Der Läufer der Admiralität erwachte abrupt aus seinem Halbschlaf und fiel beim Aufstehen fast hin, da er seine Füße nur mit Mühe aus dem unten am Stuhl angebrachten Wärmekasten befreien konnte. Er schaffte es jedoch, mit Würde davonzustolzieren, um Commander Nathaniel Drinkwater anzumelden.

Der Earl St. Vincent erhob sich, als Drinkwater in das große Büro trat. Er trug eine alte Interimsuniform, bei der die ihm verliehenen Ordenssterne nur aufgestickt waren.

»Captain Drinkwater, bitte nehmen Sie Platz.« Er deutete auf einen Stuhl und setzte sich wieder.

Drinkwater, etwas nervös, setzte sich ebenfalls, wobei er vage zwei oder drei Porträts wahrnahm, die würdevoll auf ihn herabstarrten; außerdem hing da das prächtige Gemälde einer Seeschlacht, die er für das Gefecht am Valentinstag vor Kap St. Vincent hielt.

»Ich darf Sie zu Ihrer Ernennung beglückwünschen, Captain.«

»Danke, Mylord. Sie kam unerwartet.«

»Aber nicht unverdient.«

»Eure Lordschaft sind sehr freundlich.« Drinkwater machte eine etwas ungeschickte Verbeugung und ließ den musternden Blick über sich ergehen. St. Vincent beglückwünschte sich zu der Wahl, die er getroffen hatte. Commander Drinkwater war seiner Schätzung nach ungefähr vierzig Jahre alt. An die grauen Augen konnte er sich noch von ihrer kurzen Begegnung her erinnern, ebenso an die hohe Stirn und den dichten Haarschopf, der ihm trotz einiger grauer Strähnen ein immer noch jugendliches Aussehen verlieh. Der Mund war leicht zusammengepreßt, so daß die Lippen weniger voll erschienen, als sie waren, und tiefe Furchen zogen sich von der Nase zu den Mundwinkeln. Drinkwaters wettergegerbte Haut wirkte ein wenig blaß und zeigte Spuren alter Kämpfe: eine feine Narbe auf der linken Wange, wahrscheinlich von einer Degenspitze, und bläuliche Verfärbungen durch Schießpulver über dem einen Auge.

»Sie haben sich von Ihrer Verwundung wieder erholt, Captain?«

»Völlig, Mylord.«

»Was waren die näheren Umstände, die zu Ihrer Verwundung führten?«

»Bei Lord Nelsons Angriff auf die Invasionsflotte im Dezember 1801 war ich Kommandant der Bombarde *Virago*, Mylord. Ich war in einem Beiboot vorausgefahren, um ihre Position zu erkunden, als eine Granate über dem Boot detonierte. Dabei verlor ich bedauerlicherweise einige Leute. Ich selbst hatte mehr Glück.« Drinkwater mußte daran denken, wie Mr. Matchett in seinen Armen gestorben war, während der Schmerz seiner eigenen Wunde mit einem merkwürdig gedämpften Schock in seinen Körper und sein Bewußtsein sickerte.

St. Vincent sah von seinen Papieren auf. Der Bericht über Commander Drinkwaters Bootsausflug nach Boulogne las sich darin weitaus dramatischer, aber das machte nichts. St. Vincent schätzte Bescheidenheit. Hundert andere Offiziere hätten sich dieser nächtlichen Unternehmung gerühmt und die Gefahr nach der Anzahl der Toten in ihrem Boot bemessen. Jedenfalls hätte Palgrave das ganz sicher getan. Dieser Gedanke bestärkte den alten Mann in der Richtigkeit seiner Wahl.

»Lord Dungarth hat eine gute Meinung von Ihnen, Captain.«

»Danke, Mylord.« Drinkwater begann sich unbehaglich zu fühlen; die Komplimente verunsicherten ihn, denn er war sich darüber klar, daß ein Offizier von St. Vincents Kaliber mit Lobreden sehr sparsam umging.

»Sie fragen sich vielleicht, warum ein gerade erst zum Kommandant einer Sloop ernannter Offizier vom Ersten Seelord interviewt wird, wie?«

Drinkwater nickte. »Das stimmt, Mylord.«

»Die *Melusine* ist eine feine Sloop, die wir 1799 den Franzosen vor

Penmarch weggenommen haben, und sie ist bemerkenswert schnell. Die Franzosen bezeichnen sie als Korvette. Für ihren jetzigen Einsatz ist sie allerdings kein ideales Schiff.«

»Nein, Mylord?«

»Nein, Captain. Ihr voriges Schiff wäre vielleicht besser geeignet gewesen. Bombarden haben sich als außerordentlich brauchbar für arktische Gewässer erwiesen...«

Drinkwater öffnete den Mund, hielt es dann jedoch für besser, nichts zu sagen, zumal St. Vincent schon weitersprach.

»Es ist jedoch nicht geplant, daß Sie sich längere Zeit in arktischen Gewässern aufhalten. Seit der Rede des Königs im März bestand kein Zweifel mehr daran, daß der Friede nicht von Dauer sein würde. Deshalb wurden wir von den Walfangreedereien ersucht, einen Begleitschutz für ihre Schiffe zu stellen. Während des letzten Krieges war es üblich, in den Sommermonaten einen Kreuzer vor dem Nordkap und einen zweiten bei den Faröerinseln zu stationieren. Nun werden wir zu dieser Praxis zurückkehren müssen. Der Walfang ist eben eine prekäre Sache. Ein kleiner Kreuzer – die *Melusine*, um das Kind beim Namen zu nennen – war schon lange für diese Aufgabe vorgesehen, hauptsächlich, weil sie auch während des Friedens nie außer Dienst gestellt worden war. Jetzt, da der Krieg wieder ausgebrochen ist, sind unsere Walfänger mehr als zuvor auf Schutz angewiesen. Die Schiffe vom Hull liegen schon auf dem Humber versammelt und warten nur darauf, daß ihr Geleitfahrzeug in See gehen kann. Die *Melusine* ist nämlich bereits dort. Ihr Kommandant hat kürzlich, äh, gesundheitlich etwas Schaden genommen, und so hat man Ihnen das Kommando übertragen...«

Drinkwater nickte und wünschte insgeheim, er hätte gewußt, daß es in die Arktis gehen sollte, bevor er Tregembo und Quilhampton zum Einkaufen losschickte. Er spürte aber auch, daß dies nicht der einzige Grund war, weswegen man ihm befohlen hatte, dem Ersten Seelord seine Aufwartung zu machen.

»Während des Friedens«, fuhr St. Vincent fort, »haben die Franzosen eine Menge Freibeuterschiffe ausgeschickt. Meldungen über diese Kaperer kamen aus allen vier Himmelsrichtungen, die meisten bezeichnenderweise von den Routen der Indienfahrer. Die sollen uns jedoch heute nicht kümmern.« St. Vincent erhob sich und ging zum Fenster hinüber. Drinkwater betrachtete den schmalen, gekrümmten Rücken des Earl und versuchte, seine an die entfernten Baumwipfel des Parks gerichteten Bemerkungen zu verstehen.

»Wir glauben, daß einige dieser Kaperer Kurs auf die Grönlandsee genommen haben.« St. Vincent drehte sich abrupt um, eine Bewegung, die seinen Worten besondere Bedeutung verlieh. »Die Vernichtung unserer Fischereiflotte im Nordmeer würde hier Tausende ins Elend stürzen, von dem Verlust erstklassiger Seeleute gar nicht zu reden ...« Er sah Drinkwater vielsagend an. »Sie verstehen, Captain?«

»Aye, Mylord, ich denke schon.«

St. Vincent fuhr in etwas ruhigerem Ton fort: »Die Franzosen sind Meister im Kampf gegen Handelsschiffe, Captain, ob es sich nun um Indienfahrer oder Walfänger handelt. Das Ihnen übertragene Kommando ist beileibe keine Sinekure. Ich ersuche Sie, stets daran zu denken, daß Sie nicht nur gehalten sind, die nördliche Walfangflotte zu schützen, sondern auch jeden Versuch der Franzosen zu vereiteln, eine eigene Fischereiflotte zusammenzustellen. Ist das klar?«

»Jawohl, Mylord.«

»Gut. Ihre schriftlichen Befehle liegen vorn im Büro für Sie bereit. Sie sollen sich unverzüglich an Bord der *Melusine* begeben, aber Lord Dungarth würde Sie gern noch zum Frühstück in sein Büro einladen, bevor Sie sich auf den Weg machen. Ich wünsche Ihnen einen guten Tag, Captain Drinkwater.«

Damit beugte er sich schon wieder über die Papiere auf seinem Schreibtisch.

Drinkwater erhob sich, machte eine knappe Verbeugung und begab sich zu Lord Dungarth.

»Nathaniel! Meine allerherzlichsten Glückwünsche zum neuen Kommando. Die *Melusine* ist ja eigentlich ein Schiff für einen Post-Captain, aber das ist für St. Vincent absolut kein Hinderungsgrund.« Lord Dungarth streckte ihm die Hand entgegen, wobei seine hellbraunen Augen freundlich funkelten. Er bot Drinkwater einen Stuhl an, schenkte den auf einem Beistelltisch stehenden Kaffee aus und hob den Deckel von einer Terrine. »Schinkenspeck oder Nieren, mein Bester?«

Nach alter Messetradition begannen sie, in vertraut kameradschaftlichem Schweigen ihr Frühstück einzunehmen. Dem Earl sah man jetzt langsam sein Alter an, aber in seinen Augen stand noch immer ein Feuer, das Drinkwater an den Marineoffizier erinnerte, der er einmal gewesen war: überschwenglich, energisch und von jener unerschütterlichen Selbstsicherheit seiner Klasse, die so häufig zu einer trägen Unwissenheit verkümmerte.

Lord Dungarth wischte sich den Mund mit der Serviette ab und lehnte sich im Stuhl zurück, während er am Kaffee nippte und seinen Besucher über den Rand der Porzellantasse betrachtete.

Als Drinkwater mit dem Essen fertig war und ein Diener abgeräumt hatte, bot Dungarth ihm einen Stumpen an.

»Feinstes Deli-Blatt, Nathaniel; so etwas werden Sie in London nicht mehr bekommen, solange dieser Krieg dauert.«

Doch Drinkwater lehnte ab. »Danke, Mylord, aber ich habe in meinem Leben kaum ein Dutzend mal geraucht.« Er hielt inne. Dungarth, der konzentriert seine lange Zigarre paffte, schien nicht geneigt, etwas zu sagen. »Darf ich fragen, ob Sie irgendetwas von einer, äh, bestimmten Person gehört haben, mit der uns...«

»Ein gemeinsames Interesse verbindet?« murmelte Dungarth durch den Zigarrenrauch. »Ja, das habe ich. Es geht ihm gut, er hat einige Aufgaben für Worontzoff übernommen, der von seinen reiterlichen Fähigkeiten sehr beeindruckt ist und schreibt, daß er ihm bei der Auswahl englischer Vollblüter unschätzbare Dienste leistet.«

Drinkwater nickte erleichtert. Sein Bruder Edward, bei dessen Flucht vor dem Galgen er aktiv mitgewirkt hatte, fiel eben immer wieder auf die Füße. Im Dienst eines einflußreichen russischen Adligen würde er zweifellos reüssieren. Er konnte zwar niemals in sein Heimatland zurückkehren, aber, wie Dungarth angedeutet hatte, einen Teil seiner Schuld dadurch abtragen, daß er als Kurier arbeitete. Worontzoff, früher Botschafter am britischen Hof, war anglophil und eine gute Informationsquelle für die britische Regierung.

»Es tut mir leid, daß Sie nicht zum Post-Captain befördert worden sind, Nathaniel. Eigentlich hätte das ja schon vor Jahren geschehen müssen, aber die Dinge laufen nicht immer so, wie wir uns das wünschen.« Der Earl verfiel in Schweigen, und Drinkwater mußte an die makabren Geschehnisse denken, die diesen einst so liberalen Mann zu einem unversöhnlichen Feind der französischen Republik gemacht hatten. Bei der Rückkehr aus Italien, wo seine schöne junge Frau am Kindbettfieber gestorben war, hatte ihn der Mob in Frankreich als Aristokraten erkannt, den Sarg seiner Frau aufgebrochen und ihren Leichnam auf die Straße geworfen und geschändet.

Dungarth seufzte. »Das gibt einen langen Krieg, Nathaniel, denn Frankreich ist von rastloser Energie erfüllt und jetzt, da es sich von der Leidenschaft der republikanischen Begeisterung befreit hat, sehen wir uns einem Nationalismus gegenüber, der wohl kaum innerhalb seiner Grenzen bleiben wird, mögen sie nun natürlich oder aufgezwungen sein. Über allem erhebt sich jetzt wie ein Stern das Genie Bonapartes, der anscheinend als einziger über die Macht verfügt, das Volk zu einen. In einer Armee hungernder Männer Pflichtgefühle zu wecken und sich gleichzeitig das Einverständnis dieser Schweine in Paris zu sichern, dazu gehört wirklich Genie, Nathaniel. Wer außer einem vom Schicksal Auserkorenen hätte sich unserer Blockade in Ägypten entziehen und aus der Demütigung der Niederlage zurückkehren können, um Italien zu erobern und die Macht in Frankreich zu übernehmen, eh?«

Dungarth schüttelte den Kopf und stand auf. Er begann auf und ab zu gehen, wobei er gelegentlich mit dem Finger auf Drinkwater deutete, um seiner Rede Nachdruck zu verleihen.

»Es ist die Marine, Nathaniel, auf die wir bauen müssen, wenn wir Frankreich das Heft aus der Hand winden wollen. Wir müssen wieder seine Häfen blockieren und seine Flotten vernichten. Gegen seine Armeen können wir weiß Gott wenig unternehmen, wenn man von gelegentlichen gemeinsamen Operationen absieht – und die sind bislang bemerkenswert erfolglos geblieben. Aber mit der Marine können wir unseren unentschlossenen Verbündeten das Rückgrat stärken und sie dazu bringen, daß sie weiterhin gegenüber Paris fest bleiben.«

»Halten Sie es für wahrscheinlich, daß Österreich sich jemals mit einer Republik arrangieren würde?«

»Uns liegen Berichte vor, Nathaniel, daß Bonaparte beabsichtigt, sich zum König krönen zu lassen und eine Dynastie zu gründen. Weiß der Himmel, aber ein Mann wie er könnte es wirklich fertigbringen, sich von Josephine scheiden zu lassen und eine Hohenzollern oder eine Romanow zu heiraten, ja selbst eine Habsburg, wenn er in der Lage ist, die Friedensbedingungen zu diktieren. Sie selbst wissen doch nur zu gut, daß er sogar schon nach Indien gegriffen hat.« Dungarth sah Drinkwater etwas bekümmert an.

»Ja, Mylord, Sie haben recht.«

»Aber auf dem Kontinent wird Frankreich sich erschöpfen. Also ist es unsere Pflicht, es zu überdauern.«

»Trotzdem muß es auf dem Kontinent besiegt werden, Mylord. Und wenn unsere eigenen Kräfte ...«

Dungarth lachte. »Die britische Armee? Mein Gott, haben Sie den verlorenen Haufen gesehen, der aus Holland zurückkam? Nein, die Gardekavallerie wird nichts ausrichten. Wir müssen uns an Rußland halten, Nathaniel. An Rußland mit seinem unerschöpflichen Menschenpotential, unterstützt durch unsere Hilfsgelder und angespornt durch die Tatkraft Zar Alexanders.«

»Wollen Sie etwa Europas Freiheit mit Hilfe Rußlands wiederherstellen, Mylord?« Drinkwater war überrascht. Über Mütterchen Rußlands seltsame Mischung aus Kultiviertheit und Barbarei war genug bekannt. Russische Schiffe waren zusammen mit der Royal Navy in der Nordsee im Einsatz gewesen, wobei sich ihre adligen Offiziere gleichzeitig als geschmäcklerisch und inkompetent erwiesen hatten. Russische Truppen hatten den Feldzug in den Niederlanden mitgemacht, und die Beziehungen zwischen den beiden Armeen konnten nur als gespannt bezeichnet werden; Suworows Veteranen hatten sich in Norditalien einen Namen erworben, der genauso als Synonym für Terror gelten konnte wie jede Schändlichkeit, die man sich in Paris ausgedacht hatte. Es war erst zwei Jahre her, daß sich Alexanders Vater, der sadistische Zar Paul, gegen seine britischen Verbündeten gekehrt und mit Frankreich gemeinsame Sache gemacht hatte, getrieben von dem größenwahnsinnigen Verlangen, Europa zwischen sich und Bonaparte aufzuteilen. Obwohl Alexander sich nun als Freund Englands und als Kirchenfürst bezeichnete, stand er im Verdacht, ein Komplott zur Ermordung seines eigenen Vaters geschmiedet zu haben.

»Mir wurde gemeldet«, sagte Dungarth, »daß Zar Alexander für gewisse Sünden Wiedergutmachung leisten möchte.« Sein Ton war zynisch.

»Worontzoffs Mann macht sich also nützlich?«

Dungarth nickte. »Zusammen mit einer gewissen Gräfin Marie Narischkin... Das alles hat jedoch nichts mit unseren gegenwärtigen Plänen zu tun, Nathaniel. St. Vincent hat sicher davon gesprochen, daß der jüngst unbeklagt verschiedene Frieden den Franzosen die besten Möglichkeiten verschafft hat, Kaperer gegen unsere Handelsschiffe auszuschicken. Das ist die gefährlichste Waffe, die sie gegen uns einsetzen können. Denken Sie nur an die Erfolge der Freibeuter in unserem Krieg mit Amerika: Yankees, Franzosen und Iren haben sich damals direkt vor unserer Haustür Prisen geschnappt, haben unsere Hafenstädte in die Armut getrieben, die Versicherungsraten in die Höhe schnellen lassen und unsere Kaufleute so zum Jammern gebracht, daß die Regierung durch ihr Gezeter erschüttert wurde. Der Kommandant eines Geleitfahrzeugs, wie Sie jetzt eins übernehmen, ist ähnlichen Belastungen ausgesetzt wie der Kommandant eines 74-Kanonen-Schiffes im Blockadedienst. Denken Sie an meine Worte, Nathaniel. Rückgang des Handels bedeutet Rückgang des Vertrauens in die Royal Navy, und angesichts der Anstrengungen, die wir in absehbarer Zukunft auf uns nehmen müssen, wäre das ein sehr schlechtes Omen.

Um aber auf den eigentlichen Kern der Sache zu kommen: Uns sind kürzlich von Gewährsleuten aus der Bretagne Gerüchte zugetragen worden, daß vor einem Jahr mehrere gut bewaffnete und ausgerüstete Schiffe nach Norden gesegelt sind. Sie sind bislang weder zurückgekehrt, noch hat man wieder von ihnen gehört. Die naheliegendste Erklärung ist, daß sie nach Kanada gelaufen sind, wo sie uns Ungelegenheiten bereiten können. Aber von den Loyalisten in New Brunswick, die ein wachsames Auge auf unsere Interessen haben, liegen uns keine Berichte vor. Auch in amerikanischen Gewässern sind sie nicht gesehen worden...«

»Irland?«

»Vielleicht, doch auch von dort haben wir nichts gehört. Auch bietet die norwegische Küste Freibeutern sehr viele Zufluchtsmöglichkeiten, das haben sich ja schon die Dänen vor der Schlacht von Kopenhagen zunutze gemacht. Aber ich bin geneigt anzunehmen, daß diese Schiffe unseren Walfängern auflauern. Zwei von ihnen sind im letzten Sommer verschwunden, und obwohl ihr Verlust an sich nicht bemerkenswert ist – vielleicht haben sie auch nur im Eis überwintert –, so wollen die Leute aus Hull während der letzten Saison doch einige Schiffe gesichtet haben, die sie nicht für Walfänger hielten.«

»Wollen Sie damit andeuten, daß zwei von unseren Walfängern während des Friedens von französischen Kaperern aufgebracht worden sind?«

»Das weiß ich nicht, Nathaniel. Ich erzähle es Ihnen nur, weil man von diesen Franzosen nichts mehr gehört hat, seit sie Kurs gen Norden genommen haben. Wir müssen damit rechnen, daß sie an einem abgelegenen Ort, zum Beispiel in Spitzbergen, überwintert haben und nur darauf warten, nach Wiederaufnahme der Feindseligkeiten gegen unsere Walfangflotte loszuschlagen. Unwahrscheinlich ist das keineswegs, wir wußten alle, daß der Friede nicht von Dauer sein würde.«

»Wissen Sie, um wie viele Schiffe es sich handelt?«

»Nein, leider nicht.«

Drinkwater dachte nach, während Dungarth wieder Platz nahm. »Da gibt es noch eine Sache, die Sie wissen sollten«, unterbrach der Earl seine Überlegungen.

»Mylord?«

»Captain Palgrave hat sein Kommando nicht freiwillig abgegeben.«

»Ich hörte, daß er gesundheitlich nicht auf der Höhe ist.«

»Er wurde bei einem Duell verwundet. Eine sehr törichte Geschichte, die mir zu Ohren kam, weil einer der Sekretäre hier, der mit Ihrem künftigen Ersten Offizier verwandt ist, seine Zunge nicht im Zaum halten konnte. Anscheinend hatte Palgrave Streit mit dem Kapitän eines seiner Walfangschiffe. Die Sache wird natürlich unter den Teppich gekehrt; Palgrave kann sich einen Skandal nicht leisten und hat folglich seinen Abschied genommen. Aber es ist wirklich mehr als ungewöhnlich, daß ein Handelsschiffskapitän den Kommandanten eines Kriegsschiffes außer Gefecht setzt.«

»Vielleicht ging es um eine lokale Geschichte, Mylord, eine Beleidigung, eine Frau...«

»Ich werde mit den Jahren immer mißtrauischer, Nathaniel.« Dungarth lächelte. »Aber da Sie gerade von Frauen reden: Wie geht es Elizabeth und Ihrer entzückenden kleinen Tochter? Und wie ich hörte, haben Sie inzwischen auch einen Erben...«

Zweites Kapitel

Mai 1803

Die Korvette

Drinkwater beugte sich aus dem Fenster der Postkutsche, als die Pferde, die sie eben in Barnet gewechselt hatten, das Tempo beschleunigten. Schon senkte sich die Dämmerung über das Land; außer dem viereckigen Turm der Monken-Hadley-Kirche, deren Pfarrer ihn vor langer Zeit dem Kapitän der *Cyclops* empfohlen hatte, konnte er nur wenig von den Wahrzeichen seiner Jugend erkennen.

Über seinem Kopf ertönte plötzlich eine Stimme: »Wir stürmen ja dahin wie eine Fregatte bei raumem Wind, Sir.« Als er nach oben sah, erblickte er Mr. Quilhampton, dessen Gesicht über ihre Geschwindigkeit von acht oder neun Meilen pro Stunde vor Begeisterung strahlte.

Drinkwater lächelte und zog sich ins Wageninnere zurück. Seit seinem Frühstück bei Lord Dungarth hatte er mit Briefeschreiben und letzten Einkäufen zu tun gehabt. So hatte er ein Paar Pistolen erworben und einen neuen Chronometer, sowie den neuesten Sextanten von Hadley – notwendige Anschaffungen, die jetzt sorgfältig unter seinem Sitz verstaut waren. Ihr Hauptgepäck hatten sie zum »Schwarzen Schwan« nach Holborn schaffen lassen, von wo aus Tregembo es mit der langsameren Postkutsche der York-Linie nachbringen würde.

Er selbst und Quilhampton waren gerade noch rechtzeitig in der Lombard Street angekommen, um die Postkutsche nach Edinburgh zu erwischen, für die Quilhampton schon vorher Fahrkarten besorgt hatte.

Er mußte wieder lächeln, als er daran dachte, wie enthusiastisch Mr. Quilhampton die glänzenden, braun-schwarzen Postkutschen betrachtet hatte, die mit lautem Hufgetrappel am Posthof ankamen und wieder abfuhren; die einen von der langen Fahrt verstaubt, die anderen frisch geschmiert und gewaschen, bereit für die nächste Etappe der Reise.

Die ihm gegenübersitzende Dame erwiderte sein Lächeln, wobei sie ihren Kiepenhut abnahm; Drinkwater wurde verlegen, weil ihm plötzlich auffiel, daß er nicht nur wie ein Narr still vor sich hinlächelte, sondern daß sie auch seit einigen Minuten innigen Kniekontakt hatten.

»Sie sind auf dem Weg zu Ihrem Schiff, Captain?« Ihr Edinburger Akzent war unverkennbar und der kokette Ausdruck ihres Gesichts ebenso.

»So ist es, Madam.« Er hüstelte und rückte etwas beiseite. Die Frau war an die Sechzig und konnte doch nicht annehmen...

»Catriona, meine Nichte hier«, mit diesen Worten tätschelte sie das Knie einer jungen Dame in Grau und Weiß neben ihr, »hat mich in London besucht, in unserer Villa in Lambeth. Wohnen Sie auch in London, Captain?«

Drinkwater warf einen Blick auf das Mädchen, aber der Schatten der Haube lag über ihrem Gesicht, und die Lichter würden erst beim nächsten Halt angezündet werden. Als sie einstieg, hatte er nur flüchtig registriert, daß sie groß und schlank war. Er neigte den Kopf höflich in ihre Richtung. »Nein, Madam, ich wohne woanders.«

»Darf man fragen wo, Sir?«

Drinkwater seufzte. Offenkundig war sie entschlossen, jedes Detail aus ihm herauszuholen; er hatte eine Abneigung dagegen, über private Dinge zu reden. So antwortete er ausweichend: »In Hampshire, Madam.«

»Ah, in Hampshire – eine vornehme Grafschaft.«

Während die Witwe MacEwan weiterplapperte, lächelte und nickte er an den passenden Stellen und musterte dabei die anderen Passagiere. Zu seiner Linken döste ein beleibter Mann in tabakbraunem Rock vor sich hin – oder tat nur so, um nicht von der Witwe ausgefragt zu werden; rechts war ein unauffällig gekleideter Geistlicher bemüht, trotz des schnell abnehmenden Tageslichts in seinem Brevier zu lesen. Drinkwater vermutete, daß auch er nur schauspielerte, um nicht ins Gespräch gezogen zu werden. Über den Zustand seines sechsten Reisegenossen bestand jedoch kein Zweifel: Vom Alkohol umnebelt, schnarchte er mit offenem Mund und rutschte langsam immer mehr in sich zusammen.

»Und beim Empfang, den Lady Rocheford gab, hatte Catriona das Glück...« Die Nichtigkeiten der Witwe MacEwan begannen Drinkwater zu ärgern. Der überwältigende Strom ihres leeren Geschwätzes konnte einen auf den Gedanken bringen, daß alle Frauen derart oberflächlich waren. Zur Erholung dachte er an Elizabeth und die Kinder. »Und dann hat der Doktor der bedauernswerten Frau geraten, Brustwickel mit grünen Schierlingsblättern zu machen und so viele Tausendfüßler zu essen, wie ihr Magen nur vertragen konnte, worauf die Geschwulst ganz zurückging und die Frau wieder gesund wurde. Ist das nicht bemerkenswert, Captain? Sind Sie verheiratet, Sir?«

Drinkwater nickte etwas ermattet; dem Geistlichen neben ihm war das Buch in den Schoß gesunken, und sein Kopf neigte sich langsam immer tiefer auf die Brust.

»Aber natürlich, Sir, das habe ich Ihnen gleich angesehen; Sie machen ganz den Eindruck eines verheirateten Mannes und tapferen Offiziers. Mein Mann pflegte immer zu sagen...«

Drinkwater schenkte den Lebensweisheiten des verstorbenen Mr. MacEwan keine Beachtung. Er hatte das erheiternde Bild seines Sohnes Richard vor Augen, wie er nackt dastand, nachdem er in den Tilbrook gefallen war und Susan Tregembo ihn trockenrieb.

»Aber ich versichere Ihnen, Captain, das war nicht zum Lachen. Sie starb innerhalb eines Monats an den Pocken und ließ das Kind als Waise zurück...« Catrionas Knie wurde dabei ein zweites Mal getätschelt.

»Entschuldigen Sie, Madam, aber ich habe nicht über Ihre Geschichte gelächelt.«

Die Kutsche verlangsamte jetzt die Fahrt und hielt nach wenigen Minuten zum Pferdewechsel in Hatfield.

»Bitte entschuldigen Sie mich eine Weile, Madam.« Drinkwater erhob sich, stieß die Tür auf und begab sich auf die Suche nach einer Toilette. Nach seiner Rückkehr rief er zu Quilhampton hinauf: »Mr. Q, lassen Sie uns bis zur nächsten oder übernächsten Station die Plätze tauschen.«

»Aye, aye, Sir.« Quilhampton stieg herab. Die frischen Pferde wurden bereits angeschirrt, und der Postillon sah auf seine Uhr. »Eine halbe Minute noch, Gentlemen.«

»Ihren Umhang, Mr. Q.« Drinkwater ergriff das schwere Cape und schwang es um seine Schultern. Dann beugte er sich in das Innere der Kutsche und griff nach seinem Hut.

»Bitte um Vergebung, Madam, aber ich bin ein höchst ungeselliger Reisebegleiter. Darf ich Ihnen Mr. Quilhampton vorstellen, einen Offizier, der seine Tapferkeit schon oft unter Beweis gestellt hat und jetzt unter meinem Kommando fährt? Mr. Q, das ist Mrs. MacEwan.« Er ignorierte Quilhamptons erstauntes Gesicht und schob ihn vorwärts. »Passen Sie gut auf unsere Instrumente auf.«

»Oh!« hörte er Mrs. MacEwan sagen. »Es ist mir eine Ehre, junger Mann, aber die Nachtluft wird Ihnen nicht gut tun, Captain, und macht Sie womöglich krank...« Die Rede endete mit einem kleinen

Schreckensschrei; Drinkwater grinste, als er sich nach oben auf die Kutsche schwang. Mrs. MacEwan hatte also Quilhamptons hölzerne Hand entdeckt.

»Alle an Bord!« rief der Postillon und setzte sein Horn an die Lippen. Drinkwater drückte seinen Dreispitz fester auf den Kopf, als die Kutsche mit einem Ruck Fahrt aufnahm. Sie hatten weniger als die erlaubten fünf Minuten zum Wechseln der Pferde gebraucht.

Die Nacht war sternenklar, die dünne Mondsichel stieg langsam am Himmel empor. Die Kutsche fuhr jetzt durch das fruchtbare Land nördlich von Biggleswade, und die Pferde griffen tüchtig aus. Die respektvolle Haltung seiner Mitreisenden oben auf dem Wagen brachte Drinkwater auf die Idee, daß Mr. Quilhampton wohl ziemlich abenteuerliche Geschichten über ihn erzählt hatte; da er von sich aus keine Unterhaltung suchte, blieb er ungestört.

Er war froh, auf die *Melusine* kommandiert worden zu sein, selbst als eine Art Ersatzmann. Da sie auch während des Friedens nicht außer Dienst gestellt worden war, würde die ganze Besatzung aus Freiwilligen bestehen, aus erfahrenen Seeleuten. Bei den Offizieren lagen die Dinge anders, so daß er es wahrscheinlich mit Postenjägern und Opportunisten zu tun haben würde. Einfluß und Protektion hatten selbst in der kurzen Zeit des Friedens von Amiens geblüht, verdienstvolle Offiziere von einfacher Herkunft waren immer wieder übergangen worden. Von Palgrave wußte er nur, daß er ein Baron war und nach einer schweren Verwundung in einem unerlaubten Duell seinen Abschied nehmen mußte. Für Nathaniel Drinkwaters nüchternen Verstand sprach dies Bände.

Fröstelnd verwünschte er die Witwe MacEwan. Die Nachtluft und die Kälte waren jetzt bis zu den knotigen Muskeln in seiner Schulter vorgedrungen. Sich mit einer Hand festhaltend, tastete er mit der anderen nach seiner Hüftflasche. Die Kutsche schwankte, weil sich der Postillon erhob und ein durchdringendes Hornsignal ertönen ließ. Als der Brandy feurig durch seine Kehle rann, bemerkte Drinkwater einen Zollwächter, der, in eine Decke gehüllt, die Zollschranke aufstieß, um sie durchzulassen.

Die Geschwindigkeit der Postkutsche schien ihm wie eine Bestätigung aller britischen Errungenschaften, und er mußte lächeln bei dem Gedanken, daß solche Vorstellungen immer noch sein Gemüt zu bewegen vermochten. Die schrecklichen Erlebnisse vor Boulogne und die Zeit danach, als er dem Tod sehr nahe gewesen war, hatten seinen Glauben an die Vorsehung erschüttert. Nun brachten ihm die Schmerzen in seiner Schulter zu Bewußtsein, daß er drauf und dran war, in arktische Gewässer vorzudringen; dort würde er alle Standhaftigkeit brauchen und zum erstenmal wirklich unabhängige Verantwortung tragen; so spürte er in dieser mitternächtlichen Kälte schon etwas von der Vereinsamung des Befehlshabers.

Er nahm noch einen Schluck Brandy. *Blue devils* nannte man diese Melancholie, eine alte Krankheit, die endemisch unter Seeoffizieren auftrat und durch Einsamkeit, drückende Verantwortung und, wie einige behaupteten, durch erzwungene Enthaltsamkeit hervorgerufen wurde. Drinkwater war sich völlig klar darüber, daß er seine Genesung von dieser Schwermut nur der Liebe seiner Frau und der unverbrüchlichen Zuneigung seiner Freunde verdankte. Dieser Gedanke ließ, in Verein mit dem Brandy, seine Stimmung wieder steigen. Er rief sich noch einmal Lord Dungarths lange Rede über die Ziele Frankreichs und die Verteidigung der Freiheit ins Gedächtnis. Er konnte leicht behaupten, daß Freiheit das Ziel britischer Politik wäre, aber gerade jetzt waren wieder die Zwangsrekrutierer in jeder britischen Hafenstadt unterwegs und preßten britische Bürger zum Dienst in der Flotte; sie taten das mit genauso großer Brutalität, wie sie die Großgrundbesitzer beim Erwerb des Landes angewandt hatten, durch das er gerade fuhr. Die Kompliziertheit der menschlichen Gesellschaft verwirrte und verärgerte Drinkwater wieder. Auch in Britannien und auf dem Kontinent gab es viele Befürworter der neuen Ordnung, die aus den blutigen Exzessen der französischen Revolution entstanden war, an vorderster Stelle Bonaparte als Beispiel für die Erbitterung, welche die Jungen und Talentierten gegenüber der blinden Widerspenstigkeit der Privilegierten empfanden. Dungarth hatte doch sicher die Gefahr, die von Napoleon selbst ausging, übertrieben? Dennoch würde ein gewisser Captain Drinkwater mit seiner Korvette auslaufen und die Trikolore Frankreichs mit dem gleichen Eifer von der Hochsee vertreiben, mit dem der Postillon, seine Taschenuhr konsultierend, durch die Nacht jagte. Mit etwas Mühe unterdrückte Dinkwater das Gefühl radikaler Begeisterung. Die erregende Nachtfahrt gab ihm törichte Gedanken ein. Seine Aufgabe bestand nur darin, die Walfänger aus Hull zu schützen, daran gab es nicht das geringste zu deuteln.

Dann fiel er in einen unruhigen Schlaf, der durch plötzliche Stöße des Wagens und die unwillkürlichen Kontraktionen schmerzender Muskeln unterbrochen und von der Erinnerung an Elizabeths Abschiedsschmerz begleitet war.

Nachdem die Reisenden die atemberaubende Abfahrt vom Spitalgate Hill hinter sich gebracht hatten, nahmen sie in Grantham ein schnelles Frühstück ein und überquerten mittags den Trent bei Muskham. Drinkwater fuhr wieder eine Weile im Inneren der Kutsche, aber da die Witwe MacEwan ihn erneut aufs Korn nahm und jetzt unbedingt alles über den ritterlichen und charmanten Mr. Quilhampton wissen wollte, begab er sich irritiert wieder nach draußen, ohne den erfreuten Gesichtsausdruck Mr. Quilhamptons zu bemerken, als sie wiederum die Plätze wechselten; als die Kutsche endlich in den Hof des »Schwarzen Schwans« in York rollte, war er völlig erschöpft.

»Und was hältst du von Mr. Quilhampton, meine Liebe?« fragte Mrs. MacEwan ihre Nichte, wobei sie dem Captain und dem hochgewachsenen jungen Offizier nachstarrte.

Die junge Frau nahm ihre Haube ab und schüttelte die rotgoldenen Haare aus. »Ich finde ihn höchst sympathisch, Tantchen.«

»Ah...« Mrs. MacEwan seufzte befriedigt. »Sieh mal, meine Liebe, er dreht sich um...« Geziert winkte sie mit der behandschuhten Rechten, während Catriona James Quilhampton nur zulächelte.

Drinkwater ging schon vor Sonnenuntergang zu Bett, nachdem er Quilhampton angewiesen hatte, sich um das Gepäck zu kümmern und einen Wagen zu besorgen, der sie am nächsten Morgen zum Hull bringen sollte. So wanderte Quilhampton allein durch die Straßen von York, außerstande, das Bild Catrionas aus seiner Vorstellung zu verbannen.

Das schöne Wetter hielt an. Da der folgende Tag ein Sonntag war, mußten sie eine private Kutsche mieten, aber die Fahrt über die sanften Hügel war sehr angenehm. Drinkwater hatte die lange Nachtruhe in York sehr erfrischt, zumal er das Glück gehabt hatte, sauberes Bettzeug zu bekommen. Bevor sie sich auf den Weg machten, hörten sie noch die Morgenandacht in der herrlichen Kathedrale; später aßen sie dann in Beverly zu Mittag und erreichten gegen fünf Uhr nachmittags Kingston-upon-Hull.

First Lieutenant Francis Germaney stand in seiner Kammer und urinierte fluchend in einen Nachttopf. Seine Augen waren schmal vor Schmerzen. Er war jetzt ganz sicher, daß er sich in diesem Bordell in Kingston-upon-Hull den Schwanz verbrannt hatte, und fragte sich, ob es Sir James Palgrave wohl ebenfalls erwischt hatte. Würde dem gottverdammten Stinktier recht geschehen, dachte er. Das hatte er mehr als verdient, trotz der Pistolenkugel in seinem Wanst.

»Oh, verdammt!« Er bemerkte Blut im Urin. Und ihr elender Schiffsarzt war seit dem Morgen des Duells nicht mehr nüchtern gewesen. Germaney beschloß, seinen Stolz hinunterzuschlucken und unverzüglich einen anderen Arzt aufzusuchen. Macpherson mit seinem Doktorhut aus Edinburgh mochte sich zum Teufel scheren. Als er sich die Hose zuknöpfte, fiel sein Blick auf den Brief seines Cousins Templeton. Commander Drinkwaters Ankunft stand unmittelbar bevor, und Templeton hatte angedeutet, daß der Erste Seelord keine weitere Verzögerung mehr dulden würde. Germaney griff nach seinem Rock, als es an die Tür klopfte. »Was gibt's?«

Fähnrich Lord Walmsley schob den Kopf durch die Türöffnung.

»Empfehlung von Mr. Bourne, Sir, und es nähert sich ein Boot, das den Anruf des Posten mit ›*Melusine*‹ beantwortet hat.«

»Gottverdammich!« Germaney wußte genau, was das bedeutete: Im Boot saß der neue Kommandant. »Er versucht, uns zu überrumpeln«, murmelte er.

»Das sagte Mr. Bourne auch.«

»Scheren Sie sich aus dem Weg, verdammt noch mal!«

Als Drinkwater seine Bestallungsurkunde laut vorgelesen hatte, faltete er sie zusammen und sah sich um. Unter dem wolkenlosen Himmel lag die Korvette *Melusine* fast reglos auf der breiten, trüben, von keinem Windhauch gekräuselten Humberförde. Anstrich und Messingbeschläge glänzten, und die Rahen waren genau vierkant gebraßt. Sie wirkte wie eine Lady unter Dirnen zwischen den plumpen, schwarzbraunen Rümpfen der Walfänger und den gedrungenen Formen der Handelsschiffe und Küstenfahrer, die vor dem Hafen von Kingston ankerten. Das laufende Gut der schwindelnd hohen Masten war sorgfältig belegt und aufgeschossen. Die nach einer bretonischen Fee benannte *Melusine* verriet in ihren feinen Linien den ganzen Charme ihrer französischen Herkunft. Drinkwaters Stimmung hob sich; obwohl er empfand, daß sie sich etwas großspurig präsentierte, war ihr Schönheit doch nicht abzusprechen. Er preßte die Lippen zusammen, um seine Freude nicht durch ein Lächeln zu verraten, und nickte stirnrunzelnd dem Ersten Offizier zu.

»Mr. Germaney, vermute ich?«

»Ihr Diener, Sir. Willkommen an Bord.« Germaney zog den Hut und verbeugte sich. »Darf ich Ihnen die anderen Offiziere vorstellen, Sir?«

Drinkwater nickte.

»Mr. Bourne und Mr. Rispin, Sir, der Zweite und der Dritte Offizier.« Zwei junge Lieutenants in makellosen Uniformen machten eine vorsichtige Verbeugung.

»Mr. Hill, der Navigator...«

»Hill! Ich freue mich, Sie an Bord zu haben. Wann haben wir uns das letzte Mal gesehen?«

»Anno siebenundneunzig, Sir, nach Kampenduin.« Hill strahlte über das ganze von einem Netz geplatzter Äderchen durchzogene Gesicht; von seinem feinen schwarzen Haar war außer einem Kranz im Nacken nur noch wenig übrig. Drinkwater erinnerte sich, daß er als Steuermann auf dem Kutter *Kestrel* verwundet worden war.

»Wie geht's dem Arm?«

»Er kündigt mir verläßlich stürmisches Wetter aus Westen an, Sir.« Sie lachten beide. »Hab' gehört, daß es Sie vor Boulogne schwer erwischt hat, Sir.«

»Ich hänge zwar steuerbords etwas durch, Mr. Hill, bin aber sonst ganz in Ordnung. Und hier ist ein ausgezeichneter Gehilfe für Sie: Darf ich Ihnen Steuermann James Quilhampton vorstellen, der kürzlich im Trinity House in London seine Prüfung abgelegt hat und schon vor Kopenhagen mit dabei war.« Er trat etwas zur Seite, damit der kleine Kreis der Offiziere die Verbeugung Quilhamptons entgegennehmen konnte. Dann wandte Drinkwater sich wieder Germaney zu, der daraufhin die Vorstellung fortsetzte.

»Mr. Gorton, Sir, dessen sechs Jahre jetzt nahezu um sind.«

»Wie viele davon haben Sie auf See verbracht, Mr. Gorton?«

»Alle, Sir«, erwiderte der Fähnrich, wobei er Drinkwater offen in die Augen sah. »Davor hatte ich schon zwei Jahre als Freiwilliger gedient, Sir.«

Drinkwater nickte befriedigt. Mit Mr. Gorton schien die Marine einen besseren Griff getan zu haben als mit den beiden Leutnants. Der neben Gorton stehende Fähnrich war vielleicht ein bis zwei Jahre jünger.

»Lord Walmsley, Sir.«

Drinkwater konnte gerade noch sein Erstaunen verbergen, nickte nur kurz und wandte sich dem nächsten Offiziersanwärter zu: Der Ehrenwehrte Alexander Glencross, ebenfalls von Adel und siebzehn Jahre alt, versuchte eine Verbeugung und wurde mit einem ähnlich kühlen Nicken bedacht. Drinkwater hatte den Eindruck, daß diese beiden jungen Herren ihren Beruf nicht allzu ernst nahmen; er war direkt erleichtert, als er am Ende der Reihe zwei ziemlich alltägliche Vertreter der Gattung Fähnrich stehen sah.

»Die Herren Wickham und Dutfield, Sir, und Mr. Frey.«

Mr. Frey tauchte hinter Dutfields Rücken auf, wo letzterer ihn festgehalten hatte, wie Drinkwater vermutete. So wie es aussah, hatte Palgrave seinen Fähnrichen zuviel Lose gegeben. So etwas führte oft dazu, daß die schwächeren schikaniert wurden; der Kadett Frey war ein Junge von höchstens zwölf Jahren.

Nach einem Zahlmeister namens Pater, einem Bootsmann und einem Zimmermann lenkte Germaney Drinkwaters Aufmerksamkeit auf eine recht despektierliche Gestalt, die halb hinter dem Besanmast verborgen war.

»Mr. Macpherson, unser Schiffsarzt.«

»Macpherson aus Edinburgh, Captain«, nuschelte der Arzt; sein Gesicht war schweißbedeckt, und die Augen stierten wässerig. »Zu Ihren Diensten.«

Drinkwater stieg seine Rumfahne in die Nase, und er bemerkte den schmutzigen Rock und das fleckige Hemd.

»Lieutenant Mount, Sir«, fuhr Germaney eilig fort, um Drinkwater von dem jämmerlichen Zustand des Arztes abzulenken. Macphersons Schwächen würden in einem Gespräch zwischen Kommandant und Erstem noch zur Sprache kommen, aber zu einem späteren Zeitpunkt und so, wie Germaney es wollte. »Lieutenant Mount, Sir, von der Marineinfanterie Seiner Majestät.«

»Von der *königlichen* Marineinfanterie, Mr. Germaney; Sie sollten nicht versäumen, die neue Benennung zu verwenden.« Drinkwater deutete auf die blauen Uniformaufschläge, die den Träger als Mitglied eines königlichen Regiments auswiesen.

»Eine wirkliche Verbesserung gegenüber dem früheren Weiß, Mr. Mount«, sagte er wie beiläufig und schritt die Linie der zur Inspektion angetretenen Seesoldaten ab. Mr. Mount strahlte vor Freude. Er hatte das Glitzern der Epaulette im Boot schon eine gute Viertelstunde vor dem Fähnrich der Wache erspäht und seine Leute rechtzeitig antreten lassen, um einen guten Eindruck zu machen.

»Ihre Leute machen Ihnen Ehre, Mr. Mount. Ich lege Wert darauf, daß sie alle hervorragende Schützen sind. Bitte übernehmen Sie auch die Ausbildung der Besatzung im Gebrauch von Handfeuerwaffen, denn ich habe etwas dagegen, dies dem jüngsten Leutnant zu überlassen. Es ist besser, wenn er sich um seine Division und die schweren Geschütze kümmert.«

Zufrieden mit dem Aufsehen, das diese kleine Neuerung erregte, blickte Drinkwater in die Runde. Er ging ein paar Schritte vor und blieb am Backbord-Niedergang stehen. Hier kennzeichnete eine einzelne Bronze-Karronade den Beginn des geheiligten Achterdecks, über das bislang Captain Sir James Palgrave geherrscht hatte; das unvorschriftsmäßige Geschütz, das *Melusine* zusätzlich zu ihren Langrohrkanonen führte, protzte förmlich mit seinem Hochglanz.

»Ich hoffe nur«, sagte Drinkwater laut, »daß all diese Verschönerungen nicht zu Lasten der Kampfkraft des Schiffes gegangen sind!« Dabei bemerkte er auf manchen Gesichtern der Angetretenen ein verstohlenes Grinsen.

»Nein, natürlich nicht, Sir«, stotterte Germaney.

»Nun gut.« Er ließ den Blick über die Besatzung wandern. Es schien die übliche Mischung zu sein: flachshaarige Skandinavier, dunkelhäutige Portugiesen, drei Neger, ein Inder und ein Araber, dazu alte und junge Männer aus den beiden Teilen des Königreichs und von der grünen Insel.

»Tut eure Pflicht, Männer, dann habt ihr nichts zu fürchten.« Es war die alte Floskel, sicherlich abgedroschen, aber fürs erste reichte sie völlig aus. Wenn es den Worten auch an Inspiration mangelte, so besagten sie doch alles, was von den Leuten verlangt wurde.

»Nehmen Sie bitte Platz, Mr. Germaney.« Drinkwater hängte seinen Hut an den Haken und wandte sich dem Ersten Offizier zu. Captain Palgraves überstürzter Aufbruch hatte Drinkwater auf Zeit eine schöne Kajüteinrichtung beschert, einschließlich einer vollen Karaffe Malvasier.

Er goß sich und Germaney Wein ein und dachte an die Inspektion, von der sie gerade zurückgekommen waren. Sie hatten dabei Räume besichtigt, von deren Existenz Mr. Germaney wahrscheinlich nicht einmal etwas geahnt hatte.

»Die Fähnrichsmesse, Mr. Germaney, ist schlecht belüftet, um es milde auszudrücken. Außerdem wünsche ich, daß sie umgehend weiß gestrichen wird. Es finden sich dort, wie auch im Benehmen der jungen Gentlemen, Anzeichen für eine gewisse Schlampigkeit, die mir mißfällt. Auf Ihre Gesundheit!«

Sie tranken, und Drinkwater warf seinem Ersten Offizier einen prüfenden Blick zu. Germaney wirkte nervös und hatte bei der Führung eine gewisse Mattigkeit erkennen lassen. Ein Offizier, der darauf aus war, einen guten Eindruck zu machen, hätte *Melusines* positive Merkmale herausgestrichen, statt sie zu ignorieren. Aber das spielte jetzt keine Rolle. Im Augenblick gab es dringendere Probleme.

»Am Schiff habe ich nichts auszusetzen, Mr. Germaney, obwohl ich mein endgültiges Urteil zurückstelle, bis ich gesehen habe, wie die

Besatzung mit Segeln und Geschützen klarkommt. Was mir nicht gefällt, ist der Schiffsarzt.« Germaneys Haltung verriet plötzlich überraschend starkes Interesse. »Sagen Sie mir«, fuhr Drinkwater fort, »wie konnte ein derartig schlampiger Offizier seine Stellung unter einem, äh, so korrekten Kommandanten wie Captain Palgrave behaupten?«

»Das weiß ich nicht genau, Sir. Vielleicht war Sir James ihm irgendeine Gefälligkeit schuldig.«

»Ist der Mann ständig betrunken?«

Germaneys Stimmung hob sich; die Dinge begannen sich etwas mehr zu seinen Gunsten zu entwickeln. »Zu meinem Bedauern muß ich gestehen, daß es gewöhnlich so ist, Sir. Die Leute haben kein Vertrauen zu ihm.«

»Das überrascht mich nicht. Seine Instrumente waren verrostet, und seine Gehilfen sahen mir fast so aus, als hätten sie selber schon Wundbrand. Hier, nehmen Sie noch ein Glas von diesem hervorragenden Malvasier...«

Drinkwater behielt seinen Ersten scharf im Auge. In den wenigen Stunden, die er sich jetzt an Bord befand, war ihm schon vieles klarer geworden. Die Schwächen seiner drei Wachoffiziere fand er keineswegs ermutigend.

»Warum hat Ihr voriger Kommandant dieses schöne Schiff verlassen, Mr. Germaney?«

Germaney begann sich zu entspannen. Captain Drinkwater machte einen durchaus liebenswürdigen Eindruck; er hatte zwar etwas von einem Demokraten an sich und vielleicht ein paar seltsame Ideen, aber das stand ihm rangmäßig zu. Als etwas Besonderes, wie Templeton angedeutet hatte, kam er ihm nicht vor. Wenn er anscheinend gern einen zur Brust nahm, war das beileibe nichts Ungewöhnliches. Germaney trank sein Glas leer, und Drinkwater goß ihm von neuem ein.

»Oh, er nahm eben seinen Abschied, Sir. Er war ja von Haus aus nicht ganz unvermögend, wie Sie sehen.« Germaney deutete auf die wertvolle Kajüteinrichtung.

»Recht merkwürdig, meinen Sie nicht, das Kommando ausgerechnet bei Ausbruch des Krieges niederzulegen?«

Germaney zuckte die Schultern. Er war sich der Geringschätzung, die in Drinkwaters Worten lag, wohl bewußt. »Sir James' Angelegenheiten gingen mich nichts an, Sir.«

»Selbst dann nicht, wenn sie unmittelbar seine Ehre betrafen, Mr. Germaney?«

Germaney trat unruhig von einem Fuß auf den anderen. »Ich – ich vestehe nicht, worauf Sie hinauswollen, Sir.«

»Oh, ich bezweifle nur, daß sich Captain Palgrave auf einen Ehrenhandel eingelassen hätte, ohne sich Ihrer Hilfe als Sekundant zu vergewissern.«

»Oh, das wissen Sie also... Irgendjemand hat wohl nicht den Mund gehalten. Aber ich...«

»Ich habe es in der Admiralität erfahren, Mr. Germaney, und ich brauche Ihnen sicher nicht zu sagen, daß man die Sache dort nicht besonders wohlwollend aufgenommen hat.« Der Stich saß. Logischerweise hätte Drinkwater annehmen können, daß Germaney Palgrave beim Duell als Sekundant assistiert hatte. Oft war ein Erster Offizier seinem Kommandanten durch stärkere Bande verbunden als durch bloße dienstliche Loyalität, besonders im Frieden.

Germaney bedauerte seinen indiskreten Brief an Templeton und schwor sich, daß er ihm diese Schwatzhaftigkeit noch heimzahlen würde. »Wurde mein Name auch... Bin ich, äh...?«

»Ich denke«, sagte Drinkwater schnell, um nicht lügen zu müssen, »ich denke, daß Sie mir besser genau erzählen sollten, wie dieser Streit entstanden ist. Es scheint mir kaum der Sache dienlich, wenn der Kommandant eines Geleits von den Kapitänen, die er eigentlich beschützen soll, zum Duell gefordert wird.«

»Na ja, Sir, es ist schwierig für mich...«

»Ich würde lieber die Wahrheit von Ihnen hören, Mr. Germaney«, sagte Drinkwater ruhig, »als ein Gerücht von jemand anderem. Denken Sie daran, daß Hill und ich alte Kameraden sind – obwohl ich ungern etwas hinter Ihrem Rücken unternehmen würde, weil Sie mir Informationen vorenthalten haben.«

Germaney war bleich geworden. Das königliche Dekret, wonach Duelle oder die Beihilfe dazu unter Strafe gestellt wurden, konnte gegen ihn angewandt werden. Palgrave hatte ihn im Stich gelassen; außerdem mußte er dauernd an die Beschwerden in seinem Unterleib denken; auch an deren Zustandekommen war Palgrave mitschuldig.

»Es gab einen Streit in der Öffentlichkeit, Sir, in dessen Verlauf Captain Palgrave und einer der Walfängerkapitäne einander Beleidigungen an den Kopf warfen.«

»Wie ist das passiert? Waren Sie dabei?«

Germaney nickte. »Sir James traf Captain Ellerby, den Kapitän der *Nimrod*, auf der Straße. Ellerby ging mit seiner Tochter spazieren. Schon vorher waren einige heftige Worte zwischen ihm und Sir James gefallen, die den immer weiter hinausgeschobenen Auslauftermin betrafen. Die Walfänger laufen üblicherweise Anfang April aus, um Robben zu jagen, bevor sie im Mai ins Eismeer hinauf kreuzen...«

»Ja, ja, erzählen Sie weiter.«

Germaney zuckte die Schultern. »Sir James machte der Tochter einige übertriebene und etwas unüberlegte Komplimente, Sir, an denen Ellerby Anstoß nahm. Er verlangte eine Entschuldigung, worauf Sir James, äh...«

»Was tat Sir James also?«

»Er war nicht mehr ganz nüchtern, Sir.«

»Na, das hoffe ich doch, Sir. Ich kann mir nicht vorstellen, daß sich ein Offizier in nüchternem Zustand derart aufführen würde. Aber erzählen Sie, wie ging es weiter? Was sagte Sir James?«

»Er machte die Bemerkung, daß so ein hübsches Mädchen einen Gentleman wohl dazu bringen könnte, all sein Pulver zu verschießen.«

»Das scheint mir eine recht zweideutige Bemerkung, Mr. Germaney, meinen Sie nicht auch?«

»Jawohl, Sir.«

»Was geschah?«

»Ellerby schlug ihn mit seinem Stock, und Sir James wurde von mir und Mr. Mount zurückgehalten. Sir James sagte, er würde dafür Genugtuung verlangen, wenn Ellerby ein Gentleman wäre; Ellerby schrie, daß er sich gern mit ihm schlagen würde, und sei es nur, um ihm anständiges Benehmen beizubringen. So nahm dann alles seinen Lauf. Sir James fühlte sich am nächsten Morgen nicht sehr gut, und obwohl er den ersten Schuß hatte, ging seine Kugel daneben. Ellerbys Kugel hingegen durchbohrte seine Milz.«

»Dann ist diese Affäre also hier allgemein bekannt?«

»Ich fürchte ja«, sagte Germaney niedergeschlagen.

»Trotzdem wurde sie vertuscht, wobei die öffentliche Meinung auf Ellerbys Seite war und der Stadtrat sie dabei geschlossen unterstützte?«

»Jawohl, Sir. Man schickte einen Arzt und eine Kutsche, um Sir James so schnell wie möglich auf seinen Landsitz zu bringen. Es war nicht schwer, ihn zur Demissionierung zu überreden, doch bereitete es uns verdammte Schwierigkeiten, Macpherson daran zu hindern, mit ihm zu gehen. Davon wollten die Stadtväter nichts hören, denn Macpherson ist als schwadronierender Narr zu bekannt. Bis Sie mir davon erzählten, hatte ich angenommen, daß die Angelegenheit außerhalb der Stadt nicht bekannt geworden wäre. Ich habe sofort jeden Landurlaub gesperrt, aber wahrscheinlich hat die Mannschaft trotzdem alles erfahren.«

»Das glaube ich auch. Sie und Mount haben als Sekundanten fungiert, nicht wahr?«

»Mount hat sich geweigert, Sir.«

»Ah.« Mounts Verhalten gefiel Drinkwater. Es hatte sicherlich beträchtliche Zivilcourage erfordert, diese Bitte abzulehnen. »Tja, Mr. Germaney, Ihr Anteil an dieser Sache ließe sich vielleicht noch vertuschen, wenn wir unsere Abfahrt nun nicht länger herauszögern.«

»Ich danke Ihnen, Sir. Was den Arzt betrifft, Sir – es ist einfach riskant, mit einem solchen Mann in die Arktis zu gehen.«

»Das stimmt.« Drinkwater füllte ihre Gläser von neuem. Durch Germaneys Schilderung des Duells war ihm das ganze Ausmaß seiner Aufgabe klar geworden. Die Kapitäne der Walfangschiffe, schon von der Regierung bis zur Klärung der Entwicklung zwischen England und Frankreich zurückgehalten, waren durch Palgraves Saumseligkeit noch länger aufgehalten worden, von seiner Arroganz ganz zu schweigen. Aus seinen eigenen Befehlen wußte Drinkwater, daß die Zollbeamten den Walfängern die Auslauferlaubnis erteilen würden, sobald der Kommandant der *Melusine* seine Zustimmung gab. Jede weitere Verzögerung vergrößerte das Risiko, im Eis stecken zu bleiben. Und das würde die *Melusine* knacken wie eine Eierschale.

»Aber wir haben jetzt keinen Ersatz für den Arzt«, fuhr er fort. »Wir müssen unverzüglich auslaufen. Ich möchte, daß Sie einen Fähnrich auf die Walfangschiffe schicken, ›Grönländer‹ nennen sie sich wohl gern, nicht wahr? Er soll die Kapitäne bitten, morgen vormittag an Bord der *Melusine* zu kommen, so daß wir unsere Marschformation und die Signale festlegen können. Und sagen Sie dem jungen Herrn, er soll die Einladung höflich und mit meinen besten Empfehlungen vorbringen.«

»Jawohl, Sir«, antwortete Germaney unglücklich. »Und der Schiffsarzt?«

»Richten Sie dem Arzt aus«, sagte Drinkwater mit plötzlicher Wut, »daß ich ihn wie jeden gewöhnlichen Seemann auspeitschen lasse, wenn er mir noch einmal betrunken unter die Augen tritt.«

Zwei Stunden später erhielt Drinkwater ein Rundschreiben, das ein Dutzend Unterschriften trug; die Kapitäne der Walfangschiffe teilten ihm darin mit, daß sie es lieber sähen, wenn ihre Versammlung an Land im Trinity House von Kingston-upon-Hull stattfände.

Drinkwater verfluchte Sir James Palgrave dafür, daß er sich jetzt daranmachen mußte, einen Haufen streitsüchtiger Handelsschiffskapitäne für sich zu gewinnen, die seine königliche Vollmacht so leichtfertig abtaten.

Dann beruhigte er sich jedoch wieder; sie hatten wirklich wenig Grund, die Royal Navy zu lieben. Sie nahm ihnen die besten Seeleute weg, gewöhnlich dann, wenn sie nach den Strapazen einer Arktisfahrt wieder in den Humber einliefen. In der Stadt hatte man schon einen Kapitän als Schiedsinstanz etabliert, der mit allen Formalitäten, die das Pressen von Seeleuten betraf, bestens vertraut war. Drinkwater erinnerte sich an die Geschichte von einem Walfänger, der beim Spurn Head von seiner gesamten Mannschaft fluchtartig verlassen wurde, als die dort patrouillierende Fregatte in Sicht kam.

Nein, die Leute hier hatten wirklich keinen Grund, die Marine zu lieben; plötzlich überfiel ihn wieder die Frage nach der Berechtigung des gegenwärtigen Krieges, aber er schob sie als unerheblich für die kommende Aufgabe genauso schnell wieder von sich.

Drittes Kapitel

Mai 1803

Die Grönländer

Ein Diener mit Knotenperücke geleitete Drinkwater durch die prächtigen Korridore des Trinity House von Kingston-upon-Hull. Drinkwater hatte schon einmal mit dieser Körperschaft zu tun gehabt, als sie die Ostseelotsen für den Flottenvorstoß nach Kopenhagen vor zwei Jahren gestellt hatte. Ihre Leistungen waren enttäuschend gewesen.

Sie warteten einen Augenblick vor einer schweren Tür, durch die der Lärm eines hitzigen Wortgefechts drang. Drinkwater hörte die Worte »zwei Monate Verspätung« und die ärgerliche Frage: »Wer garantiert uns denn überhaupt eine Prämie?« Dann öffnete der Diener die Tür und kündigte ihn an.

Drinkwater trat über die Schwelle. Er trug seine Ausgehuniform mit Zweispitz und Degen. Der Raum war durch hohe Fenster erhellt und der einfache Dielenboden mit Binsen bestreut. Um einen langen Mahagonitisch saßen und standen rund zwei Dutzend unterschiedlich gekleideter Männer, die sich ihm nun zuwandten. Er spürte fast körperlich eine Welle der Abneigung und beschloß, wachsam und vorsichtig vorzugehen. Grüßend neigte er den Kopf.

»Ich entbiete Ihnen einen guten Tag, Gentlemen.«

»Ha!« Ein riesiger, schwarzbärtiger Mann, der mit verschränkten Armen auf der Tischkante vor ihm saß, wandte trotzig das Gesicht ab. Drinkwater ließ sich nicht aus der Ruhe bringen.

»Ihr würdet besser daran tun, höflich zu bleiben, Freund Jemmet.« Ein Mann, der den dunkelgrünen, breitrandigen Hut der Quäker trug, erhob sich, kam nach vorn und deutete auf einen Stuhl.

»Nehmt bitte Platz, Freund. Ich bin Abel Sawyers, Kapitän der *Faithful*.« Die Stimme des Quäkers war tief und volltönend.

Drinkwater setzte sich. »Ich danke Ihnen, Kapitän Sawyers.« Er blickte in die Runde. Die Männer blieben feindlich und abwartend.

»Ich weiß, Gentlemen, daß Sie eine Änderung Ihrer Pläne hinnehmen mußten.«

»Eine Änderung!« stieß der große, schwarzbärtige Mann hervor, wobei er höhnisch auf den Boden spuckte. »Eine Änderung! Wir sind fast zwei Monate zu spät dran – zu spät, um noch die Prämie zu bekommen, verdammt noch mal! Ich erwarte nicht, daß Sie sich einen Deut um unsere Familien scheren, Captain, aber versuchen Sie bloß nicht, uns am Auslaufen zu hindern, indem Sie uns die Ausklarierung nur erlauben, wenn Sie dafür Männer von unseren Schiffen bekommen.«

Ein Chor zustimmender Bemerkungen folgte diesem Ausbruch. Drinkwater wußte, daß der *Melusine* ein Dutzend Männer an der Sollstärke fehlten, aber er wäre nie auf den Gedanken gekommen, sie von den ihm anvertrauten Schiffen zu erpressen. Außerdem hielt er dieses Defizit nicht für groß genug, um sich darüber Gedanken zu machen. Zu Captain Palgraves Niederträchtigkeit hatte anscheinend auch Korruption gehört.

»Aye, Captain! Meine Geschütze sind geladen, und wenn Sie ein Boot schicken, um mir auch nur einen einzigen Mann von Bord zu holen, kann ich für die Folgen nicht garantieren«, schrie ein anderer.

Die erneut anschwellende Zustimmung wurde mit dem Schütteln geballter Fäuste unterstrichen.

»Erst setzen sie die Prämie herab, dann stehlen sie uns die Hälfte unserer Männer, und zuletzt verbieten sie uns noch das Auslaufen, bis ein Kriegsschiff als Begleitschutz mitfahren kann...«

»Diese verdammten Londoner Beamtenseelen...«

»Das ganze verrottete Pack gehört an den Galgen!«

»Hält man uns denn für Narren, Captain?« brüllte der bärtige Kapitän. »Wir wissen sehr gut, daß man uns nur aufhalten will, um unsere Besatzungen zu stehlen, weil der Krieg wieder ausgebrochen ist!«

»Gentlemen!« Drinkwater stand unerschütterlich an seinem Platz und sah sie an. »Gentlemen! Wollen Sie wohl Ruhe geben, verdammt noch mal!« Er war jetzt auch ärgerlich. Wahrscheinlich stimmte sogar alles, was sie sagten. Möglicherweise kreuzte jetzt schon eine Fregatte vor der Huk von Spurn, um den Walfängern vom Hull »überzählige« Leute wegzunehmen, mit der Begründung, daß sie sich ja Ersatz auf den Shetlands oder den Orkney-Inseln besorgen könnten, wozu sie berechtigt waren.

Drinkwater wäre nicht weiter überrascht gewesen, wenn es sich wirklich so verhielte, aber seine Gegenwart würde das zumindest erschweren.

»Freunde!« Der weiche Baß Sawyers' neben ihm schien einen besänftigenden Einfluß auf die verärgerten Grönländer zu haben; sie kamen allmählich zur Ruhe. »Laßt uns hören, was Captain Drinkwater zu sagen hat. Er ist schließlich auf unseren Wunsch hier. Bitte, Captain, Ihr habt das Wort.«

»Ich war heute morgen beim Zollamt...«

»Wir haben uns weder Sie noch Ihre verdammten Regierungsbefehle gewünscht«, unterbrach ihn der bärtige Ellerby von neuem.

»Außer wenn es um die Prämie geht, Freund«, warf der Quäker Sawyers ein – eine Bemerkung, die ein vielfältiges Brummen der Zustimmung nach sich zog und den ersten Riß in ihrer Einmütigkeit erkennen ließ.

»*Du* würdest vielleicht allein lossegeln, Jemmet, aber ich könnte die Begegnung mit einer Fregatte nicht riskieren. Aus Angst vor Zwangsrekrutierung waren die Männer diesmal nur ungern bereit, auf Fahrt zu gehen. Laßt uns hören, was Captain Drinkwater über seine eigene Besatzungsstärke zu sagen hat.«

Drinkwater musterte den neuen Sprecher. Er trug einen Anzug aus grobem braunem Wollstoff und hatte ein pockennarbiges Gesicht mit dünnen Lippen und einer Stupsnase, das trotz seiner Häßlichkeit einen gewissen Charme besaß; die freundlichen Augen verstärkten ihn noch. Er begegnete Drinkwaters Blick und machte eine leichte Verbeugung im Sitzen.

»Jaybez Harvey, Captain, Kapitän der *Narwal*.« Er lächelte. »Ihre Kameraden sind eben allzu eifrig bemüht, unsere Leute zu pressen, und scheren sich herzlich wenig darum, ob jemand freigestellt ist.«

Drinkwater nickte, fühlte jedoch das Bedürfnis, die Marine in Schutz zu nehmen. »Wir haben schließlich Krieg.«

»Wenn es keine Kriege gäbe, Captain, dann gäbe es auch keine Kriegsmarine, die unschuldige und gottesfürchtige Männer von ihren unglücklichen Frauen und Kindern wegholt«, sagte der Quäker Sawyers tadelnd.

»Diese Debatte scheint kein Ende zu nehmen, Kapitän Drinkwater. Wollen Sie uns nicht endlich verraten, wann Sie auszulaufen gedenken?« Ein hochgewachsener Mann in hellblauer Uniform, die kunstvoll mit Pelz besetzt war, erhob sich von seinem Platz. Ein ähnlich gekleideter Kapitän schloß sich ihm an, und beide Offiziere nahmen ihre reich verzierten Hüte und begaben sich zur Tür. »Commander Malim und ich erwarten Ihre Instruktionen im ›Weißen Hirsch‹. Vielleicht erweisen Sie uns die Ehre, mit uns zu speisen, Captain.«

»Und wo liegen Ihre Schiffe, Sir?« fragte Drinkwater scharf. Ihm war klar, daß mit dem Weggang der beiden Offiziere, die zwei Schiffe der kanadischen Hudson Bay Company befehligten, die Versammlung auseinanderzubrechen drohte.

»Vor Collingholme, wo sie seit einer Woche auf das Auslaufen warten.«

Drinkwater hielt sie zurück, während das Stimmengewirr um den Tisch wieder anschwoll. »Ruhe!« brüllte er. »Darf ich Sie ersuchen, einen Moment Ruhe zu geben!«

Endlich legte sich der Lärm.

»Heute morgen war ich beim Zollamt und habe die Freigabe Ihrer Ausklarierungen genehmigt.« Diese Ankündigung verfehlte ihre Wirkung nicht, endlich trat völlige Stille ein. Er wandte sich an den pockennarbigen Harvey.

»Ist es nicht üblich, zusätzliche Leute auf den Shetlands an Bord zu nehmen, ganz gleich, ob Männer von Ihren Schiffen gepreßt wurden oder nicht?«

Harvey nickte vorsichtig. »Wenn wir in die grönländischen Gewässer gehen, ja. Sind wir jedoch nach der Davis-Straße unterwegs, rekrutieren wir Leute auf den Orkneys. Dort ergänzen wir auch unseren Wasservorrat.«

»Und in welche Fischgründe wollen Sie jetzt, Gentlemen?« Drinkwater blickte in die Runde und erwartete eine neue heftige Diskussion, aber zumindest über diese Angelegenheit hatte man sich vorher geeinigt.

»Wir haben beschlossen, Sir, uns wegen der fortgeschrittenen Jahreszeit in die grönländischen Gewässer zu begeben. Fangen wir dort nichts, können wir Kap Farewell runden und in die Davis-Straße einlaufen. Aber über diese Frage werden wir später durch Mehrheitsbeschluß entscheiden.«

»Danke, Kapitän Sawyers. Dazu muß ich Ihnen sagen, daß ich nicht im Eis überwintern kann.«

»Wir brauchen Sie nicht, Captain«, sagte der schwarzbärtige Ellerby in aggressivem Ton. »Wir werden dort fischen, wo etwas zu holen ist. Erwarten Sie also nicht, daß wir uns wie ängstliche Kinder an Ihre Rockschöße klammern.«

»Das tue ich keineswegs. Ich erwarte nur, daß Sie mir auf der Überfahrt folgen, da sich einige französische Freibeuter im Nordmeer befinden. Ich werde mit denjenigen Kapitänen im Geleit fahren, die sich auf eigenen Wunsch unter meinen Schutz begeben. Weiterhin schlage ich vor, daß wir so bald wie möglich auslaufen. Was halten Sie von morgen früh, bei Einsetzen der Ebbe?«

Ein überraschtes Murmeln folgte dieser Ankündigung, und die

Grönländer besprachen sich kurz miteinander. Nach einer Weile erhob sich Sawyer.

»Ihr habt unsere Zustimmung, Freund Drinkwater.«

»Nun gut. Schicken Sie also jeder um sechs Uhr heute abend ein Boot zur *Melusine*, um Ihre schriftlichen Instruktionen zu holen. Ich füge ein Verzeichnis der Signale bei, die wir verwenden wollen. Unser Treffpunkt ist der Bressay Sound, wo wir bis zum Ende der ersten Juniwoche warten. Das wäre alles. Aber bitte erinnern Sie sich an die französischen Kaperschiffe im Polargebiet, Gentlemen. Vielleicht brauchen Sie die *Melusine* doch noch.« Drinkwater wartete gespannt, wie die Kapitäne auf diese kleine Übertreibung reagieren würden. Aber es konnte nicht schaden, die Zusammenarbeit mit diesen unabhängigen Schiffsführern etwas zu fördern. Nun wechselte selbst der schwarzbärtige Ellerby überraschte Blicke mit dem neben ihm stehenden Kapitän.

Drinkwater erhob sich und nahm seinen Hut. Die Versammlung löste sich auf, auch die beiden Offiziere der Hudson Bay Company strebten der Tür zu.

Derjenige, mit dem Drinkwater zuvor gesprochen hatte, stellte sich als Commander Learmouth vor und gratulierte ihm zur Zähmung der Eisbären. Er wiederholte seine Einladung zum Essen, die Drinkwater jedoch aus Zeitmangel ablehnte. Learmouth und Malim gingen daraufhin ihres Weges, und Drinkwater blieb noch einen Moment stehen, um dem merkwürdigen Quäker Sawyers für seine Hilfe zu danken.

»Ihr habt einen schlimmen Beruf, Freund, aber Ihr macht ihm keine Unehre.« Sawyers lächelte. »Jetzt gehe ich aufs Zollamt, und morgen lotse ich Euer Schiff den Humber hinunter.«

Auf dem Weg zur Tür fand sich Drinkwater hinter dem großen, schwarzbärtigen Grönländer. Plötzlich drehte sich der Mann um und versperrte ihm den Weg, so daß Drinkwater fast mit ihm zusammenprallte und gezwungen war, einen Schritt rückwärts zu machen.

Drinkwater blickte zu ihm auf. Hinter der Masse dunklen Haares sah er scharfgeschnittene Züge und Augen von einem seltsamen Blaßblau, welches die Pupillen unnatürlich durchdringend erscheinen ließ.

»Sind Sie je im Polargebiet gewesen, Captain?«

»Nein, das bin ich nicht.«

Der große Mann drehte sich zu seinem Begleiter um, demselben Kapitän, der neben ihm gesessen hatte. »Man schickt einen Neuling, um uns zu beschützen! Soll diese Narren doch der Teufel holen!« Der Grönländer machte auf dem Absatz kehrt.

Drinkwater sah nur noch seinen Rücken und hatte den Eindruck, daß die anderen Männer die Szene schadenfroh beobachteten. Er konnte sich nicht länger beherrschen.

»Kapitän!« Keine Antwort. Drinkwater trat schnell auf den Korridor hinaus, wo seine Stimme von den Wänden widerhallte: »Kapitän!«

Voll Geringschätzung wandte sich der große Mann langsam um.

»Wie ist Ihr Name?«

Der schwarzbärtige Kapitän trat auf Drinkwater zu; er wirkte durch die Größe und Schwere seines Körpers fast einschüchternd. »Ellerby, Jemmet Ellerby von der *Nimrod*.«

Drinkwater hielt ihn mit einer Handbewegung zurück, um nicht erneut einfach stehengelassen zu werden.

»Ich habe gehört, Kapitän Ellerby«, sagte er schnell, aber mit einer Stimme, die von der Gruppe hinter ihm deutlich zu verstehen war, »ich habe gehört, daß Sie gute Manieren besitzen sollen. Mir scheint jedoch, ich bin da falsch unterrichtet worden. Guten Tag, mein Herr.«

»Nein, Sir, Sie können nicht an Land gehen. Ich benötige heute nachmittag drei Kadetten, um die Befehle für den Konvoi kopieren zu lassen. Auch müssen Sie eine letzte Runde durch das Schiff machen, ob alles zum Auslaufen morgen früh klar ist. Auf den Shetlands werden wir unseren Wasservorrat ergänzen; halten Sie daher einige leere Fässer bereit. Sagen Sie, hat Captain Palgrave reichlich Pulver zum Übungsschießen an Bord genommen?«

»Jawohl, Sir«, antwortete Lieutenant Germaney unglücklich.

»Gut. Sagen Sie dem Zahlmeister, daß ich ihn sprechen möchte, und bitten Sie die Offiziere, mit mir zu speisen. Mr. Quilhampton und Mr. Gorton sind ebenfalls eingeladen. Die anderen jungen Herren werde ich zu gegebener Zeit näher kennenlernen.« Er wandte sich um und starrte durch die Heckenfenster auf die hohen weißen Windbäume im Westen. »Morgen früh bekommen wir Westwind.« Er stand auf. »Das wäre vorläufig alles.«

»Aye, aye, Sir. Ich möchte noch melden, Sir, daß ein Gentleman an Bord gekommen ist; er hat einen Koffer und sonst noch allerhand mitgebracht, auch ein Empfehlungsschreiben. Er sagt, daß er mit uns fahren soll.«

Drinkwater runzelte die Stirn. »Was ist denn das für eine Zumutung!«

Germaney zuckte die Schultern. »Er wartet in der Messe.«

»Schicken Sie ihn herein.«

»Jawohl, Sir... Sir, dürfte ich nicht wenigstens eine Stunde...«

»Herrgott noch mal, Mr. Germaney, Sie wissen doch, daß ich nein gesagt habe! Wir sind im Begriff, in die Arktis zu gehen, und Sie müssen sich noch um tausend Dinge kümmern. Ich habe aber nichts dagegen, wenn Sie einen Kadetten für eine Besorgung an Land schicken. Nehmen Sie Dutfield oder Wickham, deren Handschrift ist, nach ihren Logbüchern zu urteilen, so miserabel, daß ich auf ihre Dienste beim Kopieren verzichten kann. Wo zum Henker steckt meine Schreibfeder?«

Drinkwater schalt sich insgeheim einen Narren. Palgraves luxuriöse Kajüte hatte ihn vergessen lassen, daß die meisten seiner eigenen Sachen noch nicht an Bord waren. Tregembo war noch nicht mal angekommen, und trotzdem war er schon dabei, den Auslaufbefehl zu geben.

Erneut verfluchte er Palgrave, Ellerby und die ganze Kabale der Walfängerkapitäne. Plötzlich kamen ihm Bedenken hinsichtlich Germaneys Kompetenz und der Eignung seines Schiffes fürs Polarmeer. Er hatte noch keine Zeit gehabt, irgendwelche Vorbereitungen zu treffen, und mußte sich daher ganz auf Palgraves Umsicht verlassen: angesichts der vielen negativen Dinge, die er über ihn gehört hatte, eine zweifelhafte Sache. Er dachte auch an Ellerbys spöttische Bemerkung, daß er, was die Navigation in der Arktis anging, ein blutiger Anfänger sei. Sein Blick fiel auf die Weinkaraffe, und er wollte sich schon einschenken, als es an der Tür klopfte.

»Ja, bitte.«

Der Mann, der eintrat, war von Kopf bis Fuß schwarz gekleidet. Er war ungefähr dreißig Jahre alt, mit kurzgeschnittenem, schon dünn werdendem Haar. Er hatte ausgeprägte Gesichtszüge, und sein dichtes Barthaar, obwohl frisch rasiert, schimmerte bläulich durch die Haut der eingefallenen Wangen. Seine braunen Augen strahlten Zuversicht aus, und seine Selbstsicherheit führte ihn bis in die Mitte der Kajüte, wo ihm das Deck gestattete, sich zu voller Größe aufzurichten.

»Ich entbiete Ihnen einen guten Tag, Sir. Hier ist mein Empfehlungsschreiben.« Er übergab Drinkwater einen mit dem Siegel der Admiralität verschlossenen Umschlag. Der Brief darin wies Captain Drinkwater an, dem Überbringer bei der Ausführung seines im beiliegenden Schreiben dargelegten Auftrags jegliche Unterstützung zu gewähren. Drinkwater öffnete auch das beiliegende Schreiben. Es war vor drei Tagen in London ausgestellt und lautete:

Ehrenwerter Herr!

Nachdem uns kürzlich die Absicht Ihrer Lordschaften bekannt ge-

worden ist, ein Schiff in die Arktis zu entsenden, halten es die Vorsitzenden unserer Gesellschaft für ihre Christenpflicht, den an den Küsten Grönlands Ansässigen das Wort Gottes zu verkünden. Um diese Absicht in die Tat umzusetzen, werden Sie ersucht, den Überbringer dieses Schreibens, den Geistlichen Obadiah Singleton, D. D., M. D., dorthin mitzunehmen.

Wenn Sie ihn bei einer Siedlung der Eskimos an Land setzen oder dafür sorgen, daß er zu einer derartigen Siedlung gebracht wird, ist Ihnen der wärmste Dank für Ihre Hilfe bei der Verbreitung unseres Glaubens gewiß.

Der Brief war vom Sekretär der kirchlichen Missionsgesellschaft unterschrieben. Drinkwater ließ das Blatt sinken und sah hoch. Allmählich schien ihm die Bürde dieses Kommandos zu schwer für seine Kräfte, und die Karaffe mit Wein lockte verführerisch.

»Mr. Singleton, bitte nehmen Sie Platz. Darf ich Ihnen ein Glas Wein anbieten?« Er stand auf.

»Ich nehme keine berauschenden Getränke zu mir, Sir.«

Drinkwater setzte sich wieder, wobei ihm zu Bewußtsein kam, daß die glorreiche Unabhängigkeit, die Macht und das Zielbewußtsein eines selbständig Kommandierenden in Wirklichkeit bloße Mythen waren. Nur Menschen wie Palgrave hielten diese Illusion aufrecht.

»Mr. Singleton, sind Sie sich über das extreme Klima in der Arktis klar? Beabsichtigen Sie, den Winter bei den Eskimos zu verbringen?«

»Ja, das will ich, Sir.«

»Völlig allein?«

»In der Gesellschaft Gottes, Sir«, antwortete Singleton mit entwaffnender Einfachheit.

Drinkwater erhob sich mit einem Gefühl hilfloser Erbitterung. Fast trotzig goß er sich ein Glas Wein ein, während er sich bemühte, Singletons Mißbilligung zu ignorieren. Sollte doch der Teufel den Pfaffen holen! An Bord eines Kriegsschiffes gab es sicher noch viel mehr, das ihm mißfallen würde.

»Aber genau wie ich, Mr. Singleton«, sagte er und nahm einen Schluck Wein, »bestehen Sie aus Fleisch und Blut.«

»Welches durchdrungen ist vom Heiligen Geist, Sir, und dem Glauben, der Berge versetzen kann.«

»Dann hoffen wir«, bemerkte Drinkwater, »daß Ihr Glaube Sie am Leben erhält.«

»Dazu kann ich nur Amen sagen, Sir.«

Drinkwater suchte im Gesicht des Missionars nach einem Funken Humor, aber er fand nichts. Singleton war ein Fremder unter ihnen, ohne Verständnis für ihren grobschlächtigen Witz, ihre derben Anspielungen und die starren Schranken, in denen das Leben auf einem Kriegsschiff verlief. Singleton war ein Akademiker, ein Produkt von Universitäten, in denen die destillierte Weisheit von tausend Generationen auf den Regalen einer Bibliothek zu finden war. Seufzend leerte Drinkwater sein Glas. Singletons unerträgliche Selbstgerechtigkeit verhieß für die Zukunft nichts Gutes.

»Wo hat man Sie untergebracht, Mr. Singleton?«

»Lieutenant Germaney hat mir gestattet, die Fähnrichsmesse mitzubenutzen.«

»Ich bezweifle, daß es Ihnen dort gefällt. Aber dies ist ein kleines Schiff, und ich sehe keine Alternative.«

»Es stimmt, die Luft dort ist außerordentlich stickig, Sir, aber ich sehe darin eine passende Vorbereitung für meine Aufgabe. Auch wird mir die Dunkelheit die Gewöhnung an den arktischen Winter erleichtern.«

»Ich hatte nicht so sehr an die Dunkelheit gedacht, Mr. Singleton, aber lassen wir das. Sie werden es früh genug begreifen.« Er ignorierte Singletons Verwunderung und fuhr fort: »Eines sollten Sie sich allerdings merken: So lange Sie Gast auf diesem Schiff sind, werden Sie nach den Bestimmungen der Kriegsartikel für Ihr Verhalten ebenso zur Verantwortung gezogen wie der jüngste Kadett. Zweifellos werden Sie Dinge bemerken, die Sie nicht billigen. Haben Sie je gesehen, wie jemand ausgepeitscht wurde, Sir? Nein? Nun, Sie müssen sich eben darauf einstellen, daß einige Bräuche der Kriegsmarine eine Überraschung für Sie sind. Auch täten Sie gut daran, sich zu erinnern, daß die hölzernen Bollwerke, hinter denen Ihre Kirche friedlich ruht, mit Blut, Schweiß und Tränen erkauft wurden.«

Singleton ignorierte diesen Sermon. »Wann beabsichtigen Sie, mich an Land zu setzen, Sir?«

»Sie an Land zu setzen? Du lieber Himmel, behelligen Sie mich bloß nicht noch damit! Zuerst muß ich mal diese vermaledeiten Schiffe aus ihrem gottverdammten Fluß bringen!«

Drinkwater sah den Schock auf Singletons Gesicht und empfand insgeheim ein gewisses Vergnügen. »Nichts für ungut, Mr. Singleton«, sagte er ironisch und fügte hinzu: »Ich habe die Offiziere zum Abendessen eingeladen und möchte Sie bitten, ebenfalls daran teilzunehmen. Außerdem möchte ich Sie ersuchen, keine übereilten Urteile über die Marine zu fällen; Pfarrer haben auf See einen schlechten Ruf, einen viel schlechteren als Seeleute an Land.«

Er stand auf und lächelte, ließ Singleton jedoch abrupt stehen, als es an die Tür klopfte. Der Zahlmeister kam herein.

»Sie haben mich rufen lassen, Sir?«

»Ja, Mr. Pater... Ich sehe Sie dann beim Essen, Mr. Singleton.«

»Ihr Aufklarer ist angekommen, Sir«, meldete der Zahlmeister. »Sie nehmen gerade Ihr Gepäck über.«

»Ausgezeichnet. Trinken Sie ein Glas mit mir, Mr. Pater?«

»Mit Vergnügen, Sir.«

»Ihr solltet das Schiff einen halben Strich höher an den Wind bringen, mein Freund.«

Drinkwater nickte Hill zu, als ihn der Navigator bei Sawyers Worten Zustimmung suchend anblickte. Die *Melusine* legte sich leicht über, weil der Wind nach der Kursänderung etwas vorlicher einkam. Die Ufer der breiten Förde waren kaum noch zu erkennen, als die Kirchentürme und Dächer von Kingston achteraus zurückblieben. Drinkwater hob sein Glas und beobachtete die beiden Schiffe der Hudson Bay Company, die vor Collingsholme ihre Marssegel setzten.

Sie waren hervorragend ausgerüstet, ungefähr gleich groß wie die *Melusine*, und sahen aus wie kleine Linienschiffe der sechsten Klasse. Zweifellos waren sie etwas ganz anderes als die plumpen Walfänger, die der *Melusine* folgten.

»Was Eleganz betrifft, Captain, so machen sie Euch Konkurrenz.«

»Sie haben etwas gegen Eleganz, Captain Sawyers?«

»Für den wahren Sinn des Lebens ist sie völlig unerheblich, Captain.«

»Wie wird man ohne Sie auf *Faithful* klarkommen?« fragte Drinkwater, um das Thema zu wechseln und der zweiten Predigt in zwei Tagen zu entgehen.

»Mein Sohn fährt bei mir als Erster Steuermann und ist ein genauso guter Seemann wie ich.«

»Na, na«, schmunzelte Drinkwater, »das ist aber eine recht unbescheidene Behauptung.«

»Durchaus nicht. Fähigkeiten sind so offenkundig ein Geschenk Gottes wie körperliche Kräfte oder die Tatsache, daß ich braune Haare habe. Ich rühme mich ihrer nicht, ich konstatiere nur, daß sie vorhanden sind.«

Drinkwater fühlte sich auf seinem eigenen Deck ausmanövriert; er wandte sich um und warf einen Blick zurück. Als einziger von allen

Walfängern, die mit schäumender Bugwelle in *Melusines* Kielwasser liefen, hatte *Faithful* keine Girlande zwischen Fock- und Großmast gespannt; auch zeigte sie nicht so viele Flaggen wie die anderen. Drinkwater fragte sich, wie viele Männer von Sawyers Besatzung seinen sanftmütigen, nüchternen Glauben teilten. Vielleicht söhnte sie der Erfolg, den er dem Vernehmen nach beim Walfang hatte, mit dem Mangel an Eleganz aus.

Die anderen Schiffe hatten sich keine derartige Beschränkung auferlegt. Die sonst recht unscheinbaren Walfänger waren mit flatternden Bändern und Flaggen geschmückt und prangten mit langen Namenswimpeln, von den Frauen und Liebsten, deren winkende Taschentücher längst außer Sicht waren, liebevoll hergestellt. Der bestickte Wimpel im Großtopp der *Nimrod* war fünfzig Fuß lang, ein scharlachrotes Fanal. Drinkwater konnte die dominierende Gestalt Ellerbys auf der Poop ausmachen.

Die Mannschaft der *Nimrod* war dabei, mehr Segel zu setzen; es hatte den Anschein, als wollte sie an der *Melusine* vorbeiziehen, die bei raumem Wind unter Marssegeln mühelos sechs Knoten machte und den langsameren Walfängern auf dem Weg in die Nordsee vorauslief.

»Er hat den Stolz Goliaths vor dem Heer der Philister«, sagte Sawyers mit einer Kopfbewegung auf Ellerby. »Aber wenn es Gott gefällt, wird er seinem David begegnen.«

Drinkwater sah den Quäker an. Es überraschte ihn nicht, daß in einer Gruppe von so einzigartigen Individualisten, wie es die Kapitäne von Walfangschiffen waren, Meinungsverschiedenheiten und unüberbrückbare Gegensätze existierten. Sobald sie erst die Fanggründe erreicht hatten, würden sie zu so erbitterten Rivalen werden, daß seine Aufgabe darunter leiden mußte. Darüber machte er sich keine Illusionen. Aber aus Sawyers Bemerkung sprach entweder das Gift der Eifersucht oder totales Vertrauen in die Fügung Gottes. Nach allem, was er bislang von Sawyers gehört hatte, bezweifelte er, daß der Mann ein Heuchler war; so wertete er die Bemerkung als Beweis für die Freundschaft des Quäkers und antwortete: »Captain Saywers, ich danke Ihnen, daß Sie uns den Humber hinunter lotsen. Die Navigation hier ist wirklich schwierig und erfordert große Aufmerksamkeit. Ich hätte jedoch nicht gedacht, daß ein Mann Ihrer Überzeugung ohne weiteres an Bord eines Kriegsschiffes gehen würde.« Dabei deutete er auf die Reihen der Kanonen.

»Ah, Ihr wißt aber zweifellos, daß Menschen meiner Überzeugung, wie Ihr es nennt, durchaus nichts gegen Profit haben, oder?« fragte Sawyers lächelnd.

»Das weiß ich allerdings«, entgegnete Drinkwater, der ebenfalls lächeln mußte.

»Nun, ich bekenne mich zum Walfang, sowohl aus Gründen des Profits wie aus dem Gefühl, dabei Gott nahe zu sein. Es hat den Anschein, als wäre Eure Gegenwart in dieser Saison unerläßlich, und deshalb, Sir, bin ich gezwungen«, er zuckte die Schultern, »Euch auf See hinaus zu lotsen, wenn ich meinem Beruf nachgehen will. Aber jetzt müßt Ihr zwei Strich abfallen und die Rahen mittschiffs brassen, bevor dieser Schurke Ellerby Euch am Burcom auf Strand drängt.«

Die *Nimrod* kam mit schäumender Bugwelle schnell von achtern auf.

»Soll ich die Breitfock setzen lassen, Sir?« fragte Germaney eifrig.

»Aber, Sir, er weiß doch genau, daß er nach der Segelordnung achteraus von uns zu bleiben hat«, brummte Hill entrüstet.

Drinkwater schüttelte den Kopf. »Das hier ist keine Wettfahrt. Mr. Q!«

»Sir?«

»Signal an *Nimrod*: Halten Sie Ihre Station.«

»Aye, aye, Sir.«

Drinkwater wandte der *Nimrod* seine volle Aufmerksamkeit zu. Sie lag jetzt fast auf Höhe des Besanmasts der *Melusine* und begann, kaum hundert Fuß entfernt, ebenfalls nach Backbord zu drehen. In *Melusines* Kuhl sammelten sich Grüppchen von Besatzungsmitgliedern, beobachteten den Walfänger und warfen Blicke nach achtern, um zu sehen, wie ihr neuer Kommandant wohl reagieren würde. Auch einige Offiziere, die von der sich anbahnenden Kraftprobe gehört hatten, waren nach oben gekommen. Drinkwater sah sogar Singletons schwarzgekleidete Gestalt an der Reling, während Mr. Gorton ihm erklärte, was vor sich ging.

Drinkwater wappnete sich. Nach den letzten frustrierenden Tagen, in denen er sich mehr als Opfer der Umstände denn als ihr Herr gefühlt hatte, war er Ellerby insgeheim dankbar für die Chance, sich öffentlich zu behaupten. Bei Gott, er wollte verdammt sein, wenn er sich zwingen ließ, auch nur einen Fetzen mehr Segel zu setzen, als er wollte.

Quilhampton und der kleine Frey heißten gerade das Signal vor. Es war ein einfacher Zahlenwimpel, eines der rund vierzig Signale, die er seinen Schützlingen am Vorabend bekanntgegeben hatte. Mr. Frey hatte die Flaggen, die am Rand der allen Kapitänen überbrachten Signalliste skizziert waren, mit den Farben seines Tuschkastens bunt ausgemalt. Beim Gedanken an den Eifer des Jungen mußte Drinkwater schmunzeln.

Tregembo, der ebenfalls an Deck gekommen war, stieß seinen Nebenmann an. »Paß gut auf, Kamerad. Wenn er so grinst wie jetzt, fliegen bald die Fetzen.«

Die *Nimrod* machte keine Anstalten zurückzufallen.

Drinkwater wandte sich an Germaney. »Setzen Sie ihm einen blinden Warnschuß vor den Bug.«

Als Germaney bei dem langen Zwölfpfünder auf der Back ankam und sich fragend umwandte, gab ihm Drinkwater ein Zeichen.

Die Kanone krachte, und Drinkwater sah den Ladepfropf vor dem Bugspriet der *Nimrod* ins Wasser fallen. Sie reagierte jedoch nicht und preschte mit unverminderter Fahrt näher.

»Mr. Germaney! Kommen Sie nach achtern!«

Germaney kehrte zurück. »Sir?«

»Halten Sie Ihre Vortoppleute bereit, die Breitfock zu setzen, aber erst wenn ich Befehl dazu gebe. Mr. Rispin!« Der Leutnant legte die Hand an die Mütze. »Lassen Sie diese Karronade hier mit einer Kugel laden. Maximale Rohrerhöhung.«

»Aye, aye, Sir.«

»Habt Ihr die Absicht, scharf auf ihn zu schießen, Freund?« Im Sawyers Stimme lag Besorgnis.

»Ich lege nur einen Stein in Davids Schleuder«, sagte Drinkwater, während er das Glas an die Augen hob.

»Aber ich kann nicht gutheißen...«

Drinkwater ignorierte ihn, er beobachtete Ellerby. Der Grönländer zeigte auf Germaneys Männer, die in den Fockmast aufgeentert waren und jetzt auf der Fockrah auslegten, wobei sie jeden zweiten Beschlagzeising lösten.

»Geben Sie mir das Sprachrohr, Mr. Hill.« Drinkwater nahm das Megaphon und stieg in die Wanten des Kreuzmastes.

»Nehmen Sie Ihre Station wieder ein, Ellerby! Oder Sie tragen die Konsequenzen!«

Er sah, wie sich der große Mann in die Besanrüsten schwang. So konfrontierten sie einander über den achtzig Fuß breiten Wasserstreifen hinweg, der zwischen ihnen gurgelte und rauschte.

»Was denn für Konsequenzen, Captain?« Vom Deck der *Nimrod* klang brüllendes Gelächter herüber. Ohne abzuentern, wandte sich Drinkwater an Rispin.

»Feuern Sie, wenn sein Großmast durchwandert.«

Drinkwater fühlte die Druckwelle, als die Karronade aufbrüllte. Die Kugel, die plötzlich ein Loch im Großmarssegel der *Nimrod* klaffen ließ, mußte eine Naht getroffen haben, denn das Segel riß von oben bis unten auf. Beifallsgeschrei ertönte aus *Melusines* Kuhl, und Drinkwater sprang an Deck. »Ruhe da!« brüllte er. »Lassen Sie die Breitfock setzen, Mr. Germaney.«

Das mächtige Segel fiel in großen Wellen herunter. Kurz darauf hatten die Kuhlgasten die Schoten dichtgeholt. *Melusine* schien sich im Wasser zu heben und nahm spürbar Fahrt auf. *Nimrod* fiel zurück.

»Sagen Sie mir, Captain Sawyers«, fragte Drinkwater wie beiläufig, »werfen Sie auch selbst die Harpune?«

»Aye, Captain, das tue ich.«

»Und richten damit größeren Schaden an als diese Kanonenkugel, möchte ich wetten.« Drinkwater lächelte, doch in den Augen des Quäkers stand ein seltsamer Ausdruck.

»Da habt Ihr aber einen ungeheuren Stolz verletzt, Captain Drinkwater. Einen Stolz, der größer ist als der größte Fisch in der See.«

Drinkwater hörte ihn nicht. Er suchte mit dem Glas den Horizont hinter dem niedrigen Vorgebirge von Spurn und seinem schlanken Leuchtturm ab. Es zeigten sich jedoch keine Toppsegel einer auf Seeleute lauernden Fregatte.

»Mr. Hill, lassen Sie das Großmarssegel backbrassen und das Boot der *Faithful* längsseit holen. Captain Sawyers, ich bin Ihnen für Ihre Hilfe sehr verbunden. Von jetzt an, glaube ich, kann ich ohne Sie auskommen.« Er streckte ihm die Hand entgegen, und der Quäker schüttelte sie herzhaft.

»Denkt daran, Sir, wie es David erging. Gottes Liebe sei mit Euch.«

VIERTES KAPITEL

Juni 1803

Der Mantel des Kommandanten

Captain Drinkwater nickte seinem Ersten zu. »Gut, Mr. Germaney, Sie können die Kanonen zurren und ›Klar bei Hängematten‹ pfeifen lassen.« Dann wandte er sich an den Leutnant der Wache. »Mr. Rispin, lassen Sie jetzt soviel Tuch bergen, daß wir sinnig laufen.«

»Aye, aye, Sir.«

Den Schwall überflüssiger Befehle ignorierend, mit denen Mr. Rispin die Angelegenheit an Deck zu regeln bemüht war, ging Drinkwater nach achtern. Ihm war bewußt, daß Mr. Rispin seine Unsicherheit durch forsche Betriebsamkeit zu verdecken suchte. Damit täuschte er allerdings niemanden außer sich selbst. Trotz gewisser Mängel bei seinen Leutnants war Drinkwater mit dem Schiff jedoch sehr zufrieden. Die *Melusine* war beinahe so handig wie eine Yacht. Sein Blick folgte dem Flug eines Sturmvogels, der, ohne seine säbelförmigen Schwingen zu rühren, ihr Kielwasser erstaunlich elegant überquerte. Auch ihm hätte körperliches Ausarbeiten gut getan, dachte er, während er die Schultern unter dem Uniformrock lockerte. Außer den guten Eigenschaften dieser ehemals französischen Korvette gab es noch andere erfreuliche Aspekte. Mr. Hill, der Navigator, hatte sich als fähiger Offizier erwiesen, auch seine beiden Gehilfen Quilhampton und Gorton schienen sich gut zu machen. Drinkwater war sehr angetan von Hill und haderte mit dem System, das einen Mann wie Germaney beförderte und einem Stephen Hill das Offizierspatent vorenthielt.

Langsam ging er an der Luvseite des Achterdecks entlang. Seit sie Sawyers beim Leuchtturm von Spurn auf sein Schiff zurückgebracht hatten, waren sie mit stetigem Westnordwest gut nach Norden vorangekommen. Zusammen mit vier weiteren Walfangschiffen, die aus Whitby zu ihnen gestoßen waren, befanden sie sich jetzt östlich vom Firth of Forth und lagen mit dichtgeholten Steuerbordschoten genau auf Nordkurs.

Im Licht der untergehenden Sonne beobachtete Drinkwater die in

Lee stehenden Schiffe. An *Narwals* Reling konnte er eine einsame Gestalt ausmachen. Er nahm seinen Hut ab und schwenkte ihn. Jaybez Harvey erwiderte den Gruß, und ein paar Sekunden später sah Drinkwater, wie sich der Schaumfleck im Kielwasser des Walfängers langsam dem Heck näherte, als Harveys Leute das Faß einholten, auf das die Kanoniere der *Melusine* gefeuert hatten.

Das Geschützexerzieren war eine gute Idee gewesen. Er hatte verschiedene Anläufe auf das Faß fahren lassen, war achtern vorbei und dann wieder neben ihm her gelaufen und hatte so volle sechs Stunden lang Segelmanöver machen lassen, während Harvey weiter auf Kurs geblieben war. In der Absicht, Können und Ausdauer seiner Leute nach dieser langen Übung auf eine letzte Probe zu stellen, war er dann ein Stück abgelaufen und hatte ein Geschütz nach dem anderen dreimal feuern lassen. Schließlich hatte er, sozusagen als Krönung, mit jeder Batterie eine letzte Breitseite abgegeben, die das Schiff erbeben ließ.

Melusines Mannschaft war mit sich und ihrer Leistung offensichtlich zufrieden. Einem britischen Seemann bereitete nichts solche Genugtuung wie eine Kanone abzufeuern, dachte Drinkwater, während er die Mitglieder seiner polyglotten Besatzung dabei beobachtete, wie sie die Parten der Richt- und Seitentaljen aufschossen und die Brooktaue anbrachten. Er warf einen letzten Blick auf den Konvoi. Zwei oder drei Schiffe hatten ebenfalls ihre Kanonen abgefeuert, und Drinkwater meinte, eine Stimmungsänderung bei den Kapitänen der Walfangflotte zu spüren. Offenkundig bereiteten sie sich schon auf die Ankunft in den Fanggründen vor, und er hoffte inständig, daß ihre Meinungsverschiedenheiten beim gemeinsamen Vorgehen endlich begraben sein würden.

Er hatte je eines der Hudson-Bay-Schiffe an der Spitze und am Ende des Konvois stationiert, wo sie mit ihren ungewöhnlichen Flaggen den Eindruck zusätzlicher Geleitfahrzeuge hervorriefen, während *Melusine* eine luvwärtige Position einnahm, von wo aus sie jedes Schiff des Konvois sichern konnte und auch ihre Signale für alle gut zu sehen waren. Drinkwater wandte sich nach vorn und blickte in die Takelage. Die Toppgasten waren dabei, die Bramsegel aufzutuchen, und die Fähnriche überwachten das Bergen der Breitfock und des Großsegels. Er beglückwünschte sich im stillen zu dieser tüchtigen Besatzung. Geleitschutz konnte für den Kommandanten einer Sloop unerträglich frustrierend sein, aber die Walfänger, die gewohnt waren, im Verband zu segeln und mit wenig Männern auszukommen, da die übrigen ja in den Booten saßen, benahmen sich lobenswert diszipliniert. Selbst Ellerby schien die Maßregelung vor Spurn anstandslos hingenommen zu haben, wenngleich Drinkwaters erster Blick, sobald er an Deck kam, immer noch der *Nimrod* galt.

»Entschuldigung, Sir...«

»Was gibt's, Mr. Mount?«

»Ich würde gern morgen mit meinen Seesoldaten eine Schießübung machen, Sir.«

»Selbstverständlich. Ich schlage vor, Sie besorgen sich die leeren Flaschen aus der Messe; die können wir vormittags dann an der Fockrah in Lee als Zielscheiben aufhängen, was meinen Sie?«

»Eine gute Idee, Sir.«

»Lassen wir also die lebenden Seesoldaten auf die toten* schießen.«

Das spontane Lachen, mit dem Mr. Mount auf diese Bemerkung reagierte, klang ehrlich; genau wie Hill flößte er Drinkwater Vertrauen ein.

»Haben wir eigentlich Fechter unter den Offizieren? Mr. Quilhampton und ich haben Floretts und Masken dabei, und ich wäre nicht abgeneigt, mit einem würdigen Gegner einen Gang zu wagen.«

Mounts Augen leuchteten interessiert auf. »Jawohl, Sir. Ich selbst würde mich gern zur Verfügung...«

Ein gellender Schrei unterbrach Mount. Beide Männer blickten nach oben in die Takelage, aus der ein Seemann mit wild rudernden Armen herabstürzte. Aufklatschend verschwand er neben der Bordwand im Wasser.

Drinkwater reagierte sofort.

»Ruder in Lee! An die Großbrassen! Steuerbordboot aussetzen! Bewegt euch, verdammt noch mal! Mann über Bord, Mr. Rispin!« Mount und Drinkwater rannten nach achtern und suchten die Wasserfläche ab.

»Wo ist Ihr verdammter Posten, Mount?«

»Hier, Sir.« Der Mann erschien mit einem Hühnerkäfig im Arm. Das Flattern und die jämmerlichen Schreie seiner Insassen mißachtend, warf er ihn als Markierung achteraus.

»Gut gemacht.« Die drei starrten gemeinsam ins Kielwasser.

»Ich seh ihn, Sir.« Der Seesoldat deutete mit dem Arm.

»Behalten Sie ihn gut im Auge und dirigieren Sie das Boot.«

Die *Melusine* drehte in den Wind wie ein Pferd, dessen Zügel hart angezogen werden. Männer sprangen ins Steuerbordboot und mach-

* ein toter Seesoldat (a dead marine) = Marineslang für eine leere Flasche (Anm. d. Übers.)

ten die Riemen klar, damit sie sofort lospullen konnten, wenn das Boot zu Wasser kam. Mr. Quilhampton schwang sich leichtfüßig hinein und setzte sich an die Pinne.

»Fier weg das Boot – willig, Leute!«

Die Bewegung der Davits übertrug sich ruckartig auf die Kreuzwanten, als das Boot ins Wasser klatschte.

»Fier auf!« Die Bootsfallen kamen lose und wurden ausgepickt, und das Boot scherte weg und ging dann hinter dem Heck des Schiffes auf Gegenkurs.

»Lassen Sie den Zahlenwimpel der *Princess Charlotte* und das Signal für ›Mann über Bord‹ setzen.«

Drinkwater hörte, wie der kleine Frey den Befehl wiederholte, und hoffte nur, daß Captain Learmouth das Signal rechtzeitig genug bemerkte, um mit seinem Schiff noch über Stag gehen und das Kielwasser der *Melusine* absuchen zu können. Der Seesoldat stand auf der Heckreling, hielt sich mit einer Hand fest und zeigte mit der anderen auf den im Wasser Treibenden. Er durfte nicht vergessen, Mount nach dem Namen dieses Seesoldaten zu fragen; seine Initiative war wirklich zu loben.

»Schiff liegt beigedreht, Sir«, meldete Rispin unnötigerweise.

»Gut. Lassen Sie dem Arzt ausrichten, daß er in Kürze benötigt wird, um einen Ertrinkenden wieder zu beleben.«

»Glauben Sie, daß eine Chance besteht, Sir... Jawohl, Sir.« Rispin errötete unter Drinkwaters kritischem Blick.

Jedermann an Deck folgte Quilhamptons Boot mit den Augen. Einige waren auch in die Takelage geentert und starrten besorgt achteraus, wo es jetzt alle Augenblicke in den Wellentälern verschwand.

»Sehen Sie ihn noch, Soldat?«

»Nein, Sir. Aber das Boot befindet sich an der Stelle, wo ich ihn zuletzt sah, Sir.«

Drinkwater fluchte leise vor sich hin.

»Haben Sie nur Gottvertrauen, Sir.« Singletons Gesicht leuchtete mild im Licht der untergehenden Sonne, als er neben dem Captain stehenblieb.

Die salbungsvolle Bemerkung ärgerte Drinkwater, aber er ignorierte sie. »Sehen Sie die Hühnerkiste, Soldat?«

»Aye, Sir, sie ist ungefähr eine Pistolenschußweite vom Boot entfernt. Dort, Sir!«

Drinkwater machte ein vierkantiges Objekt auf einem Wellenkamm aus, das jedoch gleich wieder verschwand.

»Wie heißen Sie?«

»Polesworth, Sir.«

»Oh, Gott sei gelobt!« Singleton verschränkte die Hände zum Dankgebet, als die Besatzung in Hurraschreie ausbrach. Ein Bootsgast, anscheinend der Bugmann, war ins Wasser gesprungen und bemühte sich jetzt, den Körper des Verunglückten zum Boot zurückzuziehen. Kurz darauf hievten willige Hände Retter und Geretteten über den Heckspiegel. Dann legten die Kuttergasten sich wieder in die Riemen; während Quilhampton mit seiner hölzernen Hand auf dem Dollbord den Takt schlug, nahm das Boot schnell Fahrt auf und kehrte zurück. Unter den herabhängenden Bootstaljen wurden die Riemen eingenommen und die Blöcke eingehakt. Drinkwater betrachtete den reglosen Körper auf den Bodenbrettern.

Auf das Kommando: »Hiev auf!« rannte die Crew mit den Kutterläufern über Deck und holte das Boot unter die Davits, während andere den Verunglückten wahrnahmen und an Deck legten. Die bläuliche Blässe des Todes lag schon auf seinem Gesicht.

»Wo ist Macpherson?«

»Unter Deck, Sir«, piepste Mr. Frey.

»Der Teufel soll ihn holen! Bringt den Mann schnell zu ihm. Beeilt euch gefälligst!« Zwei Mann verschwanden mit dem armseligen Bündel Mensch unter Deck. Drinkwater fühlte, wie ihn erneut zornige Erbitterung überkam. Es durfte einfach nicht sein, daß er einen Mann auf diese Weise verlor.

»Mr. Rispin, halten Sie keine Maulaffen feil. Lassen Sie die Kutterläufer belegen, das Boot festzurren und gehen Sie mit dem Schiff wieder an den Wind.« Der Buggast, der wassertriefend vorbeipatschte, legte respektvoll grüßend die Hand an die Stirn, als er die geheiligten Planken des Achterdecks überquerte.

»Wie ist Ihr Name?«

»Mullack, Sir.«

»Das haben Sie gut gemacht, Mullack. Es soll Ihnen nicht vergessen werden. Wer ist der Verunglückte?«

»Jim Leek, Sir. Vortoppgast.«

»Ein Backskamerad von Ihnen?«

Mullock nickte.

»Haben Sie gesehen, wie es passiert ist?«

Der Seemann sah Drinkwater kurz in die Augen und betrachtete dann wieder angelegentlich das Deck. »Nein, Sir.« Ganz offensichtlich log er, aber das konnte man ihm unter diesen Umständen kaum verargen.

»Gut, Mullack, sehen Sie zu, daß Sie unter Deck kommen.« Drinkwater wandte seine Aufmerksamkeit wieder der *Melusine* zu, die jetzt abfiel, um auf ihren alten Kurs zu gehen.

»Entschuldigung, Sir«, machte sich Lord Walmsley bemerkbar. »Leek hat Possen getrieben. Er hampelte oben auf der Rah herum und trat plötzlich ins Leere.«

»Danke, Mr. Walmsley. Er gehört zu Ihrer Division, nicht wahr?«

»Jawohl, Sir.«

»Richten Sie es bitte auch den anderen Fähnrichen aus: Ich werde Sie über ein Kanonenrohr legen und auspeitschen lassen, wenn Sie es künftig durchgehen lassen, daß Ihre Leute in der Takelage Possen treiben... Mr. Rispin! Lassen Sie das Großbramsegel setzen, wir müssen drei Meilen gutmachen, um wieder unsere Station zu erreichen.«

Tabakrauch füllte das schwach beleuchtete Cockpit*, das den Fähnrichen als Wohnraum diente. Einen Augenblick fühlte sich Drinkwater wieder zurückversetzt in die Stimmung jenes Nachmittags vor Gibraltar, als er einen Messekameraden bei einem homosexuellen Akt überrascht hatte. Er blieb stehen, um seine Augen an das Halbdunkel zu gewöhnen.

Von einem Arzthelfer gehalten, lag Leek mit entblößtem Hinterteil über einer Seekiste, das Gesicht nach unten. Hinter ihm stand Schiffsarzt Macpherson mit einem Blasebalg, dessen Öffnung in Leeks Anus eingeführt war. Die Ventilklappe war mit einem kleinen Kasten verbunden, in dem Tabak schwelte, dessen Aroma sich mit dem Gestank von Bilgenwasser und durchdringendem Rumgeruch vermischte.

»Er spuckt Wasser«, sagte der Helfer.

Drinkwater wurde plötzlich beiseite gestoßen, und als er sich ärgerlich umwandte, sah er Singleton sich energisch durch die Umstehenden boxen.

»Was ist denn das für ein infernalischer Unfug?« stieß der Missionar mit ungewohnter Heftigkeit hervor, während er eine schwarze Tasche öffnete, die er bei sich trug. Macpherson sah auf und kniff die Augen zusammen, die im flackernden Licht der beiden Laternen glänzten.

* Raum unter dem Batteriedeck, nahe dem achteren Niedergang, der ursprünglich für die Fähnriche, später für den Arzt und seine Assistenten vorgesehen war. Im Gefecht diente er als Verbands- und Operationsraum (Anm. d. Übers.)

»Das Cullensche Verfahren«, erwiderte er mit spöttischer Überheblichkeit. »Durch die Schärfe des Tabaks werden die Eingeweide stimuliert und so die Funktionen der beweglichen Fasern wieder hergestellt...«

»Nehmen Sie sofort das verdammte Ding aus seinem Hintern!« Macpherson und seine Helfer starrten Singleton voller Erstaunen an, als der Missionar den betrunkenen Schiffsarzt beiseite stieß.

Drinkwater, der sich inzwischen wieder gefaßt hatte, erinnerte sich an etwas in Singletons Empfehlungsbrief: an die beiden Buchstaben M. D. – Medical Doctor.

»Tun Sie, was er sagt, Macpherson!« Die Stimme des Kommandanten peitschte durch den düsteren Raum, und Macpherson trat zurück; sein rumvernebeltes Gehirn erfaßte nicht mehr, was vorging.

»Bei meiner Seele... Hier, faßt mit an! Auf den Rücken mit ihm, schnell, oder er ist verloren.«

Singleton winkte die Fähnriche Glencross und Gorton heran. Leek wurde an Deck gelegt, dann kniete Singleton neben seinem Kopf nieder und führte ein Messingröhrchen in seinen Mund ein. Während er Leeks Nase zukniff, begann er, im Atemrhythmus in das Röhrchen zu pusten. Nach einer Weile blickte er zu Gorton hoch.

»Hocken Sie sich über ihn und pressen Sie seinen Brustkorb zusammen – immer dann, wenn ich meinen Mund von dem Röhrchen nehme.«

Ungefähr zehn Minuten lang setzten sie ihre Wiederbelebungsversuche fort, während die Anwesenden schweigend zusahen. Die *Melusine* knarrte und ächzte, das Bilgenwasser schwappte unter ihren Füßen, aber die Männer im Cockpit gaben die Hoffnung nicht auf, wenn es auch von Minute zu Minute aussichtsloser wurde.

Macpherson, verwirrt und verblüfft, war nur noch Zuschauer.

Plötzlich zogen sich die Muskeln in Leeks Hals zusammen. Singleton sprang auf, stieß Gorton zur Seite und wälzte Leek herum, wobei er ihm einen heftigen Schlag zwischen die Schulterblätter versetzte. Ein gewaltiger Rülpser ertönte, dann begann sich Leeks Brustkorb von selbst zu heben und zu senken. Eine größere Flüssigkeitsmenge lief aus seinem offenen Mund.

Singleton stand auf und musterte Macpherson böse. »Ich würde Ihnen empfehlen, die Methode Cullens zu vergessen, Sir. Die Royal Humane Society * empfiehlt schon seit Anno 74 meine Wiederbelebungs-

* Königliche Gesellschaft zur Verhinderung von Grausamkeiten an Mensch und Tier (Anm. d. Übers.)

methode.« Er prallte gegen Drinkwater. »Oh, bitte um Entschuldigung, Sir.«

»Das macht überhaupt nichts, Mr. Singleton. Ich danke Ihnen. Mr. Gorton, lassen Sie den Mann in seine Hängematte bringen und bis morgen Mittag vom Wachdienst freistellen.«

»Aye, aye, Sir.«

Lieutenant Germaney lehnte an der Reling und bemühte sich, seine Gedanken auf die Weinflasche zu lenken, die von der Rah herunterhing. Doch die Schmerzen plagten ihn jetzt permanent, und es kam ihm vor, als schmölzen seine Eingeweide langsam über einem kleinen Feuer.

Der Knall einer Muskete erregte vorübergehend seine Aufmerksamkeit. Die Flasche hing jedoch noch unversehrt von der Rahnock und blinkte herausfordernd im Licht der Vormittagssonne.

Eine zweite Muskete krachte, und die Flasche zersplitterte. Den Seesoldaten war jede Beifallsäußerung untersagt worden, aber es gab doch zufriedenes Grinsen und auch ein oder zwei mürrische Gesichter. Mount hingegen tat sich keinen Zwang an.

»Ha! Gut geschossen, Polesworth. Der nächste Mann – Feuer!« Mounts Stimme verriet fröhliche Beschwingtheit, und Germaney verfluchte ihn wegen seiner guten Laune, die ihn seine eigene Verzweiflung nur noch tiefer empfinden ließ. Seit die Besatzung Zeuge der bemerkenswerten Heilkünste des Geistlichen geworden war, hatte Germaney eine Möglichkeit gesehen, sein Leiden doch noch kurieren zu lassen. Aber dazu hätte er zunächst eine äußerst peinliche Beichte ablegen müssen. Germaney wand sich innerlich vor Unschlüssigkeit, einer Unschlüssigkeit, die durch die plötzliche Beliebtheit Mr. Singletons und die Tatsache, daß er selten allein war, noch verstärkt wurde. Seine Nähe wurde jetzt nämlich von allen Mitgliedern der Besatzung gesucht, zumal sie dazu von ihrem Kommandanten ermutigt wurden, den der Zustand des offiziellen Schiffsarztes anwiderte.

Die Wiederbelebung Leeks hatte außerdem zu einem plötzlichen religiösen Eifer geführt, denn der Toppgast behauptete, er wäre schon tot gewesen und hätte Gott gesehen. So war Singleton auch als Theologe an ihm interessiert.

Eine zweite Flasche zersplitterte, und wenig später entließ Mount seine Leute. Dann kam er quer übers Deck auf Germaney zu, der neben der Karronade auf dem Achterdeck stand, entledigte sich seines Degenkoppels, der Schärpe, seines Halstuchs und schließlich auch seines roten Waffenrocks und legte alles über das Verschlußstück der Kanone. Zuletzt nahm er noch seinen Hut ab und reichte ihn Germaney.

»Was, zum Henker, haben Sie vor?« fragte dieser verblüfft.

Mount lächelte, bückte sich und kramte in einem Segeltuchsack. Er brachte zunächst ein gepolstertes Plastron hervor, das er übers Hemd zog, dann einen Fechthandschuh, ein Florett und eine Maske; schließlich machte er vor Germaney einen Kratzfuß.

»Ich gehe, o Schöne, mich mit dem Kommandanten im Zweikampf zu messen. Wollt Ihr mir nicht einen Beweis Eurer Gunst schenken?«

»Du lieber Himmel!« Germaney war absolut nicht in der Stimmung für Mounts Possen, aber dieser ließ sich nicht so einfach entmutigen.

»Seht, dort naht er«, flüsterte er dramatisch.

Commander Drinkwater war, ebenfalls in Hemdsärmeln und Plastron, an Deck erschienen. Germaney konnte jetzt das Ausmaß der Verwundung ahnen, von der man sich an Bord erzählte. Drinkwaters rechte Schulter hing deutlich herunter, und der Grund für die steife Kopfhaltung, die Germaney für eine Eigenart seines Kommandanten gehalten hatte, wurde nun klar.

Drinkwater ignorierte die unverhüllte Neugierde der Freiwächter an Oberdeck, ließ die Klinge probeweise durch die Luft pfeifen, setzte die Maske auf und kam näher. Er blieb vor seinem Gegner stehen und grüßte mit dem Florett.

»Sieben Treffer, Sir?« fragte Mount, wobei er seine Maske aufsetzte.

»Gut, Mr. Mount. Wer zuerst sieben Treffer erzielt, hat gewonnen.« Drinkwater ließ seine Maske herab und grüßte abermals.

Mount ließ ebenfalls seine Maske herab und ging in Fechtstellung. Auf die Meldung »fertig« gab Quilhampton, der als Schiedsrichter fungierte, das Zeichen, den Kampf zu beginnen.

Zur Erkundung des Gegners leiteten die beiden Männer ein vorsichtiges Klingenspiel ein, dessen metallisches Klicken im Rauschen des Meeres und dem Singen des Windes in der Takelage völlig unterging.

Dann gab es eine plötzliche Bewegung. Mounts Ausfall wurde zwar pariert, aber der Offizier der Seesoldaten reagierte zu schnell für Drinkwater und kam dessen Riposte durch eine geglückte Rimesse zuvor.

Drinkwater gestand den Treffer zu. Sie gingen wieder in Fechtstellung. Mount machte einen Schritt vorwärts, schlug Drinkwaters Klinge zur Seite und war drauf und dran, den Arm zu strecken und

Drinkwaters Plastron zu treffen, als der Captain seine Klinge in einer Kreisparade herumriß, einen Ausfallschritt machte und einen Treffer gegen Mounts Brust erzielte.

Wieder gingen sie in Fechtstellung und umkreisten einander. Mount ließ plötzlich den linken Arm sinken und warf sich an Deck in der Absicht, die Deckung seines Gegners von unten zu durchbrechen. Aber der Captain wich elegant mit der Hüfte aus, beugte sich über Mounts Klinge nach vorn und setzte die Spitze seines Eisens auf dessen Rücken.

»Oh, gut gemacht, Sir!« Die kleine Gruppe der Offiziere, die sich um die Fechter versammelt hatte, applaudierte.

Mount erzielte zwei weitere Treffer in schneller Folge, doch dann gab es eine Weile nur ein vorsichtiges gegenseitiges Umkreisen, bei dem jeder eine schwache Stelle des Gegners suchte, ohne sich selbst eine Blöße zu geben. Das Aneinanderschlagen der Klingen war jetzt deutlich zu hören, da das Gefecht mit größerer Energie geführt wurde. Mounts nächste Attacke brachte einen Treffer, und er wurde noch zuversichtlicher, als er auch einen fünften Erfolg für sich verbuchen konnte.

Mit einer Finte versuchte er nun, seinen sechsten Treffer zu landen. Drinkwater merkte, daß der junge Mann schneller war als Quilhampton und daß er selbst anfing, kurzatmig zu werden. Er war jedoch vorbereitet. Er machte einen beherzten Angriff ins Tempo, drückte Mounts Klinge mit der Stärke seines Eisens beiseite und führte ein Croisé aus, wobei er das Handgelenk drehte und den Ellenbogen so zurücknahm, daß die Spitze seiner Waffe Mounts Bauch streifte. Dann beugte er sich vor, und die Klinge bog sich durch. Mount trat zurück und erkannte den Treffer an. Im selben Moment, als Mount die Fechtstellung wieder eingenommen hatte, machte Drinkwater einen Ausfall, der Monsieur Bescond zweifellos entzückt hätte. Mount kam nicht mehr dazu, auszuweichen oder zu parieren, und Drinkwater hatte einen weiteren Punkt aufgeholt.

Die Muskeln in Drinkwaters Schulter schmerzten jetzt, aber die beiden schnellen Treffer hatten ihm Auftrieb gegeben. Es gelang ihm, die vorgestreckte gegnerische Klinge durch einen Bindungsstoß zu beseitigen und den Ausgleichstreffer anzubringen. Die Atmosphäre auf dem Achterdeck knisterte jetzt förmlich vor Spannung, und der Steuermann mußte die Rudergänger an ihre Pflicht erinnern. Ein »Molinello« Drinkwaters wehrte Mount durch eine Quint-Parade ab, ließ seine Klinge dann auf die untere Linie sinken, machte einen Ausfallschritt und griff Drinkwaters ungeschützten Bauch an. Den Zuschauern stockte der Atem. Doch Drinkwater führte eine brilliante tiefe Parade aus. Die beiden Klingen trafen sich nur einen Augenblick, bevor die beiden Kontrahenten *corps-à-corps* aufeinanderprallten. Sie trennten sich und gingen erneut in Fechtstellung.

»Eine Guinea auf Mount«, murmelte Rispin.

»Angenommen!« sagte Hill, wobei das schlüpfrige Deck der *Draaken* an einem trüben Nachmittag im Oktober vor Kampenduin in seiner Erinnerung auftauchte.

Drinkwater machte einen weiteren Punkt, als Mount auf dem Deck ausrutschte, und verlor seinen Vorsprung gleich darauf durch eine unwirksame Parade. Ein letztes Mal gingen sie in Fechtstellung. Nach kurzer *conversatione* der Waffen schnellte Mounts Klinge plötzlich in einem tiefen Ausfall vor. Drinkwater trat zurück, um ein *coupé* anzubringen, doch Mount warf sich mit dem ganzen Körper nach vorn, und seine Klinge bog sich triumphierend vor der Brust des Kommandanten.

Die Fechter nahmen ihre Masken ab, lächelten sich ziemlich außer Atem zu und reichten einander die linke Hand.

»Bei Gott, Sie haben mir arg zugesetzt, Sir.«

»Sie waren zu schnell für mich, Mr. Mount.« Drinkwater wischte sich den Schweiß von der Stirn.

»Sie schulden mir eine Guinea, Mr. Hill.«

»Die hole ich mir schon wieder, Mr. Rispin, warten Sie nur ab.«

Drinkwater ging in seine Kajüte. Tregembo hatte schon einen Bottich mit Salzwasser bereitgestellt, dankbar ließ er sich hineingleiten.

»All Ihre Sachen sind jetzt untergebracht, Sir, aber wir haben zu viele Stühle.«

»Schaffen Sie sie in den Laderaum, der Segelmacher soll sie in ein paar alte Segeltuchreste einnähen.«

»Ich hoffe, die Bilder hängen so nach Ihrem Geschmack, Sir.«

Drinkwater warf einen Blick auf die von Bruilhac gemalten Porträts und nickte. Mit beiden Händen schüttete er sich das eiskalte Wasser über den Kopf, erhob sich dann und nahm das Handtuch, das Tregembo ihm reichte.

»Glucken Sie nicht wie eine alte Henne, Tregembo. Denken Sie lieber daran, daß mir ein paar gute Toppgasten fehlen.«

»Aye, Sir. Nur bezweifle ich, daß Ihnen Captain Palgraves Aufklarer gefallen würde«, konterte Tregembo, wobei er den Rock von Drinkwaters Borduniform ausbürstete. »Trotzdem bin ich zu dem Tausch durchaus bereit, Sir, und fühle mich keineswegs zu alt dafür.«

»Glauben Sie, ich könnte Susan noch einmal unter die Augen treten, wenn ich Sie wieder in die Takelage schickte?« Drinkwater stieg aus der Wanne. »Wo hat Germaney Palgraves Aufklarer eigentlich hingesteckt?«

»Er scharwenzelt in der Offiziersmesse herum, Sir«, antwortete Tregembo mit einem Anflug von Zorn; halblaut setzte er hinzu: »Da richtet er auch am wenigsten Schaden an.« Damit packte er den Bottich und leerte ihn in den Abort auf der Heckgalerie.

Als er sich anzog, schickte Drinkwater nach Fähnrich Lord Walmsley. Während er am Schreibtisch auf das Erscheinen Seiner Lordschaft wartete, spähte er aus dem Heckfenster zum Ende des Konvois. Die See war von einem strahlenden Blau, und der immer noch durchstehende Nordwest trieb lockere Kumuluswolken nach Lee. Das Bild erinnerte mehr ans Mittelmeer als an die Nordsee und war zu schön, um lange zu währen.

»Herein!« Lord Walmsley betrat die Kajüte in makelloser Uniform und Seidenstrümpfen. Drinkwater konnte sich vorstellen, wie beliebt er und sein Diener in der Fähnrichmesse waren.

»Sie haben nach mir geschickt, Sir?«

»Das habe ich. Dieser Mann Leek fiel gestern von der Bramrah, weil er, wie Sie sagten, dort oben Possen getrieben hatte?«

Walmsley nickte. »Das stimmt, Sir.«

»Oben in der Takelage Blödsinn zu treiben, ist unverantwortlich, weil dabei Menschenleben aufs Spiel gesetzt werden.«

»Aber, Sir, es war nur reiner Übermut; auch Sir James...«

»Zum Teufel mit Sir James, Mr. Walmsley«, sagte Drinkwater ruhig. »*Ich* führe hier das Kommando, und ich habe vor, Leek noch heute morgen auspeitschen zu lassen.« Er hielt inne. »Ich sehe, daß diese Vorstellung Sie beunruhigt. Haben Sie einen empfindlichen Magen, oder sorgen Sie sich um Leek?« Drinkwater unterdrückte das Lächeln, das seine strenge Miene zu erschüttern drohte, als er die Verblüffung im Gesicht Seiner Lordschaft bemerkte. »Machen Sie sich überhaupt Sorgen um Leek?«

»Nun, ich, äh... Jawohl, äh...«

»Ist er ein guter Seemann?«

»Jawohl, Sir.«

»Dann erwarte ich von Ihnen, daß Sie sich für ihn einsetzen, wenn ich nach einem Fürsprecher frage. Jetzt richten Sie bitte dem Ersten Offizier aus, er möge die Gräting aufstellen lassen und alle Mann als Zeugen der Bestrafung nach achtern beordern.«

Als Walmsley verwirrt die Kajüte verließ, konnte Drinkwater seine

Heiterkeit nicht länger unterdrücken. Die Lektion wurde auf diese Weise viel eindrucksvoller.

Eine halbe Minute später begann der Trommler seinen Wirbel. Drinkwater hörte die Bootsmannspfeifen die Mannschaft herbeirufen, die stampfenden Stiefel der Seesoldaten und das gedämpfte Platschen nackter Füße. Er erhob sich, legte das Degenkoppel an und klemmte seinen Hut unter den Arm. Dann ergriff er das dünne braune Büchlein, das ihm das Recht zu seinem Vorhaben gab.

Germaneys Kopf erschien im Türrahmen. »Besatzung zur Teilnahme an Bestrafung angetreten, Sir. Wie mir Lord Walmsley sagte, handelt es sich um Leek?«

»Das stimmt, Mr. Germaney.«

»Bitte um Verzeihung, Sir, aber ich halte es für meine Pflicht, Ihnen mitzuteilen, daß Sir James...«

»Solchen unbesonnenen Wagemut sogar noch gefördert hat, ich weiß. Walmsley hat mich davon schon in Kenntnis gesetzt. Mr. Germaney, ich möchte Sie daran erinnern, daß *ich* jetzt Kommandant bin, und daß das Beispiel, das uns Sir James gegeben hat, nicht unbedingt nachahmenswert ist.« Es entging ihm, daß seine Worte Germaney bis ins Mark trafen.

Drinkwater trat ins Sonnenlicht an Deck. Eine halbe Meile in Lee zogen die Walfänger mit schäumenden Bugwellen durchs Wasser. Mounts Seesoldaten säumten das Achterdeck, und die Offiziere standen in voller Uniform mit umgelegtem Degenkoppel in einer Gruppe beisammen. Mittschiffs war die gesamte Besatzung angetreten. »Hüte und Mützen ab!«

Drinkwater räusperte sich und las den 36. Kriegsartikel laut vor: »Alle anderen, von einer oder mehreren Personen verübten Verbrechen oder Vergehen, die keine Kapitalverbrechen darstellen und die in diesem Gesetz nicht erwähnt sind, oder für die hiernach keine Strafe festgelegt ist, sind nach den auf See üblichen Gesetzen und Bräuchen zu bestrafen.«

Dieser Artikel war allgemein als »Mantel des Kommandanten« bekannt, weil sich hier jede nur mögliche Verfehlung unterbringen ließ, die auf einem Kriegsschiff denkbar und in den anderen 35 Artikeln nicht erwähnt war.

»Matrose Leek, vortreten.« Das Murmeln, das sich unter der Mannschaft erhob, als Leek völlig überrascht vortrat, klang ausgesprochen feindselig. »Ruhe da! Nach den Bestimmungen dieses Artikels haben Sie sich schuldig gemacht, indem Sie in der Takelage Possen getrieben haben, wodurch Sie sich selbst und Ihre Retter in Gefahr brachten.

Weiters haben Sie die Reise Seiner Majestät Sloop *Melusine*, die mit dringlichen Geleitschutzaufgaben betraut ist, durch diese Unterbrechung verzögert. Was haben Sie dazu zu sagen?«

Leek ließ den Kopf hängen und murmelte unhörbar vor sich hin. Ihn verwirrte diese unerwartete Prüfung. Er war freiwillig zur Marine gegangen und noch nie ausgepeitscht worden. Jetzt begann er zu zittern.

Aus den Augenwinkeln bemerkte Drinkwater eine Bewegung zu seiner Rechten: Singleton drängte sich durch die Gruppe der Fähnriche. Drinkwater wandte ihm den Kopf zu und fixierte ihn böse.

»Bleiben Sie, wo Sie sind!«

Singleton verhielt den Schritt.

»Leek, ich verurteile Sie zu einem Dutzend Peitschenhieben. Spricht irgendjemand für diesen Mann?« Seine Augen gingen in die Runde und blieben an Lord Walmsley hängen. Der junge Mann trat vor.

»Nun, Sir?«

»Ich, äh... Ich möchte für diesen Mann eintreten, Sir. Er ist ein erstklassiger Toppgast, und ich hatte bislang nichts an seinem Verhalten auszusetzen, Sir. Ich verbürge mich dafür, daß er sich künftig gut führt.«

Drinkwater biß sich auf die Lippen. Walmsleys kurze Rede rührte alle durch ihren Edelmut; er hatte seine Rolle perfekt gespielt.

»Also gut. Diesmal noch will ich Gnade vor Recht ergehen lassen. Aber merkt euch, Leute, wir sind einem Dienst verpflichtet, der den durch pure Nachlässigkeit verursachten Verlust guter Seeleute nicht toleriert. Wenn Mr. Singleton, Matrose Mullack und der Seesoldat Polesworth nicht gewesen wären, Leek, dann hätten wir uns heute morgen hier versammelt, um Ihre Leiche über die stehende Part der Fockschot zu schicken*. Denken Sie darüber nach!« Und zu Germaney gewandt: »Lassen Sie wegtreten und die Grogration ausgeben, Mr. Germaney.«

Drinkwater lachte in sich hinein. Beim Mittagessen würden alle über das Schauspiel reden, das sie soeben miterlebt hatten, und hoffentlich zu der Ansicht kommen, daß er sich nichts gefallen ließ. Und daß er, obwohl nur ein »Job-Captain«, auch nicht die geringste Unregelmäßigkeit durchgehen ließ.

* britischer Marineslang für Tod oder Seebestattung. Die Leichen wurden gewöhnlich dort über die Seite gegeben, wo die Fockschot belegt war (Anm. d. Übers.)

FÜNFTES KAPITEL

Juni 1803

Im Bressay-Sund

Der günstige Wind stand durch, und nach einer Reise von drei Tagen machten sie bei Tagesanbruch die Huk von Sumburgh aus, die Südspitze der Shetland-Inseln. Die beiden Schiffe der Hudson Bay Company, die gewöhnlich bis zum zwanzigsten Längengrad West eskortiert wurden, waren wie vereinbart schon bei Fair Isle abgedreht. Dank des milden Wetters war der Konvoi danach zusammengeblieben; bis zum Nachmittag hatten alle Schiffe die Reede im Bressay-Sund erreicht und lagen jetzt in Sichtweite der grauen Stadt Lerwick vor Anker.

Am Abend empfing Drinkwater eine Delegation der Walfang-Kapitäne in seiner Kajüte. Sie bestand aus Jaybez Harvey, Abel Sawyers und einem weiteren Kapitän, dessen Namen er nicht kannte. Sawyers stellte ihn vor.

»Kapitän Waller, Captain Drinkwater. Er führt die *Conqueror*.«

»Ihr Diener.« Drinkwater erinnerte sich, daß Waller bei der Versammlung in Kingston neben Ellerby gesessen hatte. Er war überrascht, diesen nicht bei der Delegation zu sehen; er hoffte, Ellerby wäre inzwischen klargeworden, daß er es jetzt nicht mehr mit einem Mann vom Schlage Palgraves zu tun hatte, und schließlich zur Vernunft gekommen. Kapitän Waller jedenfalls schien ihm ein freundlicher und umgänglicher Mensch zu sein, der Sawyers das Gespräch weitgehend überließ.

»Nun, Gentlemen«, sagte Drinkwater, nachdem er sie mit Gläsern versorgt und Palgraves Weinkaraffe auf den Tisch gestellt hatte, »was verschafft mir die Ehre«?

»Wie Ihr wißt, Captain Drinkwater«, begann Sawyers, »haben wir inzwischen unsere Wasservorräte ergänzt und unsere Mannschaften verstärkt. Die Leute von den Inseln sind genauso bestrebt wie wir, jede Verzögerung zu vermeiden, da die Jahreszeit schon weit fortgeschritten ist. Wir hoffen daher, daß auch Ihr innerhalb von vierundzwanzig Stunden klar zum Ankerlichten sein werdet.«

»Ich sehe nichts, was dagegen spräche.«

»Sehr gut. Deshalb müssen wir entscheiden, wie wir vorgehen wollen, wenn wir die Fanggründe erreicht haben. Ihr sollt wissen, daß wir übereingekommen sind, mit dem Fang zu beginnen, sobald wir den zweiundsiebzigsten Breitengrad überschritten haben. Die Meinungen sind allerdings geteilt, was die besten Fanggründe betrifft; der Mysticetus...«

»Mysticetus?« unterbrach Drinkwater mit gerunzelter Stirn.

»Baleana Mysticetus, der Grönlandwal.« Drinkwater nickte, während Sawyers fortfuhr: »Er ist in den letzten Jahren dem Menschen gegenüber vorsichtig geworden. So sind einige dafür, ihm an der Küste Spitzbergens nachzustellen, während andere eher geneigt sind, am Rand des Eises entlang weiter nach Westen zu laufen.«

»Ich vermute, Sie bevorzugen die zweite Möglichkeit?« Sawyers nickte, während aus dem schweigenden Kopfschütteln Wallers zu entnehmen war, daß dieser Sawyers' Auffassung nicht teilte. »Ich verstehe. Fahren Sie bitte fort.«

»Ich glaube nicht, daß wir durch die Verspätung größere Schwierigkeiten haben werden. Bisher haben wir es so gehalten, daß wir den ersten Monat in der Grönlandsee verbringen, wo wir auf das Aufbrechen des Eises warten und die ersten Tage, in denen es 24 Stunden hell bleibt, mit der Jagd auf Robben, Walrosse und Eisbären ausfüllen. Doch diejenigen von uns, die neuerdings begonnen haben, den Mysticetus ins Treibeis hinein zu verfolgen, sind durch einen Fang von zehn, ja zwölf Walen pro Saison belohnt worden, ein Ergebnis, mit dem wir durchaus zufrieden sind.«

Offenkundig waren Harvey und Sawyers in dieser Angelegenheit einer Meinung. Wenn sich die Flotte der Walfänger jedoch zerstreute, wurde Drinkwater die Erfüllung seines Auftrages unmöglich gemacht.

»Würden Sie mir freundlicherweise verraten, inwieweit diese Ansichten von den anderen Kapitänen geteilt werden?« Die drei Männer steckten die Köpfe zusammen, während Drinkwater aufstand und eine Karte der Grönlandsee heraussuchte. Siebenhundert Meilen nordnordwestlich vom Bressay lag die Insel Jan Mayen. Seine gegenwärtigen Besucher, das wußte er, nannten sie immer noch nach der Körperschaft, der sie angehörten, Trinity Island.

»Ich meine«, sagte Harvey mit seinem ausgeprägten Akzent, »daß ein paar die Fanggründe bei Spitzbergen bevorzugen, die Mehrheit jedoch ihr Glück am Rande des Eises versuchen möchte.«

»Also gut.« Drinkwater überdachte die Lage. Es war ihm nicht möglich, zwei Seegebiete gleichzeitig zu überwachen. Wo also konnte er seiner Aufgabe am besten gerecht werden? Während des letzten Krieges hatten dänische Kaperschiffe aus den norwegischen Fjorden operiert. Würden ihre verwegenen Kapitäne versuchen, britische Walfänger an der Küste Spitzbergens in eine Falle zu locken? Die Seeschlacht vor Kopenhagen und Britanniens neues Bündnis mit Rußland mußten Dänemark doch überzeugt haben, daß es nichts zu gewinnen hatte, wenn es Britannien von seinem norwegischen Hoheitsgebiet aus provozierte. Dann aber verbot sich Drinkwater diese politischen Spekulationen. Seine Verantwortung beschränkte sich auf die Walfänger und die weitaus größere Bedrohung durch die französischen Kaperer. Er studierte die Karte. Die riesigen Weiten der Grönlandsee waren nur unvollständig vermessen. Hill hatte zwar alle Informationen, derer er habhaft werden konnte, gesammelt und in die Karte eingetragen, aber es waren immer noch zu wenige. Drinkwater konzentrierte sich auf das Problem aus der Sicht der Franzosen.

Wenn die französischen Kaperer beabsichtigten, die britischen Walfänger zu molestieren, würden sie sich vermutlich in den Fjorden Islands oder in der Nähe von Kap Farewell verstecken. Von den ersteren, die im Süden und Osten eisfrei blieben, würde eine Bedrohung der Grönlandfischer ausgehen, während die weniger einladende Südküste Grönlands einen Vorstoß auf den Handel in der Davis-Straße erlaubte. Beide Ausgangsbasen aber würden den Schiffen eine günstige Position weit in Luv der britischen Kreuzer auf den westlichen Zufahrtsstraßen und eine freie Passage zur französischen Küste verschaffen, wobei sie dort nur die britische Blockade durchbrechen mußten, um sich in Sicherheit zu bringen. Wenn also die Schiffe vom Hull in der Grönlandsee auf Walfang gehen wollten, dann drohte die größere Gefahr, wenn sie überhaupt existierte, offensichtlich von Island. Folglich mußte er diejenigen Schiffe schützen, die sich zum Rand des Eises vorwagen wollten.

»Ich habe mich entschlossen, die Mehrheit der Schiffe zu begleiten und am Rand des Eises zu kreuzen«, erklärte Drinkwater. »Ich möchte Sie daher bitten, einen unter Ihnen zu benennen, der Kontakt mit mir hält, damit keine Mißverständnisse aufkommen.«

»Das ist bereits geschehen, Captain. Abel Sawyers hier ist zu unserem Kommodore gewählt worden.« Ein Lächeln huschte über Harveys häßliches Gesicht.

»Damit wäre das geregelt.«

»Eines sollten Sie allerdings noch wissen, Captain.« Wallers scheinbare Bedeutungslosigkeit wurde noch durch seine unangenehm dünne Stimme unterstrichen. »Wahrscheinlich sind Sie sich nicht klar über die Vielfalt der individuellen Methoden, die von Walfängern angewandt werden. Wir erwarten, daß Sie uns keinerlei Beschränkungen auferlegen. Es muß uns freistehen, dem Wal überall dort nachzustellen, wo wir das für richtig halten.«

Drinkwater zuckte die Schultern, etwas irritiert durch Wallers pedantische Art. Als einziger unter den Kapitänen wirkte er ungeeignet für seinen Beruf.

»Kapitän Waller, ich habe Ihnen den Schutz eines Kriegsschiffes zu gewähren, kann Sie aber nicht daran hindern, Wale zu jagen, wo Sie wollen. Doch zumindest sollten wir ein Notsignal vereinbaren für den Fall, daß Sie angegriffen werden.«

»Was schlagen Sie vor?«

»Mein Feuerwerker ist dabei, Blaulicht-Signalmunition für Sie herzustellen. Ein blaues Licht, gefolgt von zwei Kanonenschüssen, erregt über große Entfernungen Aufmerksamkeit, und wenn dieses Signal beim Nahen fremder Schiffe rechtzeitig gegeben wird, sollte ich die *Melusine* zu Ihrem Schutz heranführen können, bevor es zu spät ist.«

»Wenn wir nun aber aus zwei Richtungen gleichzeitig angegriffen werden?« fragte Waller.

»Ich befasse mich mit hypothetischen Situationen, wenn sie Wirklichkeit werden, Sir. Sie sind nicht die einzigen, die mit Schiffen umgehen können.«

»Und Sie sind nicht das einzige Schiff, das mit Kanonen ausgerüstet ist. Auch Walfänger können einen Feind in die Flucht schlagen.«

»Hauptsächlich wohl dann«, sagte Drinkwater barsch, »wenn es sich um einen anderen Walfänger handelt, der ihnen die Beute streitig machen will. Offen gestanden, Kapitän Waller, sehe ich nicht ein, warum Sie wissen wollen, wie ich die grönländischen Walfänger zu schützen gedenke, wenn Sie selbst doch vor Spitzbergen Ihr Glück versuchen wollen.«

Waller antwortete nicht, sondern lehnte sich mit säuerlicher Miene zurück. Verärgert sah Drinkwater zu Harvey und Sawyers hinüber. Zweifellos waren sie nicht Wallers Meinung, sagten jedoch nichts. Drinkwater schluckte seinen Ärger hinunter.

»Nehmen wir noch ein Glas, Gentlemen«, meinte er beschwichtigend. »Ich schlage vor, daß wir zusammenbleiben, bis wir den zweiundsiebzigsten Breitenkreis auf acht Grad östlicher Länge erreicht haben.« Er legte einen Finger auf die Karte, und die drei Männer beugten sich über den Tisch. »Danach können sich die Schiffe, die nach Spitzbergen wollen, selbständig machen.«

»Ich denke, das konveniert«, sagte Sawyers.

»Einverstanden«, setzte Harvey hinzu.

Auch Waller nickte. »Na ja, so geht's«, sagte er nachdenklich.

Später geleitete Drinkwater seine drei Besucher zu ihren Booten. Die Sonne war hinter einer Wolkenbank verschwunden, als sie an Deck kamen. Drinkwater sah über den Sund zu den Walfängern hinüber. In ihren Masttoppen waren inzwischen seltsame Gebilde entstanden.

»Krähennester«, erklärte Sawyers auf Drinkwaters Frage. »Wir müssen uns eine erhöhte Ausguckplattform schaffen. Ich habe selbst viele Stunden dort oben verbracht und auch so einen Mastkorb konstruiert.«

»Diese Krähennester sind unerläßlich, wenn man Einhörner schießen will, Captain«, fügte Harvey hinzu.

»Einhörner? Sir, wollen Sie mich zum Narren halten?«

»Das ist nur ein anderer Name für den Narwal, den mit einem Stoßzahn bewehrten Delphin, Captain Drinkwater, nach dem auch mein Schiff benannt ist. Von der Mastspitze aus kann man ihn treffen, während ein Schuß von Deck aus wegen der Brechung des Lichts an der Wasseroberfläche meist daneben geht.«

»Ah... Ihr Boot ist da, Captain Harvey.«

Harveys häßliches Gesicht verzog sich zu einem Lächeln, als er Drinkwater die Hand gab. »Wenn Sie an den Worten eines alten Mannes keinen Anstoß nehmen, dann möchte ich Ihnen sagen, daß Sie nur Magenschmerzen bekommen, wenn Sie sich übertriebene Sorgen machen. Was seinerzeit im Hull auch an hitzigen Worten gefallen sein mag, niemand erwartet Unmögliches von Ihnen. Es ist Ihnen schon hoch anzurechnen, daß Sie sich soviel Mühe geben.«

»Ich danke Ihnen.«

»Und ich will noch einen Schritt weitergehen und Ihnen sagen – ohne Umschweife, so wie wir es in Yorkshire halten –, daß Sie tausendmal besser sind als dieser verdammte Palgrave!« Harvey ging, immer noch lächelnd, über die Seite von Bord. Drinkwater wandte sich Sawyers zu, um ihm Lebewohl zu sagen. Der Quäker starrte in die Takelage.

»Ihr würdet Euch selbst einen großen Gefallen tun, Captain, wenn Ihr auch eine solche Vorrichtung bauen ließet.«

»Ein Krähennest? Aber das wäre sehr hinderlich, wenn ich die Bramstengen bei Sturm herunternehmen müßte, Kapitän Sawyers.«

Sawyers nickte. »Da steckt Ihr wirklich in einem Dilemma, Freund. Entweder behaltet Ihr Eure hohen Masten, um bei einer Verfolgungsjagd im Vorteil zu sein, oder Ihr verkleinert das Rigg, um es handig und praktisch zu machen.« Als Drinkwater in die Takelage hinaufsah, setzte Sawyers hinzu: »Stattet doch morgen Vormittag der *Faithful* einen Besuch ab und macht Euch damit vertraut, wie es auf einem Walfänger zugeht.«

»Danke, das werde ich, Kapitän.« Sie schüttelten einander die Hand, und Sawyers kletterte in sein Boot hinunter, das flott über das stahlgraue Wasser des Sunds gepullt wurde.

Sobald Germaney den Kommandanten am nächsten Morgen von Bord geleitet hatte, ging er in die Messe zurück und scheuchte alle, die sich noch an ihrem Frühstück festhielten, hinaus. Er schüttete vier Gläser Rotwein in sich hinein und schickte dann nach Hochwürden Obadiah Singleton.

»Nehmen Sie Platz, Mr. Singleton. Ein Gläschen Rotwein?«

»Ich rühre Alkohol nicht an, Mr. Germaney. Warum wollten Sie mich sprechen?«

»Sie sind doch Arzt, nicht wahr?«

Singleton nickte.

»Können Sie einen Tripper kurieren?«

Singletons Erstaunen wurde nur von Germaneys Erleichterung übertroffen. Der Wein hatte ihn in Euphorie versetzt, aber er hielt es trotzdem für angebracht, Singleton daran zu hindern, ins Moralisieren zu verfallen. »Was Sie als Pfaffe dazu sagen, kann mir gestohlen bleiben. Aber was meinen Sie als Arzt, verdammt noch mal?«

»Lassen Sie bitte das Fluchen, Mr. Germaney. Ich habe Sie bisher für einen Gentleman gehalten.«

Germaney sah Singleton scharf an. »Auch ein Gentleman kann im Bett Pech haben, Singleton.«

»Ich habe nur die Zügellosigkeit Ihrer Sprache gemeint, aber lassen wir das. Sie haben sich die Krankheit am Hull zugezogen, nicht wahr?«

Germaney nickte. »In einem gottverfluchten – in einem Bordell.«

»Waren Sie allein dort?«

»Nein, mit ein paar anderen.«

»Mit wem, Mr. Germaney? Und verschwenden Sie meine Zeit bitte nicht mit Ausflüchten.«

»Mit Captain Sir James Palgrave, Lord Walmsley und dem Ehrenwerten Alexander Glencross.«

»Alles wahre Gentlemen«, bemerkte Singleton trocken. »Darf ich fragen, ob Sie den beiden jungen Männern von Ihrer Krankheit berichtet haben?«

»Du lieber Gott, nein!«

»Und warum haben Sie sich nicht an Mr. Macpherson gewandt?«

»Weil der Mann ein ewig besoffener Schwätzer ist, dem ich nicht im geringsten traue.«

»Mit dieser Krankheit hat er gewiß größere Erfahrung als ich, Mr. Germaney, das versichere ich Ihnen.«

Germaney schüttelte den Kopf; seine Euphorie wich langsam wieder der Furcht, die sein Begleiter gewesen war, seit er die ersten Symptome bemerkt hatte. »Können Sie mich kurieren, Singleton? Ich werde Ihre Mission auch durch eine Stiftung unterstützen.«

»Das wollen wir Gott und Ihrer Konstitution überlassen, Mr. Germaney. Was sind also Ihre Symptome?«

»Der Ausfluß sticht und brennt wie der Teufel...« Germaney fuhr fort, seine Qualen zu beschreiben, und Singleton nickte schließlich. »Sie scheinen richtig diagnostiziert zu haben, Mr. Germaney. Sind Sie verheiratet?«

»Verlobt, Singleton, verlobt. Oh, was für eine gottverdammte Sauerei!«

Das Deck der *Faithful* machte auf Uneingeweihte einen seltsamen Eindruck. Begleitet von Quilhampton, Gorton und Frey, wurde Drinkwater von Sawyers willkommen geheißen, der ihm seinen Sohn und Ersten Offizier vorstellte. Während letzterer sich um die jungen Leute kümmerte, führte Sawyers den Captain höflicherweise allein herum.

Die *Faithful* wirkte stark und funktionell mit ihren fünf Walbooten, die in hohen Davits hingen, und drei weiteren im Laderaum. Ihre Decks waren voller Leinen und Wasserfässer, da die Besatzung letzte Vorbereitungen traf. Die Männer arbeiteten ohne Lärm stetig vor sich hin und schenkten ihrem Kapitän und seinem Gast keine Beachtung.

Sawyers deutete nach oben. »Zuerst das Rigg, Captain. Es muß jedem Wetter standhalten, aber doch leicht zu handhaben sein. Die *Faithful* ist getakelt wie eine Bark, mit Groß und Fock, Mars- und Bramsegeln. Euch ist sicher der schmale Schnitt der Untersegel aufgefallen; nun, dadurch bleiben sie gut von den Davits frei, und ich kann sie außerdem an einen Baum anschlagen. Die Bäume werden mittschiffs über diese Augbolzen an Deck bedient, daher brauche ich auch keine Halsen und Schoten. Ihr seht, wenn ich die Brassen der Unter- und Marssegel so durch jene Anordnung von Spinnenköpfen führe, kann ich ein Schiff von dreihundertfünfzig Tonnen mit nur fünf Mann Besatzung segeln.«

»Das ist außerordentlich sinnreich.«

»Aye, das ist es; und unbedingt notwendig, wenn ich meinen Booten hinterhersegeln will, die den Wal bis ins Eis hinein verfolgen.« Sawyers kletterte auf die Reling und beugte sich über das Dollbord eines der karweelbeplankten Walboote. Drinkwater bewunderte den elegant strakenden Sprung und die scharfen Enden des Bootes; bei seinen Worten richtete sich ein Mann im Boot auf, der dabei gewesen war, eine dünne weiße Hanfleine in einer Reihe von Baljen aufzuschießen, die unter den Duchten standen.

»Die Walleine«, erklärte Sawyers, »sie füllt sechs Baljen pro Boot, was insgesamt siebenhundertundzwanzig Faden * ergibt. Das Binnenende befindet sich in Reichweite des Bootssteuers, so daß notfalls die Leine eines anderen Bootes zur Verlängerung angesteckt werden kann. Das geschieht immer dann, wenn ein Wal auf Tiefe oder unters Eis geht. Das äußere Ende wird am Vorläufer befestigt, einer kurzen Leine zur Harpune, die üblicherweise hier auf dieser Halterung ruht.« Die Harpune selbst war nicht an ihrem Platz. Sawyers setzte hinzu: »Das hier ist Elijah Pucill, Captain, mein Erster Harpunier, unter dessen Anleitung die Wale auch zerlegt werden; ein mächtiger Jäger vor dem Herrn.« Der Mann grinste.

Sawyers erklärte weiter die Ausrüstung des Bootes.»Es hat fünf Riemen und einen sechsten zum Steuern. Wir ziehen es vor, mit einem Riemen zu steuern, da er die Geschwindigkeit weniger beeinträchtigt als ein Ruder. Auch kann man so das gestoppte Boot praktisch auf dem Teller drehen oder sich durch vorsichtiges Wriggen an einen schlafenden Wal heranpirschen. Natürlich wriggt man das Walboot auch durch enge Wasserrinnen im Eis, wenn der Platz zum normalen Gebrauch der Riemen nicht ausreicht.«

Drinkwater nickte. »Jeder Riemen«, Sawyers tippte auf einen eschenen Riemenschaft, »ist mit einem Stropp an seinem Nagel befestigt und kann im Notfall fahren gelassen und seitlich mitgeschleppt werden, ohne daß er verloren geht.«

»Wer hat im Boot das Kommando?«

»Bei uns der Harpunier. In Amerika sind sie allerdings so demokratisch, daß sie auch einem Offizier das Pullen nicht verwehren, deshalb übt er dort die Funktion des Bootsführers und Steuermanns gleichzeitig aus. Aber meine Boote werden vom Ersten und Zweiten Offizier sowie vom Ersten Harpunier geführt. Sie suchen sich ihre Bootssteurer selber aus – Männer, mit denen sie schon viele Jahre gefahren sind.

* etwa 1318 Meter

Der Harpunier ist der Mann, der mit der Harpune zustößt, der im Notfall die Leine kappen muß und den Wal mit der Lanze angreift, wenn dessen Kraft erschöpft ist.« Sawyers deutete auf ein halbes Dutzend langschäftiger Waffen mit schmalen Klingen. »Die Lanze wird so lange eingesetzt, bis ein lebenswichtiges Organ getroffen ist und der Wal verendet.«

»Und es widerspricht nicht Ihrem Glauben, Walen das Leben zu nehmen, Kapitän?«

Sawyers sah ihn verwundert an. »Schöpfungsgeschichte, Captain, Moses Eins, Vers sechsundzwanzig bis achtundzwanzig: Gott gab dem Menschen die Herrschaft über die Fische des Meeres, die Vögel des Himmels und über alles Getier, das sich auf Erden regt. Und im Achten Psalm: Du gabst ihm Herrschaft über die Werke Deiner Hände, alles legtest Du ihm zu Füßen: die Vögel des Himmels, die Fische des Meeres, was alles die Meerespfade durchquert. Herr unser Gott, wie gewaltig ist Dein Name auf Erden!«

»Amen«, setzte der Harpunier inbrünstig hinzu, worauf Sawyers seinen Diskurs fortsetzte, als habe es keine Unterbrechung gegeben.

»So ist es bestimmt.« Er sah Drinkwater an. »Aber ich halte nichts von der Praxis, wie sie Jaybez Harvey und einige andere einschließlich Eures speziellen Freundes Ellerby anwenden: die Harpune aus einer Kanone abzufeuern. Diese Methode wurde erst vor kurzem eingeführt und ist unter den Kapitänen mit etwas mehr Gefühl nicht sehr beliebt. Nun, das da«, sagte er, auf einen dicken hölzernen Pfosten deutend, der vorn im Walboot eingebaut war, »ist der Poller, um den Törns der Fangleine gelegt werden, wenn man seine Flucht verlangsamen und ihn schneller ermüden will. Das ist insbesondere bei einem jungen Wal oder einem, der unters Eis geht, unbedingt erforderlich. Wie Ihr seht, sind durch die Reibung der Leine tiefe Rillen entstanden, und wir müssen mit dieser Pütz hier Wasser auf den Poller gießen, damit er nicht in Brand gerät.«

»Die Leine hält solch eine Belastung aus?«

»Aye, sie ist aus allerbestem Hanf und mit größter Sorgfalt hergestellt. Ich habe schon erlebt, daß ein Boot beim Wegtauchen des Wals unter Wasser gezogen wurde.«

»Und Sie haben das Boot retten können?«

»Ja, aber das glückt nicht immer, und daher liegt hier ein Beil, mit dem der Harpunier die Leine jederzeit kappen kann. Wenn ein Boot jedoch erst mal am Wal fest ist, will ihn der Harpunier nicht wieder fahren lassen und wird ihm vielleicht lieber ›das Boot geben‹, wie wir sagen, damit er schneller ermüdet oder ertrinkt.«

»Ertrinkt? Das verstehe ich nicht.«

»Der Wal atmet Luft und muß dazu an die Oberfläche. Er kann jedoch viele Minuten lang mit voller Kraft schwimmen, bevor ihn die Natur zwingt, zum Luftholen aufzutauchen. Wenn er nun zu tief taucht, wie das bei Jungtieren oft der Fall ist, kann es vorkommen, daß er schon mehrere Faden unter der Oberfläche zu atmen beginnt und so ertrinkt.«

»Ich verstehe«, sagte Drinkwater nachdenklich. »Dann ist es zweifellos von größter Wichtigkeit, daß die Leine richtig aufgeschossen ist und nirgends unklar kommt.« Der Mann im Boot nickte grinsend.

»Aye, Captain, denn wenn sie sich irgendwo verfängt, kann sie das Boot zum Kentern bringen oder einen Mann mit in die Tiefe reißen. Das hast du schon erlebt, Elijah, nicht wahr?«

»Jawohl, Käptn. Einmal in der Davis-Straße und einmal vor Hackluyts Huk.«

Drinkwater schüttelte bewundernd den Kopf. »Aber ich sehe hier gar keine Harpune, Kapitän Sawyers.«

»Ah.« Sawyers ließ sich wieder aufs Deck hinab und geleitete Drinkwater nach vorn. Drei Männer saßen dort auf einer Luke und waren mit großer Sorgfalt bemüht, Harpunenspitzen zu schärfen. An Deck war eine kleine Esse aufgebaut, mit einem Blasebalg und einem Amboß, an dem ein vierter Mann ein weiteres Eisen bearbeitete.

»Die Harpune wird aus bestem Schmiedeeisen hergestellt, das sich wohl biegt, aber nicht bricht. Los, Matthew, zeig Captain Drinkwater, was ich meine.«

Ein großer, breitschultriger Mann erhob sich und packte die Harpune, die er gerade schärfte, an beiden Enden. Der dünne Schaft endete auf der einen Seite in der mit Widerhaken versehenen Spitze und auf der anderen in einer Hülse, die zur Aufnahme des hölzernen Stocks diente, an dem der Harpunier seine tödliche Waffe packte.

Matthew ging zur Reling und legte den Schaft um einen Belegnagel. Grunzend vor Anstrengung bog er das Eisen über dem Nagel einige Male hin und her.

»Teufel noch mal!«

»Alte Hufeisennägel, Captain – das Material, aus dem die besten Harpunen gemacht werden.«

»Und die Widerhaken reichen wirklich aus, um die Spitze so im Wal zu verankern, daß ein Boot mitgeschleppt werden kann?« fragte Drinkwater zweifelnd.

»Jawohl, Freund. Die gezackten Widerhaken bleiben in den ungeheuer festen Fasern des Walspecks hängen und verhaken sich bei Zug nur noch mehr. Dieser spezielle Arretierhaken hier verfängt sich hinter den netzförmigen Sehnen unter der Haut. Sobald er einmal richtig festsitzt, kann sich der Wal nur selten befreien.«

Sie gingen weiter, wobei Sawyers auf verschiedene Gerätschaften deutete, die zum Flensen der Wale dienten. Sie waren scharf wie Rasiermesser und glänzten vor Öl. »Sie sind sauberer als das Besteck meines Schiffsarztes.«

Die beiden Männer warfen einen Blick in den Laderaum, wo das Walbein und die Fässer mit Walspeck gestaut wurden. Schließlich folgte Drinkwater Sawyers in eine Kajüte. Durch die Heckfenster, die dem schlichten Raum ausreichend Helligkeit gaben, konnte Drinkwater die *Melusine* erkennen.

»Wie ich sehe, habt Ihr die Großbramstenge heruntergenommen, Freund.«

»Ich bin Ihrem Rat gefolgt.« Drinkwater nahm das angebotene Glas mit altem Portwein. »Zum Verdruß meiner Offiziere lasse ich die oberen zwölf Fuß amputieren.«

»Ihr werdet es nicht bereuen.«

»Haben Sie Dank für Ihre Gastfreundschaft, Kapitän Sawyers. Ich muß gestehen, daß ich beeindruckt bin.«

Sawyers lächelte. Man sah ihm an, daß ihn das Kompliment freute. »Ich habe Euch nur ein wenig von der Erfindungsgabe des Menschen gezeigt, Captain Drinkwater. Die Wunder des Allmächtigen im arktischen Meer bleiben Euch noch vorbehalten.«

TEIL ZWEI

DIE GRÖNLANDSEE

Oh, Grönland ist ein kaltes Land,
wo selten die Sonne sich zeigt.
Doch im scharfen Frost und treibenden Schnee
der Tag sich nie ganz neigt.
Haltet aus, Jungs!
Der Tag sich nie ganz neigt.

Shanty aus Truck: ›The Man O'War's Man‹

Sechstes Kapitel

Juni 1803

Der Schiffsarzt

»Daran sind ausschließlich Sie schuld, Mr. Singleton!« Drinkwaters Stimme übertönte das Heulen des Sturms in der Takelage. Er stand an der Luvreling, hielt sich an einem Backstag fest und starrte auf den Missionar hinunter, der auf dem schrägliegenden Deck balancierte.

»Woran, Sir?« Singleton preßte den geborgten Matrosenmantel, der vom Wind mächtig gebauscht wurde, fest an sich. In wenigen Augenblicken war er von Regen und Gischt durchnäßt.

»An diesem Sturm!«

»Am Sturm? Ich soll daran schuld sein?« Singleton griff hastig nach einer Leine, als die *Melusine* nach Lee überholte. »Aber das ist doch absurd!«

Drinkwater lächelte; Singletons Gesichtsfarbe war ein unnatürliches Blaßgrün. »Atmen Sie tief durch die Nase, das wird Ihnen gut tun.«

Singleton tat wie empfohlen und schauderte leicht. »Das ist lächerlich, Captain Drinkwater. Sie wollen den Aberglauben doch sicher nicht noch fördern?«

»Es spielt keine Rolle, was *ich* denke, Mr. Singleton. Die Leute glauben jedenfalls, daß ein Pfarrer an Bord Schlechtwetter bringt, und Sie können kaum bestreiten, daß es stürmt.«

»Und zwar außerordentlich stark, Sir.« Singleton warf einen Blick nach Luv, wo der Kamm einer neuen Welle den Horizont verdeckte. Die *Melusine* sackte in ein Wellental, und es schien Singleton, daß die schäumende Lawine die exponierte Bordseite überfluten müsse. Sein Mund öffnete sich, als das Achterschiff plötzlich angehoben wurde. Wieder verschwand der Horizont, und Singletons Magen schien irgendwo unterhalb seiner Schuhsohlen zu hängen. Er keuchte entsetzt, als der brechende Wellenkamm mit einem harten Schlag gegen *Melusines* Barkhölzer brandete und eine Gischtwand emporschleuderte. Sobald das Schiff auf dem Wellenkamm die volle Kraft des Windes zu spüren bekam, legte es sich nach Lee über und fiel ins nächste Wellental. Als die Gischt mit boshaftem Prasseln über die Reling einstieg, glaubte Singleton, sein Magen wollte nun durch den Schlund nach oben steigen. Hinter ihm hob ein anscheinend herzloser Captain Drinkwater das Sprachrohr an den Mund.

»Mr. Rispin, Sie müssen die Wuling da oben beseitigen, bevor Sie das Schloßholz herausschlagen, sonst geht uns das Gut zu Bruch.« Er wandte sich an den Missionar. »Für einen Seemann ist das ein Glaubensartikel, Mr. Singleton«, grinste er. »Aber es ist natürlich – da gebe ich Ihnen recht – absurd und abergläubisch. Was den Wind betrifft, muß ich Ihnen allerdings widersprechen, und sei es nur, um Sie auf Kommendes vorzubereiten. Es weht stark, aber nicht *außergewöhnlich* stark. Das Windgeräusch in der Takelage klettert bei einem ausgewachsenen Sturm noch eine ganze Oktave in die Höhe.«

»Mr. Bourne hat nach den Fähnrichen geschickt, um die Bramstengen niederzuholen«, sagte Singleton, während die Farbe langsam in sein Gesicht zurückkehrte. »Ich glaubte, daß damit eine gewisse Kapitulation vor der Gewalt der Elemente verbunden sei.«

Drinkwater schüttelte lächelnd den Kopf.

»Keineswegs. Das Schiff reitet den Seegang nur besser ab, wenn die obersten Stengen gestrichen werden. Dadurch liegt der Schwerpunkt tiefer, und auch die Angriffsfläche des Windes wird verringert.« Er deutete nach Lee. »Außerdem wollen wir unseren Schutzbefohlenen nicht davonlaufen.«

Singleton starrte nach Steuerbord ins Düstere und bemerkte den blaßen Schein der Segel über der dunklen Masse rollender Schiffsrümpfe, die mitunter einen matten Kupferglanz ahnen ließen und dann wieder völlig zu verschwinden schienen.

»Und das ist es«, fragte Singleton, »was Rispin im Augenblick machen soll?«

»Aye, Mr. Singleton, das war jedenfalls meine Absicht.« Das Sprachrohr wurde wieder gehoben: »Passen Sie auf, Sir! Achten Sie auf das Rollen des Schiffes, verdammt noch mal!« Drinkwater ließ das Sprachrohr sinken. »Mit Verlaub, Mr. Singleton.«

»Oh, ich beginne einzusehen, daß Kraftausdrücke hier zuweilen notwendig sind, Sir.«

Drinkwater mußte erneut grinsen. »Eine rauhe Umgebung schafft sich ihr entsprechendes Vokabular, Mr. Singleton. Wir befinden uns hier nicht auf Ihrem College – wo waren Sie doch gleich?«

»Jesus College, Universität Oxford.«

»Tja, mein College war leider nur die Fähnrichsmesse eines Kriegsschiffs.«

»Keine *alma mater*, die zu empfehlen ist, Sir, wenn ich aus meinen bisherigen Erfahrungen...«

»Ein Pfuhl«, unterbrach ihn Drinkwater mit plötzlicher Schroffheit. »Aber ich versichere Ihnen, daß England den Absolventen dieser Universität mehr verdankt als allen Professoren zusammen.«

»Ich wollte keineswegs...«

»Macht nichts, macht nichts.« Drinkwater bedauerte seine momentane Unbeherrschtheit; schließlich hatte er Singleton aus einem bestimmten Grund an Deck rufen lassen. »Wir sprachen vorhin vom Wind, Mr. Singleton, und von dem Geräusch eines richtigen Sturms, wogegen das hier nur ein Säuseln ist. Ich glaube, Mr. Singleton, daß der Wind in Grönland meist Sturmstärke erreicht, daß die Eispartikel, die er mit sich führt, wie Schrotkugeln ins Fleisch dringen, und daß ein Mensch unter solchen Bedingungen nicht länger als ein paar Minuten überleben kann.«

»Sir, die Eskimos schaffen es...«

»Mr. Singleton«, fuhr Drinkwater schnell fort, »ich will damit sagen, daß ich Ihre Dienste hier brauche, hier auf diesem Schiff, verdammt noch mal! Wenn die Eskimos so gut ohne Sie klarkommen, können Sie es dann nicht bei diesem Naturzustand belassen? Welche Wohltaten können Sie ihnen schon erweisen?«

»Captain Drinkwater, wie können Sie nur! Sicherlich wollen Sie doch diesen unglückseligen Eingeborenen die Segnungen des Christentums nicht vorenthalten?«

»Es gibt eine Menge Leute, welche die Glaubenssätze Ihrer Religion ebenso für Aberglauben halten wie die Überzeugung der Matrosen, daß ein Pfarrer an Bord Sturm bedeutet, Mr. Singleton.«

»Nur die Jakobiner, Sir! Keineswegs der Kapitän eines britischen Kriegsschiffes!« Singletons Empörung war so leidenschaftlich, daß Drinkwater sich des Lachens nicht erwehren konnte. Aber er zügelte sich.

»Mr. Singleton, seien Sie unbesorgt. Aber ich brauche dringend einen Schiffsarzt. Macpherson steckt, wie Sie wissen, seit drei Tagen in der Zwangsjacke...«

»Ein Delirium tremens braucht eben seine Zeit, Sir. Periphere Neuritis, das Symptom chronischer Alkoholvergiftung...«

»Mir ist völlig klar, daß er ein vom Rum verblödetes Wrack ist. Der Teufel soll ihn holen! Deshalb brauche ich ja Ihre Kenntnisse als Arzt.«

Melusines Bewegungen wurden jetzt ruhiger; kurz darauf erschien Mr. Rispin und meldete, daß die beiden Bramstengen gestrichen seien.

»Gut, Mr. Rispin. Lassen Sie die Wache wegtreten.«

»Aye, aye, Sir.«

»Und schicken Sie Mr. Quilhampton zu mir.«

Drinkwater wandte sich wieder dem Missionar zu. »Schön, Mr. Singleton, Sie fühlen sich also von Gott berufen. Und es wäre ein Mißbrauch meiner Autorität, wenn ich Sie zu etwas anderem zwingen wollte.« Er fixierte Singleton mit seinen grauen Augen. »Aber ich erwarte von Ihnen, daß Sie sich freiwillig bereit erklären, Macpherson zu vertreten, bis wir Sie in Grönland an Land setzen können. Ah, Mr. Q, kommen Sie doch bitte mit Ihrem Oktanten aufs Achterdeck und bringen Sie auch meinen Sextanten mit. Frey soll den Chronometer holen...«

Als der Kommandant mit Quilhampton sprach, wandte Singleton sich zum Gehen. Wind und Gischt peitschten ihm jetzt voll ins Gesicht, und der Schock verschlug ihm den Atem.

Fähnrich Lord Walmsley nickte dem Backschafter zu. Die schmutzige Decke wurde von dem Behelfstisch gezogen, und der Backschafter stellte das Kästchen aus Rosenholz vor seine Lordschaft hin. Lord Walmsley zog einen Schlüssel aus der Tasche, schloß das Kästchen auf und schlug den Deckel zurück. Er nahm die beiden Gläser aus ihren mit feinem Tuch ausgeschlagenen Vertiefungen und stellte eins vor sich, das andere vor den Ehrenwerten Alexander Glencross hin, der aber genötigt war, beide Gläser schnell zu packen, damit sie nicht umfielen.

»Cognac, Glencross?«

»Wenn ich darum bitten darf, Mylord.«

Walmsley füllte beide Gläser randvoll und verstaute die Karaffe wieder im Kästchen, welches er sodann verschloß und zwischen seinen Füßen in Sicherheit brachte. Schließlich ergriff er sein Glass und hob es an den Mund.

»Die Gabel, Mr. Dutfield.«

»Aye, aye, Mylord.« Dutfield nahm die zu diesem Zweck auf dem Tisch bereitliegende Gabel und rammte sie in den Decksbalken, wo die schwache Beleuchtung des Cockpits ihr nur matte Reflexe entlockte. Walmsley und Glencross tranken ihren Cognac.

»Verdammt guter Tropfen, Walmsley.«

»Ah«, sagte Seine Lordschaft mit der Überlegenheit seiner siebzehn Jahre und seiner gesellschaftlichen Position. »Die Vorzüge des Friedens, wissen Sie?« Er runzelte die Stirn und starrte die beiden Fähnriche am anderen Ende des Tisches an.

»Sehen Sie nicht die Gabel?«

Mr. Frey fuhr von seinem Buch auf, schlug es mit einem Knall zu und ging eilig zu seiner Hängematte; Dutfields Gesicht nahm einen zugleich ärgerlichen und flehenden Ausdruck an. »Dürfte ich nicht...«

»Verdammt, Sie wissen doch genau, daß Sie nicht bleiben dürfen. Sie sind praktisch noch ein Kind, und wenn die Gabel im Decksbalken steckt, haben Sie sich schleunigst in die Hängematte zu begeben.«

Vor sich hinmurmelnd wandte Dutfield sich ab.

»Was haben Sie gesagt?«

»Nichts.«

Walmsleys Gesicht verzog sich zu einem arroganten Grinsen. »Dutfield, Sie haben Ihre Manieren vergessen. Daß der Große Demokrat das Prügeln im Cockpit verboten hat, hindert mich nicht daran, Ihre Hängematte während der Mittelwache abschneiden zu lassen. Na, wo bleiben Ihre Manieren?«

»Gute Nacht«, murmelte Dutfield, der seine Hängematte klarmachte.

»Sprechen Sie lauter, verdammt noch mal!«

»Gute Nacht! Sind Sie jetzt zufrieden?«

Walmsley schüttelte den Kopf. »Nein, Dutfield«, sagte Seine Lordschaft, während er Cognac nachfüllte, »das bin ich nicht. Was habe ich Ihnen denn über Manieren beigebracht. Dutfield, he? Sie sind das Kennzeichen eines Gentleman, erinnern Sie sich?«

»Gute Nacht, *Mylord*.«

»Ah...« Seine Lordschaft lehnte sich befriedigt zurück. »Sie sehen, Glencross, er ist gar nicht so ein Straßentölpel, wie man nach seinem Aussehen meinen könnte.«

»Schikanieren Sie Dutfield schon wieder?« Quilhampton betrat das Cockpit. »Seit wann haben Sie denn den Vorsitz in der Fähnrichsmesse, Walmsley?«

»Ah, der unschuldige Mr. Q mit seinem unbeschreiblichen Charme...« Walmsley bog sich vor Lachen, von seinem eigenen Witz überwältigt, und Glencross fiel albern kichernd ein.

»Gehen Sie zum Teufel, Walmsley. Und hören Sie lieber auf, dieses Zeug zu trinken, wenn Sie an Bord sind. Haben Sie nicht gesehen, in welchem Zustand der Arzt ist?«

»Macpherson verträgt Alkohol eben nicht so gut wie ein Gentleman.«

»Was Sie doch für dummes Zeug reden, Walmsley! Macpherson trinkt wegen einer inneren Leere oder Enttäuschung, und das hat ihm den Geist verwirrt. Der Rum hat seinen Körper zerstört, wie es auch die Syphilis nicht besser gekonnt hätte, und das gleiche wird mit Ihnen geschehen. Sie tragen schon den Stempel des Müßiggängers.«

»Wie können Sie wagen...«

»Halten Sie bloß die Luft an. Sie täten gut daran, den Abend mit der Lektüre von Hamilton Moore zu verbringen. Der Captain will morgen Ihre Logbücher sehen, zusammen mit einem Aufsatz über die Ermittlung der geographischen Länge durch Chronometer.«

»Verfluchter Mist!«

»Wo ist Mr. Frey?«

»Der hat sich brav in seine Hängematte geschlichen.«

»Gut. Sagen Sie ihm bitte, daß auch er sein Logbuch morgen dem Captain vorlegen soll. Gute Nacht.«

Quilhampton machte kehrt, um wieder an Deck zu gehen, und stieß dabei mit Singleton zusammen, der das Cockpit mit offensichtlichem Widerwillen betrat.

»Kopf hoch, Sir«, sagte er, während er in den düsteren Raum zurückblickte. »In einem Iglu ist es nicht viel anders.« Leise vor sich hinlachend, rannte er den Niedergang hinauf.

»Guten Abend, Gentleman«, sagte Singleton nachsichtig und strebte über das schwankende Deck dem Tisch zu.

Er setzte sich und begann in einem Predigtbuch zu lesen, ohne das feindselige Schweigen von Walmsley und Glencross zu beachten, die bei ihrem dritten Glas Cognac angekommen waren. Jetzt begannen sie einander übertriebene Geschichten von sexuellen Abenteuern zu erzählen, welche, wie Singleton genau wußte, nur darauf abzielten, ihn aus der Fassung zu bringen.

»Und dann, mein lieber Glencross, nahm ich sie von hinten. Ich sage Ihnen, das war ein Bocken und ein Ficken, daß Sie neidisch geworden wären. Und dabei hatte mich diese kleine Hexe eben noch so schüchtern angesehen... Was für ein Ritt!«

»Ah, Susie mochte es auch auf diese Weise. Ich habe Ihnen doch von Susie erzählt, der Zofe meiner Mutter? Sie brachte mir alles bei, auch wie's die Franzosen machen...« Glencross verdrehte die Augen in der Erinnerung und hätte sicherlich weitererzählt, wären sie nicht zur Wachablösung gerufen worden. Halb betrunken erhoben sie sich schwankend und legten ihr Ölzeug an.

Singleton stieß einen Seufzer der Erleichterung aus. Er wußte aus Erfahrung, daß Walmsley und Glencross nur noch unverschämter wurden, wenn er ihnen Vorhaltungen machte. Nun stützte er den Kopf in die Hände und schloß die Augen, konnte jedoch die Vorstellung von Susies Liebeskünsten nicht verdrängen.

Die Schiffsglocke schlug acht Glasen, und Walmsley und Glencross torkelten hinaus. Im Vorbeigehen gab Seine Lordschaft Dutfields Hängematte einen leichten Stoß mit der Schulter.

»Hör sofort damit auf, Dutfield«, sagte Walmsley mit mütterlicher Mißbilligung in der Stimme. »Oder du wirst ganz gewiß blind!«

Captain Drinkwater verglich die Logbücher seiner Fähnriche. Das von Mr. Frey war ein Genuß. Die Handschrift des Jungen war kraftvoll, der flüssige Bericht nur unterbrochen durch Skizzen der schottischen Ostküste und der Shetland-Inseln. Außerdem gab es da einige säuberliche Zeichnungen der beim Walfang verwendeten Waffen und Gerätschaften sowie ein schönes Aquarell von *Melusine* vor dem Leuchtturm von Spurn Head, wie sie die Walfänger aus dem Humber geleitete. Die anderen Bücher hatten jedoch nichts, was sie auszeichnete. Bei Wickham fanden sich zwar noch passable literarische Ansätze, aber das Log von Lord Walmsley war nur eine schludrige Kopie des Schiffstagebuchs. Walmsley enttäuschte ihn. Er war offensichtlich intelligent und hatte Glencross völlig unter seiner Fuchtel. Und jetzt waren sie beide betrunken zur ersten Wache erschienen – eine beunruhigende Geschichte. Drinkwater fluchte vor sich hin. So konnte die Disziplin im Nu untergraben werden. Seeleute, denen beim geringsten Anzeichen von Trunkenheit die Prügelstrafe drohte, würden kein Verständnis für einen Kommandanten aufbringen, der es zwei jungen Dachsen durchgehen ließ. Er war drauf und dran, nach den beiden zu schicken, beschloß dann jedoch angesichts der Tatsache, daß die nächtliche Eskapade nicht unbeobachtet geblieben war, ein der Öffentlichkeit des Vergehens entsprechendes Exempel zu statuieren. Oben in der Takelage war es in diesen Breiten verdammt kalt, dachte er grimmig.

»Mr. Singleton, Sir!« verkündete der Posten der Seesoldaten.

»Kommen Sie herein, Mr. Singleton, und nehmen Sie Platz. Was kann ich für Sie tun?«

»Zunächst habe ich etwas von Mr. Bourne auszurichten. Er läßt Ihnen mit seiner besten Empfehlung mitteilen, daß er die *Earl Percy* ungefähr drei Meilen in Lee achteraus gesichtet hat, von der *Provident* jedoch noch nichts zu sehen ist.«

»Danke. Ich glaubte, wir würden bei dem Sturm mehr Schiffe aus den Augen verlieren, aber diese Walfänger sind ausgezeichnete Seeleute. Nun, Sir, was haben Sie auf dem Herzen? Möchten Sie den Leuten am Sonntag vielleicht eine kleine Predigt halten?«

»Mit Vergnügen, Sir. Äh – die andere Angelegenheit, wegen der ich zu Ihnen komme, betrifft den Schiffsarzt.«

»Ah...«

»Sir, Macpherson nimmt kaum etwas zu sich, und ich glaube nicht, daß man zu seiner Rettung noch viel tun kann. Sein Stöhnen beginnt die Leute zu stören, dazu faselt er fast pausenlos zusammenhangloses Zeug.«

»Sie haben ihn sich angesehen?«

Singleton seufzte. »Es sieht ganz so aus, als hätten Sie gewonnen, Sir.«

Drinkwater lächelte. »Lassen Sie sich's nicht verdrießen, Mr. Singleton. Bestimmt möchten Sie doch Ihre Tage an Bord nicht mit Nichtstun verschwenden. Wenn Ihnen meine Dankbarkeit ein kleiner Trost ist – Sie haben sie in vollem Maße.«

»Danke, Sir. Aber auch wenn Sie mich an Land gebracht haben, werden Sie auf ärztliche Hilfe nicht ganz verzichten müssen, da jeder Walfänger einen Arzt an Bord hat. Außerdem werde ich mich bemühen, den fähigsten meiner beiden Helfer so gut wie möglich auszubilden.«

»Ausgezeichnet. Ich werde die notwendigen Änderungen in den Schiffspapieren vornehmen und Ihnen die Macpherson zustehenden Vergütungen...«

»Nein, Sir«, unterbrach Singleton. »Ich glaube, er hat noch eine Tochter. Ich brauche in Grönland kein Geld, und die Tochter hat es vielleicht nötiger.«

»Sehr großzügig von Ihnen.«

»Um eines möchte ich Sie jedoch bitten, Captain Drinkwater.«

»Und das wäre?«

»Daß wir Macpherson in den Laderaum schaffen und ich in seiner Kammer wohnen darf.«

Drinkwater nickte. »Natürlich, Mr. Singleton. Ich bin Ihnen wirklich sehr verbunden.«

Der Wind wurde mit Einbruch der Nacht wieder stärker, und Drinkwater wartete, bis zwei Glasen der ersten Wache vorüber waren. Als Verfechter von Middletons Drei-Wachen-System wußte er immer im voraus, wer zu welcher Zeit an Deck zu sein hatte, ohne sich ständig wechselnde Namen einprägen zu müssen. Nun warf er seinen Mantel um und begab sich an Deck.

Die *Melusine* lag so schräg, daß ihre Leereling ins Wasser tauchte und die Kuhl überschwemmt wurde. Die Luft war feucht und kalt, die Wolken hingen tief, dämpften aber nur das immerwährende Tageslicht des arktischen Sommers. Es war kurz nach neun Uhr Bordzeit, und in diesen Breiten würde die Sonne erst in einigen Wochen untergehen.

Drinkwater strebte auf die Leereling zu, warf einen Blick auf den Konvoi und stellte fest, daß die *Nimrod* achteraus gesackt war.

»Mr. Rispin, lassen Sie die Fähnriche der Wache *Nimrods* Zahlenwimpel setzen und signalisieren, daß sie zum Kommodore aufschließen soll.«

»Aye, aye, Sir.«

Drinkwater ging jetzt hinüber nach Luv, wo der Wind durch die hochragende Schiffsseite abgelenkt wurde. Hier schritt er nachdenklich auf und ab, anscheinend in ein schwerwiegendes Problem vertieft, während er in Wirklichkeit beobachtete, wie die beiden Fähnriche an ihre einfache Arbeit gingen. Nach einer kleinen Weile rief er den Leutnant der Wache.

»Mr. Rispin, ich habe befohlen, daß die Fähnriche der Wache das Signal setzen sollen. Schicken Sie also den Signalgast zurück. Wie können die jungen Herren etwas lernen, wenn sie nicht gelegentlich selbst praktische Erfahrungen sammeln?«

Der Wind war jetzt so stark, daß die Handhabung der Flaggleine eine gewisse Routine voraussetzte.

Drinkwater, der schon mit unklaren Leinen oder sogar mit dem Loskommen des Falls gerechnet hatte, war insgeheim erfreut, als er sah, wie der Wimpel für die Zahl fünf verkehrt herum gehißt wurde.

»Mr. Rispin!«

»Sir?«

»Lassen Sie den Signalgast wieder nach achtern kommen und den jungen Herren zeigen, wie die Zahlenwimpel richtig anzustecken sind.« Er sprach absichtlich so laut, daß die Wache an Deck alles verstand. Auf einigen Gesichtern bemerkte er verstohlenes Grinsen.

Als das Signal vorgeheißt und die *Nimrod* durch einen Kanonenschuß aufmerksam gemacht worden war, rief Drinkwater die beiden Fähnriche zu sich.

»Nun, Gentlemen. Wie erklären Sie sich Ihre abgrundtiefe Unwissenheit?«

»Ein kleiner Irrtum, Sir«, sagte Walmsley.

Drinkwater beugte sich vor. »Ich stelle fest, Sir«, sagte er, »daß Sie Alkohol getrunken haben. Und was ist mit Ihnen, Mr. Glencross?«

»Wir sind nicht betrunken, Sir«, antwortete Walmsley an seiner Stelle.

»Natürlich sind Sie nicht betrunken, Mr. Walmsley. Ein Gentleman betrinkt sich doch nicht, oder?«

Die Fähnriche schüttelten zerknirscht den Kopf. Erfahrung hatte sie gelehrt, daß sie mit Demut am besten davonkamen.

»Die Sache ist nur, daß ich an Ihren Qualitäten als Gentlemen nicht sonderlich interessiert bin. Gentlemen findet man im Gefolge des Oberbürgermeisters von London. Man findet Gentlemen, die sich lässig in Bath oder Tunbridge ergehen, auch finden sich jede Menge Gentlemen in den Messen von Seiner Majestät Garderegimentern. Das sind die richtigen Plätze für Gentlemen, die nichts anderes auszeichnet als die Fähigkeit, eine Menge Cognac zu vertragen. Es finden sich vielleicht auch Gentlemen auf dem Achterdeck eines britischen Kriegsschiffes, aber die haben kein Recht, dort zu sein, wenn sie nicht erstens Seeleute und zweitens Offiziere sind und ihren Männern ein Vorbild. In ein paar Jahren werden Sie Männer für das gleiche Vergehen, zu dem Sie Ihre vornehme Herkunft heute verführt hat, auspeitschen lassen. Deshalb, Mr. Glencross, in den Vortopp mit Ihnen. Mr. Walmsley, in den Großtopp. Dort können Sie über meine Worte nachdenken.«

Er beobachtete, wie die beiden jungen Männer aufzuentern begannen. »Mr. Rispin, rufen Sie sie bei acht Glasen wieder herunter. Aber keinen Moment früher.«

SIEBTES KAPITEL

Juni 1803

Die ersten Wale

Drinkwater kehrte dem Heckfenster den Rücken, setzte sich an den Tisch und zog das offen daliegende Schiffstagebuch zu sich heran. Das helle Sonnenlicht, von der Meeresoberfläche reflektiert, beleuchtete die Decke seiner Kajüte und den Schreibtisch. Er ergriff seinen Federhalter und begann zu schreiben:

Die Schiffe, die sich für das Fanggebiet bei Spitzbergen entschieden haben, verließen uns auf 72° N und 8° O. Zu den in meiner Obhut verbliebenen Schiffen zählen die Faithful *unter Kapitän Sawyers und die* Narwal *unter Kapitän Harvey. Beide Kapitäne haben sich äußerlich stark verändert, da sie es ablehnen, sich nördlich des Polarkreises zu rasieren.*

Am nächsten Morgen flaute der Wind ab, und die Luft war von kristallklarer Reinheit. Gegen Abend bemerkte ich tief über dem nördlichen Horizont ein seltsames Leuchten. Die Walfänger nennen es »Eisblink«. Um Mitternacht – wenn man eine Zeit nächtlich nennen soll, in der nicht einmal die Notwendigkeit besteht, die Kompaßlampen anzuzünden – erhob sich eine stetige Brise, worauf die Schiffe jeden Fetzen Segeltuch setzten und nach Norden liefen. Morgens war der Eisblink noch ausgeprägter und die See merkwürdig zähflüssig. Außerdem lag eine unheimliche, aber kaum spürbare Veränderung in der Luft, für die am ehesten noch die Geruchsorgane empfänglich schienen. Um die Mittagszeit wurde der Grund für diese seltsamen Phänomene sichtbar: Eisfelder im Norden und Westen. Die Vorteile eines Krähennestes leuchteten mir dabei sofort ein. Alles wohl an Bord …

Er wurde durch einen lauten, wenn auch entfernten Schrei abgelenkt, der aus dem Laderaum zu kommen schien und ihn an den bedauernswerten und jetzt verrückt gewordenen Macpherson erinnerte.

... außer dem Arzt, dessen schlechter Zustand, schon allein durch die Art seines Leidens, die Besatzung beunruhigt.

Aber es war gar nicht Macpherson gewesen, der da geschrien hatte. Eine Faust hämmerte entschlossen gegen die Tür, und Quilhampton steckte aufgeregt den Kopf herein. »Wale, Sir! Sie haben die Boote zu Wasser gelassen und sind hinter ihnen her!«

»Ich komme sofort nach oben.«

An Deck sah Drinkwater die Wale sofort: drei dunkle Buckel, die langsam auf *Melusine* zuschwammen. Ihre breiten Schädel hinterließen nur eine schwache Spur in der ruhigen See, und lediglich ein paar kleine Wirbel kündeten von der Kraft ihrer mächtigen Schwanzflossen. Einer von ihnen schien jetzt schneller zu werden, ein dünner Wasserstrahl sprühte dampfend aus seinem Blasloch. Mit kaum einhundert Fuß Abstand passierten sie das Heck der *Melusine*; Drinkwater konnte ganz deutlich warzenartige Erhebungen auf ihren Rücken und die Schließmuskeln des Blaslochs erkennen.

Von den Männern der Wache, die an der Reling und in den unteren Wanten standen, hörte man keinen Laut. Etwas zutiefst Ehrfurchtgebietendes lag in den Bewegungen dieser drei Riesen, die sich in pompöser Unschuld durch das planktonreiche Wasser wälzten. Doch dann näherten sich in energischer Verfolgung die Boote, und die Leute der *Melusine* begannen, ihre Kameraden anzufeuern. Drinkwater bemerkte Sawyers junior als Bugmann im zweiten Boot der *Faithful*. Der achtern stehende Bootssteurer beugte sich über den langen Steuerriemen, hinter sich die an einem Stock befestigte bunte Flagge, mit der sie dem Mutterschiff Signale gaben.

Drinkwater sah auch Elijah Pucill im ersten Boot der *Faithful* vorbeikommen. Über ein Dutzend Boote hatten die Verfolgung aufgenommen, und ihre Besatzungen pullten so hart, daß sich die Riemenschäfte bogen. Auf den Mutterschiffen holte man inzwischen die Brassen dicht, um sich bei dem schwachen Wind so weit wie möglich an die Boote heranzuarbeiten.

»Halten Sie sich von den Walfängern gut frei, Mr. Hill, und lassen Sie die Rahen erst dann anbrassen, wenn wir ihnen in ausreichendem Abstand folgen können.«

»Aye, aye, Sir.«

Drinkwater spähte wieder nach den Walen aus, doch sie waren von der Oberfläche verschwunden. Die Boote verlangsamten ihre Fahrt; er beobachtete, wie einige kreisende Raubmöwen plötzlich nach Süden abschwenkten, und fragte sich, ob sie den Walen folgten.

Nach wenigen Minuten nahmen die Boote wieder Fahrt auf und folgten ihrerseits den Möwen. Zwei hatten jedoch rechtwinklig abgedreht, und Drinkwater stellte interessiert fest, daß es sich um die Boote der *Faithful* handelte. Er schwang sich auf die Reling und holte sein Dollond-Glas heraus.

Bei den Booten im Süden entstand plötzlich große Aktivität. Eines hatte seine Harpune fest, wie an der Stellung der Flagge zu sehen war, und wurde jetzt vom Wal mitgeschleppt. Die anderen setzten ihm eifrig nach. Drinkwater richtete sein Glas auf Sawyers und Pucill von der *Faithful*. Sie waren nicht mehr als acht Kabellängen entfernt, er konnte beide Männer im Bug ihrer Boote stehen sehen.

Ein ferner Ruf ertönte, und Drinkwater erblickte den Wal. Sofort flog eine Harpune durch die Luft, und gleich darauf konnte Sawyers' Bootssteurer die Flagge setzen. Pucill hatte seine Harpune fallen gelassen und war wieder an seinen Riemen gegangen, als Sawyers' Boot Fahrt aufnahm. Dünner Rauch stieg vorn aus dem Boot auf, und Drinkwater erinnerte sich an den hölzernen Poller. Er sah, wie die heißlaufende Leine mit Wasser aus der Pütz gekühlt wurde, und dann hörte das Vorwärtsstürmen des Wales abrupt auf: Er tauchte. Inzwischen war auch Pucills Boot heran. Im Glas konnte Drinkwater sehen, daß Pucill sich wieder erhob und ebenso wie Sawyers seine Lanze zur Hand nahm. So verharrten sie mehrere Minuten lang, ohne sich zu rühren. Drinkwater setzte sein Glas ab und rieb sich das rechte Auge. Wie aus dem Nichts hatte sich über dieser Stelle im Ozean eine ganze Wolke Seevögel versammelt. Plötzlich, als hätten ihre Schreie ihn herbeigerufen, tauchte der Wal auf. Den Bruchteil einer Sekunde zeigte er den riesigen, häßlichen Kopf mit dem breiten, glänzenden Tor des Maules, das an ein mittelalterliches Fallgitter erinnerte; die Unterlippe mit den weißen Hautflecken war wie die groteske Karikatur einer Negerlippe geschürzt. Die Lanzen fanden ihr Ziel, und mit einem mächtigen Flossenschlag tauchte der Kopf wieder unter; der breite Rücken schien sich herumzuwälzen. Dann hob sich der Schwanz mit der riesigen waagrechten Flosse hoch aus dem Wasser und stieg drohend über den Booten empor, die eilig davonruderten. Der Schlag, mit dem er aufs Wasser traf, hörte sich fast wie ein Kanonenschuß an. Die Besatzungsmitglieder der *Melusine* sahen den blassen Schimmer des Bauches, als die Boote sich wieder näherten, um ihrer Beute den Garaus zu machen. Die Lanzen blitzten in der Sonne, als das gewaltige Tier sich im Todeskampf zu schütteln schien. Dann wurde Drinkwater gewahr, daß sich die See um die Boote rot zu färben begann. Der Wal war verendet.

Kurz vor Mittag am 13. Juni 1803, schrieb Drinkwater, *sind wir auf 74°25' N und 2°50' O ins Packeis vorgestoßen. Wir haben jeden Tag Wale gesehen und erfolgreich gejagt. Die Kapitäne reden jetzt von einem guten Jahr, was mich nach den anfänglich düsteren Erwartungen besonders freut. Trotz leichtem Wind haben die Wachen alle Hände voll zu tun, das Schiff durchs Eis zu manövrieren. Den Offizieren tut diese Erfahrung außerordentlich gut, und ich hege jetzt weniger Bedenken hinsichtlich ihrer Fähigkeiten. Mr. Q rechtfertigt weiterhin mein Vertrauen, und Mr. Hill ist als Navigator und Segelmeister einfach unentbehrlich. Mr. Germaney scheint mir nicht ganz gesund und wirkt apathisch, aber Singleton mag sich dazu nicht äußern; seiner Ansicht nach leidet er an Trübsinn, doch damit will er mich wohl nur über die wahre Natur seiner Beschwerden hinwegtäuschen.*

Die Besatzung ist von Mr. Mount im Gebrauch des Entermessers und der Handfeuerwaffen gedrillt worden; kürzlich, als wir nach Art der Walfänger an einer großen Eisscholle festmachten, konnte sie sogar Fußball spielen.

Mit Fleisch sind wir reichlich versorgt; insbesondere die Enten schmecken ausgezeichnet. Außerdem erlegten wir Robben und Walrosse. Beim Flensen werden die Kadaver der Wale häufig von Haien angegriffen, einem braunen oder grünen Fisch von zwanzig Fuß Länge und mehr. Als besonderes Merkmal besitzt er einen seltsamen, von der Iris seines Auges ausgehenden Fortsatz. Sein Fleisch schmeckt sehr gut.

Wir haben einige mächtige Eisberge gesehen. Ihre Formen sind phantastisch und von zauberhafter Schönheit und spotten jeder Beschreibung. Im Sonnenlicht wechseln ihre Farben von leuchtendem Weiß bis zu einem Blau von ...

Drinkwater hielt inne. Der ehrfurchtgebietende Anblick seines ersten Eisberges hatte ihn auf seltsame Art beunruhigt. Dann fiel es ihm plötzlich ein: Von jenem blassen, eiskalten Blau waren auch Ellerbys Augen gewesen. Er schüttelte den Kopf, als wolle er einen bösen

Traum vertreiben. Ellerby stand mit seinem Schiff zweihundertfünfzig Meilen weiter nordöstlich, den konnte er getrost vergessen. Er setzte seine Eintragung ins Schiffstagebuch fort:

...eindrucksvoller Schönheit. Wir haben sie bei unseren Schießübungen als Zielscheibe benutzt, was den Leuten sehr viel Spaß gemacht hat, besonders wenn sie große Klumpen aus diesen starren Eiswällen herausbrechen konnten.

Drinkwater legte den Federhalter auf den Tisch und massierte seine Schulter. Die häufigen Fechtübungen hatten ihr zweifellos gut getan, aber die Kälte in diesen Breiten durchdrang langsam alles, und die Muskeln schmerzten manchmal unerträglich. Palgraves Weinkaraffe lockte ihn, aber er widerstand der Versuchung. Besser war es, sich durch ein schnelles Aufentern in dieses neumodische Krähennest abzulenken. Er zog seinen Mantel über und verließ die Kajüte. Als er an Deck kam, verschlug ihm die Kälte schier den Atem. Er stieg in die Großwanten und begann aufzuentern.

Das Krähennest war eigentlich nur ein oben offener Kasten mit hohen Wänden, von Eisenbändern umgürtet, der durch eine Bodenklappe betreten werden konnte. Innen befand sich ein Haken zum Aufhängen des Sprachrohrs und eine Halterung für das Teleskop. Von der Bramsaling aus befahl Drinkwater dem Ausguck, seinen Platz zu räumen, stieg dann die letzten paar Fuß nach oben und zwängte sich durch die Bodenklappe.

»Nichts Ungewöhnliches zu sehen, Euer Gnaden«, hatte der Ausguck gemeldet, als sie in der Takelage aneinander vorbeikletterten. Auf der geschlossenen Bodenklappe stehend, suchte Drinkwater mit dem Glas den Horizont ab. Im Süden konnte er offenes Wasser und einen Walfänger erkennen, den er als eines der Schiffe aus Whitby identifizierte. Im Norden, keine Meile entfernt, schloß sich das Treibeis zu lockerem Packeis zusammen; bei einer Sichtweite von über vierzig Meilen konnte er alle seine Schutzbefohlenen darin ausmachen und sah, daß die meisten ihre Boote ausgesetzt hatten. Ein erlegter Wal wurde mit der Schwanzflosse voran zum Schiff geschleppt, während zwei andere Walfänger schon mit Flensen beschäftigt waren.

Drei oder vier Meilen entfernt ragten die hohen Zinnen mehrerer Eisberge auf, und zehn Meilen im Nordnordosten lag ein gigantischer Eisklotz wie eine monströse Ritterburg im Wasser.

Zufrieden hob er die Bodenklappe mit der Fußspitze am Stropp in die Höhe und stieg vorsichtig durch die Öffnung. Er nickte dem auf der Saling wartenden Seemann zu und sagte: »Alles klar, Appleyard, gehen Sie wieder nach oben.«

»Aye, aye, Sir.« Der Mann verschwand eilig in der relativen Geborgenheit des Krähennestes, und Drinkwater bemerkte, wie unzulänglich er gegen die Kälte geschützt war. Er stieg wieder hinab aufs Deck, wo Bourne, der Offizier der Wache, ihn begrüßte. Drinkwater hatte der Ausflug ins Krähennest angeregt. »Mr. Bourne, ich möchte Sie und die Fähnriche bitten, mir heute beim Essen Gesellschaft zu leisten«, sagte er gutgelaunt. Unter Deck wies er Mr. Pater, den Zahlmeister an, den Toppgasten fürs Krähennest zusätzlich warme Kleidung auf seine Rechnung auszugeben. Dann ließ er Mr. Mount kommen.

»Sir?« Der Anführer der Seesoldaten stand in strammer Haltung vor ihm.

»Ah, Mr. Mount, ich möchte, daß Sie jede Gelegenheit nutzen, um Robben und Eisbären zu jagen, damit wir uns noch Fellbekleidung gegen die Kälte anfertigen können. Wenden Sie sich an Mr. Germaney und lassen Sie sich ein Boot geben. Als Rückrufsignal machen wir drei Kanonenschüsse aus.«

»Jawohl, Sir. Ich werde mein Bestes tun.«

»Ich sah eben ein paar Robben, die sich zwei Meilen östlich von hier auf einer Eisscholle sonnten.«

»Danke, Sir. Ich stelle gleich einen Trupp zusammen, und dann wollen wir mal sehen, was wir ausrichten können.«

Drinkwater beobachtete, wie die Jäger von Bord gingen. Dem Trupp von Mount, Bourne, Quilhampton und Frey, die den Kutter für die Jagdexpedition ausgerüstet hatten, als wollten sie ein Picknick veranstalten, hatten sich in letzter Minute noch Walmsley und Glencross angeschlossen. Mr. Germaney hatte für Bourne die Wache an Deck übernommen, und Mount hatte dafür gesorgt, daß die Seeleute, die den Kutter pullten, ihre Entermesser mitführten, damit sie die Beute gleich häuten und zerlegen konnten.

Drinkwater wies Germaney an, beim ersten Anzeichen von Nebel das Rückrufsignal zu geben.

In der stillen Luft hörte er mehrere Schüsse, als er durch das offene Heckfenster die Lufttemperatur maß und ein Thermometer in die See hinabließ. Anschließend setzte er sich an seinen Schreibtisch, blies in die Hände und begann zu schreiben:

Kapitän Sawyers ist zuversichtlich, daß es eine gute Saison wird. Die See ist von einem satten Grün, was nach seinen Worten auf eine Fülle von Plankton und Krill hindeutet, winzige Lebensformen, die dem Mysticetus als Nahrung dienen. Seine Leute haben einen Finnwal erlegt, eine Spezies von geringer Qualität, die wenig Öl liefert und nicht schwimmfähig bleibt, sondern versinkt, wenn sie stirbt.

Diese Region ist von einer seltsamen, distanzierten Schönheit, und die Realitäten des Krieges scheinen fern und unwirklich.

Drinkwater klappte das Tintenfaß zu und lehnte sich in seinem Stuhl zurück. Fünf Minuten später war er eingeschlafen.

Er wurde durch verworrene Geräusche und wildes Durcheinander geweckt und dachte im ersten Moment an einen feindlichen Angriff. Er hatte zwei Stunden geschlafen und fühlte sich steif und unbehaglich. Aufs höchste beunruhigt eilte er in der ersten Benommenheit schon zur Tür, als er die Hallos und das Gelächter hörte. Da wußte er, daß es sich um die zurückgekehrten Jäger handelte, und ließ sich brummend wieder auf seinen Stuhl fallen.

»Mein Bootsführer soll kommen!« rief er dem Posten vor der Tür zu und hörte, wie der Befehl weitergegeben wurde. Dann klopfte es, und Tregembo trat mit der Vertrautheit eines alten Dieners ein.

»Kaffee, Sir?«

»Ja, und ein Bad.«

»Ein Bad, Sir?«

»Ja, ein kaltes Seewasserbad! Den drei Bootsbesatzungen, die unlängst beim Walfang zu Bach gegangen sind, hat es nichts geschadet, und mich wird es auch nicht umbringen.«

»Aye, aye, Sir.« Das klang mißbilligend.

»Und stellen Sie fest, was unsere Jäger erbeutet haben.«

Trotz allem fand Drinkwater das Bad unglaublich kalt. Als jedoch nach dem Abtrocknen sein Blut schneller strömte und er das von Tregembo bereitgelegte frische Unterzeug angezogen hatte, fühlte er sich wie neugeboren. Was er im Schiffstagebuch nicht erwähnt hatte, was ihm aber beim Aufwachen Unbehagen bereitet hatte, war seine wachsende Überzeugung, daß *Melusines* Einsatz in der Arktis eine reine Formalität war. Die eigenartige Schönheit der Region machte ihn keineswegs blind für die Gefahren durch Nebel und Sturm, und das Bewußtsein, sein Schiff hier nutzlos zu gefährden, belastete ihn.

Er zog gerade ein neues Hemd an, als der Steward den Kaffee brachte.

»Danke, Cawkwell. Richten Sie Mr. Mount aus, daß ich ihn zu sehen wünsche.«

»Jawohl, Sir«, flüsterte Cawkwell, ein demütiger, farbloser Mensch, der vor jedermann in ehrfürchtiger Scheu zu erstarren schien. Drinkwater hatte den Verdacht, daß Tregembo ihn allein deshalb als Diener ausgesucht hatte.

»Ich riet Mr. Mount zu warten, bis Sie Ihr Bad genommen haben, Sir«, gestand Tregembo und wartete, bis Cawkwell die Kajüte verlassen hatte. »Und nicht mehr ganz so trübsinnig sind«, setzte er dann hinzu.

Drinkwater sah auf. »Verdammt, Tregembo, du bist unverschämt!« Tregembo grinste. »Du solltest es mal selbst mit einem Bad versuchen.«

Tregembo schniefte verächtlich, und ein Klopfen an der Tür setzte den Vertraulichkeiten ein Ende. Mount, noch im langen Mantel, betrat die Kajüte.

»Ah, Mr. Mount, was für Erfolge können Sie melden?«

»Eine großartige Strecke, Sir! Elf Robben und« –, seine Augen leuchteten triumphierend – »ein Eisbär, Sir!«

»Ein ausgewachsener?«

»Jawohl, Sir. Mr. Frey entdeckte ihn schlafend neben einer Robbe, die er geschlagen und teilweise gefressen hatte. Er bekam Wind von uns und flüchtete durchs Wasser auf eine andere Eisscholle, aber Quilhampton und ich konnten einen Treffer anbringen. Er machte sich wieder davon, doch wir riefen das Boot heran, und ich konnte ihn dann auf sechzig Fuß mit einem Kopfschuß niederstrecken.«

Drinkwater hob die Augenbrauen. »In der Tat ein Erfolg, Mr. Mount, ich gratuliere.«

»Danke, Sir.«

»Lassen Sie die Häute sorgfältig schaben. Ich habe schon Mr. Germaney gebeten festzustellen, ob jemand von der Besatzung etwas vom Gerben versteht.«

»Jawohl, Sir. Aber da wäre noch eine Sache, Sir.«

»Ja?«

»Wir haben einen Eskimo mitgebracht, Sir.«

»Sie haben – *was*?«

»Einen Eskimo mitgebracht.«

»Du meine Güte!« Jetzt hielt es Drinkwater nicht länger unter Deck. Der Eskimo erwies sich als junger Mann mit wettergegerbtem Gesicht, der in Fellkleidern steckte. Seine dunklen Mandelaugen waren trüb vor Furcht und Schmerz, und er preßte den linken Arm mit der rechten Hand an den Körper. Mr. Singleton war gerade dabei, ihn zu untersuchen.

»Ein prächtiger Inuit, Captain«, sagte der Missionar, »ungefähr zwanzig Jahre alt, aber mit einem komplizierten Bruch des linken Unterarms und starken Prellungen. Wie ich höre, hat er sich gegen Mount und seine Leute gewehrt.«

»Aha. Aber was sollen wir mit ihm anfangen? Wir können ihn ja mit seinem kaputten Arm nicht einfach laufen lassen, aber ihn hier festzuhalten, scheint mir auch nicht besser. Vielleicht sind seine Jagdgenossen oder seine Familie in der Nähe?« Drinkwater wandte sich an Mount. »Haben Sie noch weitere Eskimos bemerkt?«

»Nein, Sir. Mr. Frey erstieg einen Eisberg und suchte den Horizont ab, aber es waren keine mehr zu sehen. Der Bursche hat sehr viel Glück gehabt, Sir, denn hätte er sich nicht gerade bewegt, wären wir an ihm vorbeigefahren.«

»Womit er eine Beute der Eisbären geworden wäre?«

»Ohne Zweifel, Sir.«

Singleton hatte seine Hand unter das Wams des Eskimo geschoben und tastete seinen Bauch ab. Merkwürdigerweise schien das den Mann nicht zu stören, er begann, auf seinen Mund zu deuten.

»Er scheint schon eine ganze Weile nichts gegessen zu haben.« Singleton trat einen Schritt zurück. »Außerdem bezweifle ich, daß er jemals mit Seife in Berührung gekommen ist.« Einige der Herumstehenden rümpften angewidert die Nase.

»Also bringen Sie ihn nach unten und versorgen Sie ihn. Und geben Sie dem armen Teufel etwas Laudanum gegen die Schmerzen.« Als er sich zum Gehen wandte, prallte er beinahe mit dem kleinen Frey zusammen. »Ah, Mr. Frey...«

»Sir?«

»Könnten Sie wohl eine naturgetreue Zeichnung von unserem Freund machen?«

»Natürlich, Sir.«

»Sehr gut. Danke.«

Das Kapitänsessen war ein großer Erfolg. Die aus der Offiziersmesse herbeigeschaffte Back bog sich förmlich unter der Last des frischen Fleisches, eine ungewöhnliche Kost auf einem Kriegsschiff. Im Versuch, seinen Kommandanten wieder zu besänftigen, hatte Lord Walmsley Drinkwater zwei Flaschen Cognac angeboten, welche dieser auch genommen hatte. Die Gespräche drehten sich natürlich um den abenteuerlichen Jagdausflug, und Drinkwater erfuhr alles aus erster Hand. »Nun, Mr. Singleton«, sagte er schließlich, sich an den einzig Nüchternen wendend, »was für einen Eindruck haben Sie denn von unserem Eskimo?«

»Er heißt Meetuck, Sir, und hat offensichtlich Angst vor Weißen, obwohl er sich wohl mit uns abgefunden hat, nachdem wir ihm Fleisch vorgesetzt haben.«

»Welches er roh verschlungen hat«, warf Frey eifrig ein.

»Wie er behauptet, kommt er aus Nagtoralik, was soviel wie ›Ort mit Adlern‹ bedeutet. Das braucht jedoch keineswegs eine Ortschaft in unserem Sinne zu sein, denn diese Leute sind Nomaden und folgen ihrer Jagdbeute. Er sagt...«

»Entschuldigen Sie, wenn ich unterbreche, Mr. Singleton, aber ist daraus zu entnehmen, daß Sie sich mit ihm unterhalten können?«

Singleton lächelte. »Na ja, nicht direkt unterhalten, Sir, aber ich verstehe einige Wörter. In Verbindung mit Gesten und Mr. Freys Zeichnungen fanden wir heraus, daß er ein *putulik* entdeckt hatte, ein Eisloch, wo er Fische angeln wollte, als ein Bär ihn angriff. Es gelang ihm zwar zu entkommen, doch stürzte er bei der Flucht und brach sich den Arm.«

»Erzählen Sie uns doch, Mr. Singleton, wie Sie dazu kamen, die Eskimosprache zu lernen«, bat Mount.

Singleton beugte sich eifrig vor. »Die Skandinavier waren die ersten Europäer, die irgendwann ihm zehnten Jahrhundert die Küste Grönlands erreichten. Ihre Siedlungen überdauerten viele Generationen, bis sie schließlich von den Eskimos zerstört wurden. Als der Engländer John Davis Grönland 1585 wiederentdeckte, fand er dort nur Eskimos vor. Davis war es auch« – hierbei richtete er den Blick wie ein Schulmeister auf die Fähnriche –, »nach dem die Meeresstraße zwischen Grönland und Nordamerika benannt wurde.

»Der dänische Lutheraner Hans Egedé hatte später die Möglichkeit, die Sprache der Inuit zu studieren, bevor er sich mit seiner Familie und vierzig weiteren Seelen einschiffte, um eine Kolonie an der Westküste Grönlands zu gründen. Als er nach dem Tod seiner Frau nach Kopenhagen zurückkehrte, schrieb er ein Buch über seine Arbeit bei den Inuit, wie sie sich selbst nennen. Fünfzehn Jahre lang hatte er ihnen das Evangelium gepredigt. Sein Sohn Povel blieb in Grönland und beendete eine Übersetzung des Neuen Testaments, eines Katechismus und eines Gebetbuchs in die Inuit-Sprache. Povel Egedé starb 1789 in Kopenhagen, und ich studierte dort bei einem seiner Assistenten.«

Singleton machte eine Pause, und diesmal war es Drinkwater, auf den er seinen Blick richtete. »Ich weigerte mich, die Stadt während der kürzlichen Feindseligkeiten zu verlassen, und habe daher miterlebt, wie sie von Lord Nelson bombardiert wurde.«

»Das muß eine interessante Erfahrung gewesen sein«, sagte Drinkwater, wobei er Singleton ruhig in die Augen sah.

»In der Tat, Captain Drinkwater. Damals gewann ich die Überzeugung, daß bewaffnete Macht keinem nützlichen Zweck dient.«

Ein Ruck ging durch die entspannt dasitzende Gesellschaft, als fühlten sich alle pauschal angegriffen. Ohne Ausnahme richteten sich die Blicke auf Drinkwater. Wie würde ihr Kommandant diese Beleidigung ihres Berufsstands zurückweisen? Drinkwater lächelte insgeheim und sah seinen Ersten Offizier an. Mr. Germaney hatte während der gesamten Mahlzeit nicht ein einziges Wort gesagt, den Cognac abgelehnt und kaum einen Bissen gegessen.

»Das, Mr. Singleton, ist eine interessante, wenn auch strittige Frage«, begann er. »Ich für meinen Teil würde nichts lieber tun, als mich Ihrer Meinung anzuschließen, wäre die Welt nur so vollkommen, wie es ihr Schöpfer vielleicht beabsichtigt hat. Aber da die Franzosen Ihre Ansicht nicht zu teilen scheinen, wird dieses Problem wahrscheinlich weiterhin akademischen Debatten vorbehalten bleiben. Nun, Mr. Germaney, was halten Sie denn von Mr. Singletons These?«

Der Erste Offizier schreckte auf und schien nicht recht zu wissen, um was es ging.

»Ich... Äh, ich habe dazu keine besondere Meinung, Sir«, sagte er schnell, in der Hoffnung, sich damit aus der Affäre gezogen zu haben. Erstaunt registrierte Drinkwater die geradezu ungeheuerliche Geistesabwesenheit Germaneys und wandte sich dann dem zornig dreinblickenden Offizier der Seesoldaten zu.

»Mr. Mount?«

»Mr. Singletons These ist absurd, Sir. Die Bibel ist voller Geschichten über die Anwendung von Gewalt. Hätte er bezweifelt, daß es klug war, die Zivilbevölkerung zu bombardieren, hätte ich seinen Argumenten vielleicht folgen können. Aber generell ist Gewalt keineswegs nutzlos...«

»Aber ist sie nicht oft Selbstzweck statt Mittel, Mr. Mount«, fragte Singleton, »und sollte man sie daher nicht verdammen, damit sie nicht aus falschen Beweggründen angewandt wird?«

»Ein Mann hört doch auch nicht auf, ein Gläschen Wein zu trinken, nur weil er vielleicht einmal sinnlos betrunken werden und dann ein Verbrechen begehen kann, oder?«

»Aber vielleicht sollte er das lieber tun, Mr. Mount«, sagte Singleton eisig, wobei er ein Glas Wasser zum Munde führte.

»Ich verstehe Sie nicht, Mr. Singleton«, meinte Hill. »Sie können leicht behaupten, daß die Welt ein besserer Ort wäre, wenn Kain Abel nicht erschlagen hätte. Da wir aber nicht im Paradies leben, können Sie doch wirklich nicht verlangen, daß wir uns aufgeben und unsere Feinde praktisch dazu auffordern, über uns hinwegzutrampeln.«

»Oder die andere Wange hinzuhalten und aus unseren Schwertern Pflugscharen zu schmieden«, ergänzte Mount ungläubig.

»Warum nicht?« fragte Singleton mit eindrucksvoller Schlichtheit.

Fassungsloses Schweigen senkte sich über die Runde, während sich alle bemühten, diese widernatürliche Idee zu verdauen. Dann jedoch explodierte die Tischgesellschaft förmlich, als die Offiziere sich vorbeugten und lauthals die Unmöglichkeit derartigen Verhaltens beteuerten. Die Vehemenz ihrer Rede ließ die Kerzen wild flackern. Aus dem Durcheinander hörte Drinkwater Satzbruchstücke wie: »Marschieren ungehindert nach London... Entehren unsere Frauen... Werfen unsere Ordnung über den Haufen... Vergewaltigung... Plünderung... Nationale Ehre...«

Er ließ der Reaktion noch einen Augenblick ihren Lauf, bevor er energisch auf den Tisch schlug.

»Gentlemen, bitte!« Es wurde ruhig. »Gentlemen, Sie müssen auf Mr. Singletons geistlichen Stand Rücksicht nehmen. So absurd seine Idee Ihnen vorkommen mag, so sehr müssen Ihre eigenen Reden ihm während der letzten Wochen zugesetzt haben. Zweifellos findet er Ihre Sprüche, wie Sie ›jedem verdammten Froschfresser den Hals aufschlitzen‹ wollen, genauso befremdlich. Von allgemeinen Aussagen wie ›jeden Mann auspeitschen, der die Kriegsartikel übertritt oder gegen die Borddisziplin verstößt‹ gar nicht zu reden. Doch beim Gottesdienst geben Sie sich recht andächtig, was Mr. Singleton danach fast als Heuchelei auslegen könnte, stimmt's?« Er sah sie der Reihe nach an und zwinkerte verschmitzt in die verblüfften Gesichter.

»Wenn wir aber abstrakte Erwägungen beiseitelassen und pragmatisch bleiben, werden Sie erkennen, daß wir alle Berufe erwählt haben, die Eifer und Hingabe erfordern. Bei Mr. Singleton ist es der Glaubenseifer und bei Ihnen der Diensteifer. An diesen Begriffen kann man nicht viel herumdeuteln, ohne spitzfindig und wortklauberisch zu werden. Ihre jeweiligen Standpunkte sind eben völlig unvereinbar. Und wenn zwei entgegengesetzte Thesen derart unvereinbar sind, dann halte ich jedes weitere Streitgespräch darüber für sinnlose Zeitverschwendung.«

Bei seinen letzten Worten blickte Drinkwater Singleton an. Der Mann schien enttäuscht, als habe er von ihm Unterstützung erwartet, was in Drinkwater ein vages Schuldgefühl hervorrief und ihn zu einer weiteren Erklärung veranlaßte.

»Ich glaube an die Vorsehung, Mr. Singleton, einen Begriff, welchen Sie vielleicht Gottes Wille nennen. Für mich schließt das alle Kräfte ein, von denen Theologen behaupten, daß sie von ›Gott‹ herrühren, und es erklärt auch einleuchtend all die anderen. Sehr viele Marineoffiziere teilen meine Überzeugung.«

»Dann glauben Sie also nicht an Gott, Captain Drinkwater«, stellte Singleton betrübt fest. »Ihr Intellekt steht Ihrer Bekehrung im Wege.«

Drinkwater neigte den Kopf. »Vielleicht.«

»Das erfüllt mich mit tiefer Traurigkeit, Sir«, antwortete Singleton leise.

»Mich auch, Mr. Singleton, mich auch. Aber wir können uns nun einmal keine Existenz vorstellen, die nicht an ein physisches Dasein gebunden ist, selbst ein gläubiger Mensch hält das ewige Leben für eine Art Verwandlung unserer physischen Existenz, bei der alle körperlichen Gebrechen, Häßlichkeiten und schlechten Anlagen verschwinden. Das ist zweifellos verständlich, wenn auch nicht viel weiter gedacht als die primitive Vorstellung unseres Eskimofreundes. Ich frage Sie alle als vernunftbegabte Wesen, die in einem Zeitalter der wissenschaftlichen Entdeckungen leben, und insbesondere als Seeleute, die immer wieder ungewöhnliche Phänomene der Athmosphäre beobachten – können Sie Zeugnis vom Aufenthaltsort körperlich nicht existierender Seelen geben? Natürlich nicht.«

»Sie bestreiten, daß es eine Wiederauferstehung gibt, Sir?«

Drinkwater zuckte die Schultern. »Ich habe zuviel vom Tode und zuwenig von der Wiederauferstehung gesehen, als daß ich großes Vertrauen in sie hätte.«

»Aber Sie sind ja ein Atheist!« rief Singleton.

»Durchaus nicht, Sir.« Drinkwater schenkte sich noch ein Glas ein. »Der Atheismus überläßt alles zu sehr dem Zufall, daran kann ich nicht glauben. Ich sehe vielmehr, daß alles nur auf einen Zweck ausgerichtet ist, der uns durch die Wissenschaft offenbart wird und der sich im göttlichen Wirken der Vorsehung manifestiert. Was nun den physischen Leib angeht, so werden Quilhampton, Hill und ich wie ein Trio gedoppelter Fregatten gerade noch zusammengehalten. Wenn der Feind unsere Kadaver aber noch einmal erfolgreich unter Feuer nimmt, dann bleibt von uns wahrscheinlich nicht allzuviel übrig, mit dem sich im Jenseits noch etwas anfangen ließe.«

Diese ironische Bemerkung erregte Gelächter am Tisch, machte jedoch gleichzeitig darauf aufmerksam, daß die drei Fähnriche fest eingeschlafen waren.

»Ich bin mit dem Kommandanten einer Meinung«, sagte Germaney plötzlich. »Dabei muß ich an eine Zeile von Herrick denken. Ah«, er überlegte einen Augenblick, setzte sich dann gerade hin und zitierte: »*Putrefaction is the end of all that nature doth intend.** Eine große Wahrheit steckt in diesem Vers, eine große Wahrheit.«

Drinkwater warf seinem Ersten Offizier einen durchdringenden Blick zu. Germaneys Schweigen war ihm genauso seltsam vorgekommen wie seine Zurückhaltung beim Trinken, und das Zitat, das er so aus dem Ärmel geschüttelt hatte, schien ihm eine geheime Bedeutung zu haben. Singleton spürte das anscheinend auch, denn er schien plötzlich abgeneigt, die Diskussion fortzusetzen; Drinkwater blieb ebenfalls stumm.

Mount erhob sich und dankte für die Einladung, worauf auch die übrigen seinem Beispiel folgten. Als die Stühle scharrend zurückgeschoben wurden, erwachten die Fähnriche und brachten schuldbewußt ihre Entschuldigungen vor. Drinkwater entließ sie mit einer nachsichtigen Gebärde.

Als sie die Kajüte verließen, rief er Singleton zurück. »Einen Augenblick, Mr. Singleton, wenn ich bitten darf.«

Drinkwater blies die Kerzen aus, die den Tisch beleuchtet hatten. Die Kajüte war jetzt nur noch durch die Mitternachtssonne schwach erleuchtet.

»Sie müssen nicht glauben, daß ich Ihren Beruf lächerlich machen will. Aber während meiner Genesung begegnete ich einem Priester Ihres Glaubens, dessen enorme geistige Arroganz ich außerordentlich abstoßend fand. Es ist nicht so, daß ich an nichts glaube, ich kann nur nicht so glauben wie Sie. Nach der Geburt meiner Kinder hatte ich das seltsame Gefühl, daß ich nun zu nichts mehr nütze sei. Alles was danach kommen würde, schien mir eitel und nichtig.«

Singleton hüstelte verlegen. »Sir, ich...«

»Machen Sie sich bitte um mich keine Sorgen, Mr. Singleton. Ich höre, daß Sie in Leek einen Konvertiten gewonnen haben, der nicht nur überzeugt ist von der Existenz Gottes, sondern auch überzeugend von Gott zu berichten weiß.«

* Alles, was Natur entwirft, endet in Verwesung.

»Leek war dem Tode durch Ertrinken sehr nahe, Sir, vielleicht wurde ihm ein klein wenig von dem großen Mysterium enthüllt.« Singleton meinte es offensichtlich ernst.

»Aber das Eingreifen der Wissenschaft verhinderte, daß er ihm allzu nahe kam; *Ihr* Wissen verhinderte es, Mr. Singleton.«

»Jetzt machen Sie sich über mich lustig.«

Drinkwater lachte. »Keineswegs. Vielleicht wissen wir für unser eigenes Wohl schon zuviel. Wie heißt es doch in der Bibel: ›Wenn ihr nicht werdet wie die Kinder...‹«

»Das ist vielleicht das Weiseste, was Sie bisher gesagt haben, Sir«, erwiderte Singleton, jetzt ebenfalls lächelnd.

»Na, dann gute Nacht.«

»Gute Nacht, Sir.«

Drinkwater ging an Deck. Mr. Rispin, der die Wache hatte, wies ihn auf das näherkommende Treibeis hin und identifizierte die in Sichtweite liegenden Walfänger. Der Wind war fast ganz eingeschlafen, und *Melusine* wurde nur von einer Restdünung sachte gewiegt. Rispins Nervosität irritierte Drinkwater, bis ihm einfiel, daß er selbst den ganzen Abend in recht trister Verfassung die Unterhaltung dominiert hatte. Aber, verdammt noch mal, ein Kapitän mußte schließlich das Recht haben, auch einmal Unsinn zu reden.

Leutnant Germaney saß in seiner Kammer und starrte nachdenklich auf ein Bündel parfümierter Briefe nieder, die mit einem Band zusammengehalten waren. Schließlich öffnete er die Laterne und nahm den Kerzenhalter heraus. Dann begann er, einen Brief nach dem anderen zu verbrennen, bis nur noch ein Häufchen Asche vor ihm lag.

Als er fertig war, ging er zu seiner Koje und öffnete ein Kästchen aus Walnußholz, das auf dem Bettzeug lag. Darin ruhten zwei Duellpistolen. Er nahm eine der beiden heraus und prüfte die Zündladung. Anschließend stellte er den Kerzenhalter sorgfältig in die Laterne zurück und hängte diese an ihren Haken.

Er setzte sich wieder an den Tisch und schob die Mündung der Pistole in seinen Mund. Einen Augenblick saß er ganz still; während der kalte Stahl gegen seine Zähne schlug, murmelte er leise: »Endet in Verwesung!«

Dann drückte er ab.

Achtes Kapitel

Juni 1803

Balaena Mysticetus *

»Warum, um Himmels willen, habe ich davon nichts erfahren?«

»Das besondere Vertrauensverhältnis zwischen einem Patienten und seinem Arzt...«

»Herrgott noch mal, Singleton, ich will doch nicht mit Ihnen streiten. Der Mann hätte krankgeschrieben werden müssen, genauso wie die anderen, die Lues oder den Tripper haben.«

Voller Selbstvorwürfe fluchte Drinkwater vor sich hin. »Mir fiel nur auf, daß er krankhaft deprimiert schien.«

»Ich bin nicht Ihr Schiffsarzt, Captain, vergessen Sie das nicht.«

»Nehmen Sie sich in acht, Sir, nehmen Sie sich in acht.«

Beide Männer starrten einander wütend über den Tisch hinweg an. Schließlich sagte Singleton: »Es scheint, wir haben unvereinbare Positionen bezogen. Sie in Einklang bringen zu wollen, wäre reine Zeitverschwendung – so haben Sie es kürzlich ausgedrückt.« Ein kaum wahrnehmbares Lächeln huschte über Singletons dunkle Züge.

Drinkwater seufzte, und beide Männer setzten sich, in Gedanken bei dem unglücklichen Lieutenant Francis Germaney, der mit zerschossenem Kopf in seiner Koje lag. Die *Melusine* rollte bei völliger Windstille auf einer langsam stärker werdenden Dünung inmitten von Treibeis. Strahlender Sonnenschein tanzte wie eine funkelnde Gloriole um einige grotesk geformte Eisberge im Norden. In der Kajüte jedoch hing die Düsternis des Todes wie Gestank in der Luft.

»Wie lange hat er noch zu leben?«

»Nicht mehr lange. Der Gelenkfortsatz des linken Unterkiefers ist zertrümmert, das Schläfenbein zeigt schwere Verletzungen, und er blutet stark aus der Halsschlagader. Merkwürdigerweise sind die innere Kopfschlagader und die zugehörigen Venen nicht in Mitleidenschaft gezogen, aber ein Teil des linken unteren Großhirnlappens ist durch eingedrungene Knochensplitter verletzt.«

* Grönlandwal, ca. 20 m lang, heute fast ausgerottet.

Drinkwater seufzte. »Schon als ich ihn kennenlernte, merkte ich, daß er nicht ganz bei der Sache war. Aber ich wußte natürlich nicht, warum. Hätten Sie ihn heilen können?«

Singleton zuckte die Schultern. »Möglicherweise. Er bekam intraurethale Injektionen von Ätz-Alkali und eine Lösung von Ammonium-Quecksilber mit Opium. Dabei machte er auch zufriedenstellende Fortschritte. Aber vermutlich war er schon gemütskrank und aus dem inneren Gleichgewicht. Er vertraute mir an, daß er verlobt sei; ich glaube, das war der Hauptgrund für seinen Selbstmordversuch.«

Drinkwater schauderte; er hatte plötzlich Schuldgefühle gegenüber Germaney. »Armer Teufel«, sagte er. »Haben Sie ihm Drogen zur Beruhigung gegeben?«

Singleton nickte. »Laudanum, Sir.«

»Gut. Und wie steht's mit Macpherson, unserem anderen hoffnungslosen Fall?«

»Er wird das Ende der Woche nicht mehr erleben.«

Als Singleton gegangen war, blieb Drinkwater noch einige Minuten still sitzen und dachte an all die Männer, deren Tod er schon miterlebt hatte. Eine plötzliche Weltmüdigkeit erfaßte ihn, und er hätte alles dafür gegeben, jetzt zu Hause zu sein.

Energisch verscheuchte er diese Hirngespinste. Das Knarren und Ächzen der *Melusine*, die mit sanft schlagendem Ruder in der Dünung rollte, erinnerte ihn an seine mannigfaltigen Pflichten. Unvermittelt verspürte er Tatendrang und erhob sich. Er warf seinen Mantel über und ging an Deck.

Inzwischen war eine leichte westliche Brise aufgekommen. Die meisten Walfänger waren dabei, ihre Beute zu flensen, wobei die riesigen Kadaver im Wasser herumgerollt wurden, während Taljen im Masttopp große Streifen weißlichen Specks von ihnen abschälten; im Wasser wimmelte es von gierigen Grönlandhaien, und oben kreisten Scharen schreiender Möwen.

»Danke, Mr. Bourne«, sagte Drinkwater, nachdem er die Meldung des Wachhabenden entgegengenommen hatte. »Lassen Sie bitte sofort die Gig klarmachen und Mr. Pater ausrichten, daß ich für einen Tag Verpflegung brauche, dazu zwei Fäßchen Rum und ein Fäßchen Wasser, gut in Segeltuch verpackt. Ein Fähnrich kann mich begleiten, und Mr. Quilhampton wird das Boot führen. Sie sollen Musketen mitnehmen. Während meiner Abwesenheit übernehmen Sie das Kommando an Bord.«

»Aye, aye, Sir.« Drinkwater bemerkte, daß Bourne vor Schreck heftig schlucken mußte.

Während das Boot klargemacht wurde, ging Drinkwater auf dem Achterdeck hin und her. Es würde ihm gut tun, dachte er, mal einen Tag vom Schiff herunterzukommen. Er plante, *Narwal* oder *Faithful* einen Besuch abzustatten und seine Bekanntschaft mit Harvey oder Sawyers zu erneuern. Ein kleiner Ausflug schien ihm das beste Mittel gegen seinen Trübsinn.

Es war so leicht, nicht mehr an Germaney zu denken, der sterbend in seiner Koje lag. Die stetige Brise wirkte belebend und ließ die grüne See im Sonnenlicht tanzen. Das Eis leuchtete in atemberaubenden Farben, die der kleine Frey als Violett, Himmelblau und Chromgrün bezeichnete. Die größeren Eisberge ragten mit ihren wundersamen Minaretten, Türmen und Zinnen in den blauen Himmel, phantastischen Märchenpalästen gleich, und selbst in die Ränder der Eisschollen hatte das Meerwasser pittoreske Überhänge und seltsame Gebilde genagt, welche die Vorstellungskraft zu immer neuen Deutungen anregten.

Drinkwater hatte sich die Arktis als eine riesige Eiswüste vorgestellt; nun setzten ihn die Menge und Vielfalt ihrer Fauna in Erstaunen. Quilhampton schlug vor, auf jede Robbe, die sie zu sehen bekamen, zu schießen, aber Drinkwater verbot es und ermutigte stattdessen Mr. Frey, zum Zeichenstift zu greifen. Anscheinend gab es kaum eine Eisscholle, auf der nicht mindestens eine Robbe lag. Auch sahen sie einige Walrosse, und die Luft war voller Eissturmvögel und Möwen. Der schnelle Flügelschlag der Alken, die sich hastig vor dem nahenden Boot erhoben, schien ihnen fast lächerlich tolpatschig, bis sie merkten, wie elegant sich diese Vögel unter Wasser fortbewegten. Sie verfolgten ihre Beute mit der Wendigkeit winziger Delphine.

Die Gig machte unter ihrem Luggersegel gute Fahrt, von Quilhamptons hölzerner Hand, die – von der Kälte unberührt – ruhig auf der Pinne lag, auf Kurs gehalten.

»Sie läuft gut, Mr. Q.«

»Aye, Sir, aber nicht so schnell wie die Postkutsche nach Edinburgh.« Mr. Q blickte verträumt in die Ferne, wo er statt der ihn umgebenden Naturwunder die ihm unvergeßliche Miss Catriona MacEwan zu sehen meinte.

Zwischen zwei großen Eisschollen hindurchrauschend, erreichten sie die *Faithful*, auf der man gerade dabei war, die Boote auszusetzen. Kapitän Sawyers preite sie an, und Drinkwater stand auf.

»Gott sei mit Euch, Captain! Folgt getrost unseren Booten, aber laßt bitte das Segel herunternehmen, bevor der Wal es sieht und wegtaucht«, rief ihm der Quäker durch sein Sprachrohr zu. »Ihr seht jetzt die Wunder des Herrn, Captain...«

Drinkwater erinnerte sich an ihre Abschiedsworte im Bressay-Sund und winkte bestätigend.

»Lassen Sie das Segel bergen, Mr. Q, und die Riemen klarmachen. Und Sie, Tregembo, zeigen diesen Walfängern, daß sie nicht die einzigen sind, die ein Boot pullen können.«

»Aye, aye, Sir.«

Melusines Gig bezog Station achteraus von Boot Nummer eins der *Faithful*, mit dem gewaltigen Elijah Pucill als Bugmann. Drinkwaters Crew gab ihr Bestes, aber da ihr Boot erheblich schwerer war, dauerte es nicht lange, bis sie erst der junge Sawyers und dann noch ein drittes Boot überholte.

In der Gig lagen noch zwei Ersatzriemen, und Drinkwater machte Quilhampton mit einer Geste darauf aufmerksam.

Quilhampton reagierte sofort.

»Mr. Frey, schnappen Sie sich einen Riemen und legen Sie sich ins Zeug! Das ist besser, als halberfroren rumzusitzen«, fügte er mit rauher Freundlichkeit hinzu. Die Besatzung kam aus dem Takt, als Frey die Riemen aufnahm, aber kurz darauf ging es in gleichmäßigem Rhythmus weiter, und sie begannen aufzuholen.

»Los, Jungs, pullt! Wir kriegen sie!« Trotz der Anstrengung begannen die Leute zu grinsen, aber Drinkwater, der genau beobachtete, was voraus passierte, dämpfte ihre Begeisterung.

»Ich fürchte, Mr. Q, daß wir nur aufholen, weil die anderen gestoppt haben. Ich glaube, der Wal ist getaucht. Da, sehen Sie den Möwenschwarm über den Booten...«

»Riemen auf!« befahl Quilhampton, und die Blätter kamen aus dem Wasser und wurden waagerecht gehalten. Die Männer hingen keuchend über den Schäften, ihr Atem dampfte vor den geröteten Gesichtern. Das Boot verlor Fahrt, bis es eine halbe Kabellänge vor den Walbooten zum Stillstand kam.

Nachdem Quilhampton die Riemen hatte einnehmen lassen, stand Drinkwater vorsichtig auf. »Geben Sie einen Becher Grog aus, Mr. Q«, sagte er, ohne den Blick von dem Wasserwirbel zwischen den Booten zu wenden. In jedem Bug standen die Harpuniere mit ihren Waffen bereit, während die Bootsteurer in konzentrierter Erwartung über ihren Riemen hingen. Drinkwater fühlte die grimmige Entschlossenheit, die über der Szene lag, während sich in seinem eigenen Boot mit dem Kreisen des Grogbechers eine etwas gelöstere Stimmung ausbreitete.

Gerade vor ihnen lag Boot drei der *Faithful*, Pucills etwas breiteres Fahrzeug verhielt an Steuerbord voraus, und Sawyers befand sich in der entsprechenden Position an Backbord.

Plötzlich kam es Drinkwater vor, als hätten die ziellos herumfliegenden Möwen etwas entdeckt. In dem direkt voraus liegenden Boot wurden Armzeichen gegeben, es nahm schnell Fahrt über den Achtersteven auf. Die Möwen befanden sich jetzt direkt über ihnen und kreischten wild.

»Riemen bei! Ruder an! Hart Steuerbord!«

Drinkwater hatte kaum die Kommandos gebrüllt, als der Leviathan keine zehn Meter entfernt aus der Tiefe emporschoß. Das riesige Maul mit der blaugrauen Unterlippe, die mit seltsamen Auswüchsen bedeckt war, schien sich hoch über dem Boot in die Luft zu erheben. Dann wälzte sich der blauschwarze Rücken heran, und die Fontäne seines Atems hüllte sie in einen warmen, übelriechenden Nebel. Die Riemen bogen sich durch, als die Männer das Boot aus der Gefahrenzone pullten, und Quilhampton legte das Ruder hart nach Steuerbord, um die Gig auf Parallelkurs zum Wal zu bringen.

Als sich die See um das auftauchende Ungeheuer wieder beruhigt hatte, konnten sie einen flüchtigen Blick auf die gewaltige Schwanzflosse werfen, die gerade die Wasseroberfläche durchbrach. Obwohl alle drei Boote der *Faithful* jetzt herangekommen waren, schien der Wal noch keineswegs beunruhigt zu sein. Stetig pullend, gelang es ihnen, an seiner Seite zu bleiben. Da schoß Pucills Boot vorwärts, und Drinkwater sah den Harpunier seine Waffe heben, als es auf Höhe des Buckels war und der Blas des Wals von neuem emporzischte.

Die Harpune traf. Einen Augenblick schien es, als habe der Wal diesen Nadelstich überhaupt nicht gespürt. Dann begann er schneller zu schwimmen. Drinkwater konnte sehen, wie sich die Harpunenleine straffte und der dicke hölzerne Poller zu qualmen anfing. Der Wal wurde immer schneller und begann, Pucills Boot hinter sich her zu schleppen. Schon hatte es die Gig der *Melusine* weit hinter sich gelassen.

Dann reckte der Mysticetus seine mächtige Schwanzflosse in die Höhe und tauchte ab. Pucill steckte sofort Leine nach, und Drinkwater schien es, als suche der Wal sein Heil in der Tiefe. Pucills Boot war jetzt fast zum Stillstand gekommen, so daß die anderen einschließlich der Gig zu ihm aufschlossen. Nach heftigen Handzeichen und lauten Zurufen ging Sawyers bei Pucill längsseits und gab ihm zusätzlich Leine hinüber. Dessen Boot nahm wieder Fahrt auf, was darauf deutete, daß der Wal seine Flucht nun horizontal fortsetzte. Da Sawyers inzwischen mit der Vorleine an Pucills Heck festgemacht hatte, wurden beide Boote als Tandem mitgezogen. Drinkwater befahl Quilhampton, ihnen zu folgen, wie es auch das dritte Boot der *Faithful* tat.

Obwohl an der eigentlichen Jagd nicht beteiligt, schien es jeder Mann in der Gig als Ehrensache anzusehen, den verwundeten Wal nicht entkommen zu lassen; außerdem waren sie aufs höchste gespannt, wie es weitergehen würde. Aber das harte Pullen war unglaublich ermüdend und – wie sich nach kurzer Zeit herausstellte – auch vergebliche Mühe, denn die vom Wal geschleppten Boote machten jetzt einen Bogen nach Norden und nahmen unausweichlich Kurs auf den Rand des Eisfeldes, wo eine große Scholle ihren Weg blockierte.

Sie hörten schwache Rufe: »Kappen! Kappen!« und: »Gib ihm das Boot, Elijah! Gib ihm das Boot!« In Windeseile kletterten alle Leute aus Pucills Boot in das des jungen Sawyers', die Leine wurde gekappt, und das achtere Boot drehte ab. Pucills Boot krachte gegen den Rand der Eisscholle, als der Wal darunter durchschwamm, doch niemand schenkte dem Beachtung. Die Boote trennten sich und begannen die Eisscholle auf entgegengesetztem Kurs zu umrunden.

»Wir sollten wieder Segel setzen, Mr. Q, der Wind hat etwas aufgefrischt.«

»Aye, aye, Sir.«

Sobald das Segel stand, nahm Quilhampton Kurs auf die nächste Lücke im Eis. Die beiden übriggebliebenen Fangboote hatten ihre Flaggen gesetzt, so daß sie einander in Sicht behielten, wenn das Eis nicht zu hoch war. Das Auffrischen des Windes wirkte sich zum Vorteil der Segler aus und brachte sie näher an das eine Fangboot heran. Das Segeln zwischen den Eisschollen war ein Erlebnis, denn in den schmalen Rinnen blieb das Wasser glatt, obwohl der Wind zwischen höher aufragenden Eisblöcken manchmal wie durch einen Trichter beschleunigt wurde.

In Unkenntnis der Gefahren unter Wasser hatten sie Glück, daß ihr Boot nur ein paar Kratzer abbekam, als sie ein kleines Vorgebirge aus schon weichem Eis zu knapp rundeten, von dem sich ein halbes Dutzend Robben überrascht ins Wasser plumpsen ließ. Dann stießen sie unvermittelt auf den im Todeskampf liegenden Wal. Sawyers' Boot befand sich schon längsseits, als das Tier mit seinen riesigen Flossen schlug und sich im Wasser herumrollte. Drinkwater ließ die Schoten fieren und sah zu, wie die Lanzen auf der Suche nach dem Herzen immer wieder in den großen Leib gestoßen wurden. Nach einigen Minuten der Agonie schien der Wal sich in sein Schicksal ergeben zu haben und lag still, als nun auch das zweite Boot herankam. Von dem zertrümmerten Boot war nichts mehr zu sehen, obwohl sein Schleppwiderstand den Wal sicherlich erschöpft hatte. Plötzlich schien die See zu kochen, und sie hörten Schläge wie von Kanonenfeuer. Die Flossen des Wals klatschten explosiv mehrmals auf die Wasseroberfläche. Als Sawyers weiter versuchte, das Herz zu treffen, rollte er sich herum und ließ die gewaltige Schwanzflosse auf das Heck des Bootes, in dem sein Quälgeist stand, niedersausen. Die Männer der *Melusine* sahen betäubt vor Entsetzen, wie der Bug des Bootes nach oben schnellte und die Besatzung ins Meer stürzte.

Aber der Leviathan war tot. Sein Herz war den Lanzenstichen Sawyers' nicht länger gewachsen gewesen. Das offene Wasser zwischen den Eisschollen färbte sich rot von seinem Blut.

»Segel runter, Tregembo! Klar bei Riemen! Ruder an! Vorwärts, holt die Leute aus dem Wasser. Mr. Frey, halten Sie das Rumfäßchen klar, die armen Teufel werden es nötig haben.«

»Ich danke Euch für die Hilfe, Freund.« Kapitän Sawyers hob sein Glas, und Drinkwater kostete mit Vergnügen die schwere Fülle des ausgezeichneten Portweins. Ein Ofen in *Faithfuls* Kajüte strahlte angenehme Wärme aus.

Die wassertriefende Besatzung des Fangbootes hatte man in angewärmte Decken gehüllt, sie schien das eisige Bad gut überstanden zu haben, was Drinkwater einigermaßen verwunderte. Denn er selbst war beim Herausfischen der Leute naß geworden und nahezu bis ins Mark erstarrt. Er erwähnte diesen Umstand Sawyer gegenüber.

»Aye, das ist merkwürdig. Wir haben schon Fälle erlebt, in denen ein Mann den Kältetod starb, lange nachdem man ihn mit Alkohol abgerieben und in warme Decken gehüllt hatte. Aber Walfänger sind von Natur aus hart im Nehmen und tragen oft viele wollene Kleidungsstücke übereinander. Auch läßt sie die Art ihres Berufes und das Bewußtsein, daß Unfälle zur Tagesordnung gehören, derartige Erfahrungen ohne größeren Schock abwettern. All das und schnelle Hilfe haben das Leben manch eines über Bord Gegangenen erhalten.«

»Wir hatten Glück, daß der Wal nach Lee abdrehte; sonst hätten wir nicht so schnell folgen können.«

»Aye, das stimmt. Üblicherweise geht Mysticetus in solchen Fällen nach Luv, aber er spürte wohl das feste Eis in dieser Richtung und suchte offenes Wasser, wo er atmen konnte. Außerdem, Freund, hatte es ja aufgebrist – wobei mir einfällt, daß Ihr mit Sturm rechnen müßt, wenn der Wind noch einen oder zwei Strich rückdreht. Für Eure Hilfe bei der Rettung meiner Leute danke ich Euch, ebenso für die Unterstützung beim Einschleppen des Wals. Es gibt sicher nicht viele Kommandanten eines Kriegsschiffes, die das getan hätten.« Sawyers lächelte etwas schief.

Drinkwater leerte sein Glas und nahm den Hut. »Die Fähigkeiten eines Offiziers, der von der Pike auf gedient hat, sind sicher in der Arktis nützlicher als in Whitehall.«

Sie schüttelten einander die Hände, und Drinkwater machte sich auf den Weg zu seinem Boot. Als er über die Bordwand hinabkletterte, sah er, daß man schon mit dem Abspecken des Wals begonnen hatte. Elijah Pucill schwang sein Flensmesser, während mit den Specktakeln große Streifen vom Kadaver geschält wurden.

»Bei Gott, Sir«, bemerkte Quilhampton, als Drinkwater sich auf der Heckducht der Gig niederließ, »die legen die Hände wirklich nicht in den Schoß.«

»Kann man wohl sagen, Mr. Q.«

»Vom Kreuzmars des Walfängers peilte *Melusine* Ostnordost, Sir. Entfernung ungefähr sechs Meilen.«

»Gut, Mr. Q, lassen Sie die Leinen loswerfen.«

»Der Wind brist immer mehr auf, Mr. Hill.«

»Und krimpt, Mr. Gorton. Meinen Sie nicht auch?«

»Jawohl. Er scheint mir auch etwas wärmer, obwohl das noch nicht viel heißen will.«

»Ah, und was für Schlußfolgerungen ziehen Sie aus dieser Beobachtung, Mr. Gorton?«

Gorton runzelte die Stirn und wiegte nur stumm den Kopf.

»Nebel, Mr. Gorton«, belehrte ihn Hill. »Nebel und Wind von Sturmstärke, bevor der Tag zur Neige geht. Sie sagen am besten Mr. Bourne Bescheid und entern dann auf, um zu sehen, ob Sie die Kommandantengig schon ausmachen können.«

»Aye, aye, Sir.«

Bourne kam mit besorgtem Gesicht an Deck. »Irgendwas Neues vom Kommandanten, Mr. Hill?«

»Nein, Mr. Bourne, aber Gorton entert gerade mit einem Glas auf.«

Bourne blickte nach oben in die Takelage. Die *Melusine* lag beigedreht unter Besan und Vorstengestagsegel; das gereffte Großmarssegel war backgebrasst. So trieb sie langsam nach Lee, konnte jedoch jederzeit vollgebrasst werden und gegen den Wind aufkreuzen.

Bourne spähte nach Steuerbord. Die Treibeisgrenze lag ungefähr drei Meilen in Lee.

»Wie peilen die nächsten Walfänger, Mr. Hill?«

»*Faithful* liegt westsüdwestlich von uns, *Narwal* und *Truelove* stehen weiter westlich in dichterem Eis.«

»Gut. Lassen Sie das Großmarssegel vollbrassen, wir kreuzen langsam zur luvwärtigen Eisgrenze.« Bourne verschränkte die Hände auf dem Rücken und ging zur Luvreling hinüber, wo er bei der Karronade stehenblieb, die jetzt einen Bezug aus Ölzeug trug. Er fühlte sich schrecklich einsam und machte sich Sorgen wegen des Wetters. Die letzten Tage hatten ihnen gezeigt, wie gefährlich die Eisschollen für ein so leichtes Schiff wie die *Melusine* werden konnten. Die Geschwindigkeit, mit der sich das Eis bewegte, hatte sie alle in Erstaunen versetzt, und ihr ganzes Können war erforderlich gewesen, um das Schiff aus kritischen Situationen herauszumanövrieren. Captain Drinkwaters schriftliche Befehle für seine Wachoffiziere waren eindeutig und präzise: *Keinesfalls zu nahe an das Eis herangehen und immer genug Seeraum zum Manövrieren behalten, selbst wenn der Kontakt mit den Walfängern dadurch verlorengehen sollte.*

Doch wenn er die *Melusine* jetzt in Sicherheit brachte, konnte der Kommandant sie vielleicht nicht mehr erreichen. Falls dazu noch Nebel aufkam, wurde ihm bestimmt auch der letzte Ausweg versperrt, der in Captain Drinkwaters Befehlen folgendermaßen formuliert war: *Im Zweifelsfall zögern Sie nicht, mich zu informieren.* In einer Aufwallung von Ärger und Verunsicherung verfluchte Bourne den ausgefallenen Germaney. Dann kam die Sorge zurück und fraß an seinem Gedärm wie ein riesiger Parasit. Vergeblich suchte er nach dem Rand des Eises, denn über dem Wasser kräuselten sich schon weiße Nebelschwaden; sie rollten schnell auf das Schiff zu.

Bourne rannte nach vorn und hob das Sprachrohr. »An Großtopp!«

»Sir?« Gorton beugte sich über den Rand des Krähennestes.

»Sehen Sie was von der Gig?«

»Nein, Sir.«

»Gottverdammich!« Bourne überlegte noch einen Moment und faßte dann einen Entschluß in der stillen Hoffnung, daß sich Captain Drinkwater an Bord eines Walfängers in Sicherheit befand.

»Mr. Hill, gehen Sie über Stag und bringen Sie das Schiff auf Südkurs, weg von diesem verdammten Eis.«

Als guter Segelmeister und Navigator gehorchte Hill wortlos dem Befehl des jungen Offiziers und legte das Schiff auf Backbordbug. Dann ging er übers Deck zu Bourne hinüber.

»Mr. Bourne, wenn der Kommandant bei diesem Nebel unterwegs ist, muß er das Schiff verfehlen. Ich würde Ihnen raten, jede Minute einen Kanonenschuß abfeuern zu lassen und wieder beizudrehen, wenn wir drei Meilen nach Süden gutgemacht haben.«

Bourne blickte den Navigator an, und Hill sah die Erleichterung in seinen Augen.

»Gut, Mr. Hill. Wollen Sie das bitte veranlassen.«

Schon zogen die ersten Nebelschleier über das Deck, und wenig später begann die kondensierte Feuchtigkeit aus der Takelage zu tropfen. Kurz darauf lag *Melusine* blind in der feuchtkalten Umklammerung einer Nebelbank.

Neuntes Kapitel

Juni–Juli 1803

Die Gnade Gottes

Seine Intuition und eine gewisse Empfindlichkeit für atmosphärische Phänomene sagten Drinkwater, daß eine Wetteränderung in der Luft lag. Er wurde sich zunehmender Schmerzen im Nacken bewußt und registrierte, daß die Helligkeit des Eises nachgelassen hatte und die Schatten weicher geworden waren. Die Farben des Tages verblaßten, und eine seltsam feindliche Stimmung lag über der See. Die Vögel gingen aufs Wasser nieder.

Drinkwater berührte Quilhamptons Arm, als das Boot zwischen zwei Eisschollen hindurchlief, die sieben oder acht Fuß übers Wasser ragten. Die Rinne war hundert Meter breit und führte auf die offene See hinaus. wo sie *Melusine* zu sichten hofften.

Quilhampton wandte sich um. »Sir?«

»Nebel, Mr. Q, Nebel und Wind«, sagte Drinkwater leise.

Ihre Augen begegneten sich. Quilhampton antwortete: »Ich hoffe zu Gott, Sir, daß wir es rechtzeitig bis zum Schiff schaffen.«

»Dazu kann ich nur Amen sagen, Mr. Q.«

Quilhampton, der in Gedanken schon wieder bei Catriona gewesen war, riß sich zusammen und konzentrierte sich darauf, die Gig noch schneller durch die Rinne zu steuern, damit sie offenes Wasser erreichten, bevor der Nebel sie einhüllte.

Drinkwater befahl Frey, den jetzt frierend im Boot sitzenden Männern noch eine Ration Rum auszugeben. Das Sonnenlicht hatte keine Wärme mehr, und der aufziehende Nebel machte die Luft feucht. Dann hörte er Quilhampton fluchen und sah hoch. Die Rinne im Eis verengte sich zusehends, als die Schollen durch den Wind in langsame Bewegung versetzt wurden. Er verspürte einen starken, unangenehmen Geruch, der von den Algen der aneinanderreibenden Eisschollen herrührte.

»An die Riemen, Tregembo!«

Die Männer hatten die Situation sofort begriffen und verloren keine Sekunde. Schon war die Breite der Rinne um die Hälfte geschrumpft.

»Pullt was das Zeug hält!«

Das Boot schoß auf den immer enger werdenden Ausgang der Rinne zu, der noch eine Kabellänge entfernt war. Die Männer grunzten vor Anstrengung, während sie die Gig durchs Wasser peitschten. Die Durchfahrt war jetzt nur noch zwanzig Meter breit. Als der Wind in Lee der sich nähernden Eismassen aussetzte, begann das Segel zu killen. Drinkwater blickte sich besorgt um und versuchte, einen Vorsprung in der Eiswand zu finden, auf den sie sich notfalls retten konnten, wenn die Schollen zusammenstießen und das Boot wie eine Eierschale zermalmten. Aber die Abbrüche zu beiden Seiten waren an der Wasserlinie schon stark ausgewaschen, so daß sie weit überhingen. In kaum mehr als einer Minute würden ihnen die Riemen nichts mehr nützen, da sie dann keinen Raum zum Pullen mehr hatten. Er wünschte sich einen Wriggriemen; vielleicht hätte er ihre Chance ein klein wenig verbessert.

»Pullt weiter, Leute, bis es nicht mehr geht, und holt dann die Riemen ein. Mr. Frey, legen Sie den verdammten Mast.«

Er versuchte, sich nichts anmerken zu lassen, aber Furcht und die plötzliche Kälte des nahen Eises ließen seine Stimme beben. Über ihren Köpfen stießen die weißen Wände fast schon zusammen, so daß sie teilweise durch einen Tunnel fuhren. Plötzlich knirschte und krachte es achteraus. Drinkwater drehte sich um. Hinter ihnen waren die Eisschollen zusammengeprallt, die Rinne hatte sich geschlossen, und eine hohe Welle stürmte auf das Spiegelheck der Gig zu.

»Pullt!« schrie er, aber als er sich den Leuten wieder zuwandte, sah er, daß sie die Riemen einholten. Starr erwarteten sie den unvermeidlich scheinenden Aufprall, als die Welle das Boot erreichte. Wie von einer Riesenhand gepackt, wurde es vorwärts geschoben, gerade als das Eis über ihren Köpfen zusammenstieß. Einige Brocken fielen ins Boot, und man hörte unterdrückte Flüche, doch glücklicherweise war es dem Fähnrich gelungen, den Mast mit einigen Männern in letzter Sekunde zu legen.

Dann befanden sie sich plötzlich in offenem Wasser und gleich darauf in dichtem Nebel.

»Hat jemand das Schiff noch sehen können?« fragte Drinkwater scharf.

Verneinendes Gemurmel ertönte.

»Dann sind wir vom Regen in die Traufe gekommen, Mr. Q.«

»Aye, Sir.« Quilhampton saß trübe an der Pinne. Ihr Wettrennen gegen das Treibeis war wenigstens aufregend gewesen. Catriona hätte eines Tages erfahren, daß er mit seinem Boot vom Eis zerquetscht worden war. Dieser Tod schien zumindest jetzt, da er ihm entronnen war, weniger schlimm als das langsame Erfrieren und Verhungern im offenen Boot.

Er wollte Drinkwater gerade fragen, wie lange sie überleben konnten, als er merkte, daß die Männer sich vielsagend anblickten und Fähnrich Frey ihn blaß vor Angst anstarrte. Sofort riß er sich zusammen. Er hatte das Kommando im Boot, verdammt noch mal, auch wenn *Melusines* Kommandant neben ihm saß.

»Bitte um Erlaubnis, den Mast wieder einzusetzen, Sir.«

Drinkwater nickte und warf einen Blick achteraus. Sie waren jetzt gut klar vom Treibeis und spürten bereits die Wirkung des Windes.

»Aye, aber setzen Sie das Segel noch nicht.«

»Aye, aye, Sir.« Quilhampton nickte dem jungen Fähnrich zu. Mit einigem Getöse wurde der gedrungene Mast wieder durch das Loch in der Ducht und in seine Spur gesetzt. Die Männer griffen willig zu, aber als der Mast stand, ließen sie sich auf die Duchten sinken und sahen wieder nach achtern, zu Drinkwater hin.

»Teilen Sie zwei Wachen ein, Mr. Q. Sie übernehmen die eine, ich die andere. Tregembo, Sie und Mr. Frey wählen abwechselnd die Leute dafür aus. Während Sie dann eine Ration Grog und Zwieback ausgeben, Mr. Q, übernehme ich die Pinne. Anschließend werden wir beidrehen. Der Bugmann muß in regelmäßigen Abständen einen lauten Ruf ausstoßen und auf ein Echo lauschen. Hört er eins, ist mit einiger Sicherheit eine Eiswand in der Nähe. Wir haben vorher gesehen, daß sich nur wenig Eis in Lee von uns befindet, obwohl vielleicht einige Schollen schneller treiben als wir. Bei einem Echo brauchen wir nur etwas abzufallen und so weit vor dem Eis abzulaufen, daß wir gerade noch in seinem Windschutz bleiben. Die Freiwache kauert sich unten im Boot zusammen, um sich so warm wie möglich zu halten. Kapitän Sawyers hat mir übrigens erzählt, daß viele Walbootbesatzungen derartige Situationen wohlbehalten überstanden haben. Also keine Aufregung.«

Letzteres war eine glatte Lüge, sorgte jedoch dafür, daß die Leute aufgemuntert wurden und williger an die Arbeit gingen.

Drinkwater hingegen, von bösen Ahnungen und wachsenden Schmerzen in seiner Schulter gequält, ließ sich auf der Achterducht zusammensinken.

Singleton starrte die Klinge des Amputationsmessers an, während Sanitätsgehilfe Skeete die Laterne näher heran hielt. Auf der blanken Oberfläche zeigte sich nicht der geringste Beschlag. Francis Germaney hatte sein Leben ausgehaucht.

»Arbeit für den Segelmacher, Sir?« Der Gehilfe grinste wölfisch. Es war immer eine feine Sache, einen Offizier zu bestatten, besonders wenn dieser die gute Idee gehabt hatte, sich eine Kugel durch den Kopf zu jagen. Singleton reagierte mit einem kalten Blick, doch Skeete starrte ungerührt zurück. »Ich werd' ihm den Arsch zustopfen und alles vorbereiten, damit ihn der Segelmacher einnähen kann, Sir.«

»Sie sind ein Schwein, Skeete. Halten Sie den Mund!« fauchte Singleton. Er stand auf und stieß sich zum hundertsten Mal den Kopf am Deckenbalken. Verfolgt von Skeetes teuflischem Gelächter, verließ er eilig die Kammer des Ersten Offiziers. Aber Skeete, der schon zwanzig Jahre als Gehilfe von Schiffsärzten arbeitete, amüsierte sich prächtig. Abgesehen von seinem Vergnügen über den Tod eines Offiziers – ein Umstand, der seiner Meinung nach viel zu selten eintrat – bereiteten ihm die Handgriffe, die er jetzt an einem so hehren Leichnam wie dem des Lieutenant Francis Germaney, Royal Navy, zu verrichten hatte, eine gewisse Befriedigung. Hinzu kam, daß sich Skeete und sein Kumpel ungeahnter Selbstherrlichkeit erfreuten, seit sie dem alkoholischen Regiment Macphersons entkommen waren.

Mr. Singletons bemerkenswerte Wiederbelebung Leeks hatte die Sanitätsgehilfen weniger beeindruckt als die übrige Mannschaft. Für Skeete und seinen Kumpel war Singleton kein richtiger Offizier, sondern nur ein Geistlicher, und konnte nahezu ungestraft beleidigt werden. Skeete hatte nicht mehr soviel Spaß gehabt, seit er die alte Diamond Lilly in Portsmouth Point besucht hatte.

Auf der Suche nach Drinkwater war Singleton kaum an Deck, als er auch schon von einem Seemann fast umgerannt wurde; er sprang beiseite, als Geschütz Nummer neun feuerte und zurückstieß.

»Paß doch auf, du verdammter – oh, Entschuldigung, Sir.« Der Mann grinste blöde und half dem Geistlichen wieder auf die Beine. Benommen und verwundert über diesen Lärm und das scheinbare Durcheinander, begab sich Singleton nach achtern.

»Was ist denn los, Mr. Hill?« fragte er den Navigator.

»Bootsmannsmaat, notieren Sie den Namen dieses Mannes da. Ich lasse ihm mit der neunschwänzigen Katze ein Muster auf den Rücken zeichnen, wenn er noch einmal vergißt, das Rohr nach dem Schuß auszuwischen!... Was los ist, Mr. Singleton? Wir liegen in dickem Nebel, und der Kommandant ist noch nicht wieder an Bord.«

Singleton blickte sich um und merkte erst jetzt, daß Nebel das ganze Schiff wie ein Leichentuch einhüllte. Er sah Hill scharf an. »Wollen Sie damit sagen, daß Captain Drinkwater da draußen herumirrt? In einem kleinen Boot?«

»So ist es, Mr. Singleton. Und das kleine Boot ist seine Gig... Wenn Sie mich jetzt entschuldigen wollen? Mackman, du gottverfluchter Hurensohn, schieß das Fall andersrum auf! Der Teufel soll euch verdammte Landratten holen!«

Singleton setzte seinen Weg nach achtern fort, wobei er gewahr wurde, daß sie nicht nur im Nebel lagen, sondern daß auch der Wind immer mehr auffrischte und das Schiff stärker zu arbeiten begann.

Mr. Bourne, der jetzt das Kommando führte, stand mit unglücklicher Miene an der Luvreling, neben sich einen besorgten Rispin, der plötzlich und ganz gegen seinen Willen Erster Offizier geworden war. Selbst Singletons ungeschultem Blick wurde klar, daß alle wichtigen Entscheidungen nun von Stephen Hill getroffen wurden.

Drinkwaters Abwesenheit verursachte ihm großes Unbehagen. Da er inzwischen erfahren hatte, wie sehr die jungen Leutnants und Fähnriche nach Beförderung strebten, fragte er sich, wie weit ihre Anstrengung, den Kommandanten wiederzufinden, wirklich gingen. Dann erinnerte er sich an seine Pflicht und balancierte über Deck auf Bourne zu. Ein Gischtschwall nahm ihm fast den Atem, als er bei dem besorgten Leutnant ankam.

»Mr. Bourne, Mr. Germaney ist tot.«

»Oh.« Darüber hinaus hatte Bourne kaum etwas zu sagen. »Danke, Mr. Singleton.«

Bis aufs Mark durchfroren, kämpfte sich Singleton zur Niedergangstreppe vor. Als er auf dem Weg nach unten war, feuerte Geschütz Nummer neun wieder. In der Abgeschlossenheit seiner Kammer warf sich Singleton betend auf die Knie.

Hinterher wußte Drinkwater nicht mehr, wie lange sie die Gig in ihrer Verzweiflung durch die Nacht gesteuert hatten. Denn Nacht mußte es gewesen sein, obwohl der Nebel auch tagsüber den größten Teil des Sonnenlichts schluckte. Nach ihrem Irrweg durch das Treibeis mußte er sich eingestehen, daß er keine Ahnung hatte, welchen Kurs sie jetzt einschlagen sollten. Die Schmerzen im Nacken und die zunehmende Gefühllosigkeit seiner Glieder schienen seinen Geist träge zu machen, so daß er sich nur dazu aufraffen konnte, das Boot einigermaßen trokken und so hart wie möglich am Wind zu halten. Er wagte nicht, auf

Raumschots- oder Vorwind-Kurs zu gehen; zwar hätten sie dabei die Kälte weniger gespürt, doch weit mehr als diese fürchtete er die Aussicht, völlig in die Irre zu segeln; jede Anstrengung, die er unternahm, um annähernd auf gleicher Position zu bleiben, vergrößerte dagegen ihre Chancen, nicht allzu weit von den Walfängern oder der *Melusine* zu stehen, wenn sich der Nebel hob.

Die Bootsbesatzung verbrachte eine fürchterliche Nacht. Irgendwann in diesen langen Stunden kam Drinkwater halb zu sich und merkte, daß er einen Arm um die Schultern des jungen Frey gelegt hatte, der am ganzen Körper zitterte. Tregembo und Quilhampton hatten sich zusammengekauert, wobei ihre jahrelange Vertrautheit sie die Rangunterschiede vergessen ließ, während die anderen Männer der Besatzung weiter vorn leise stöhnend zusammenhockten.

Gelegentlich sammelte Drinkwater neue Kräfte, aufgeschreckt durch einen plötzlichen durchdringenden Schmerz in seiner Schulter. Dann verfluchte er seinen Impuls, *Melusine* zu verlassen. Schockartig wurde ihm klar, daß ihn die Vorstellung, sterben zu müssen, kaum noch berührte. Gleichzeitig hatte er die Illusion, daß seine Hände und Füße wärmer würden. Eine Sekunde lang drohte der Schlaf ihn zu übermannen, und er wußte, das war der Kuß des nahen Todes. Er sah Charlotte Amelia und Richard Madoc verschwommen vor seinem inneren Auge und versuchte, auch das Bild Elizabeths heraufzubeschwören. Aber es gelang ihm nicht.

Dann kam er abrupt zu sich und merkte, daß seine Glieder völlig gefühllos waren. Er versuchte, den Fähnrich aufzurütteln, aber der schlief fest.

»Mr. Frey! Mr. Frey! Wachen Sie auf! Wacht alle auf! Wacht auf, verdammt noch mal! Du da vorn, warum rufst du nicht ›hallo‹, wie ich befohlen habe... Los doch, schrei schon! Alle Mann – schreit und singt! Singt schon, ihr schläfrigen Teufel, und klatscht in die Hände! Stampft mit den Füßen! Mr. Frey, geben Sie ihnen Grog und lassen Sie die Bastarde singen...«

»Singen, Sir?« Frey erwachte so mühsam, als käme er von einem fremden Planeten zurück.

»Aye, Mr. Frey. Singen!«

Langsam kamen die Leute zu sich und stöhnten vor Schmerz, als sie die erstarrten Glieder bewegten. Doch als Frey das Fäßchen Grog herumgab, leerten sie es gierig, und der Alkohol brachte ihr Blut wieder zum Kreisen, so daß sie schließlich fähig waren, mit rauhen und mißtönenden Stimmen den Refrain von »Spanish Ladies« zu singen.

Und genauso plötzlich, wie Drinkwater sie zum Singen aufgerüttelt hatte, befahl er ihnen jetzt zu schweigen. Da saßen sie nun, noch entmutigter als zuvor, weil das Heulen des Windes wieder stärker, der Seegang rauher geworden war und eisiges Wasser an Bord kam.

In diesem Augenblick wurde wieder ein Minutenschuß abgefeuert.

»Bei Gott, ein Sechspfünder!«

»Die *Melusine* Sir«, sagte Tregembo grinsend.

»Achtet genau auf den nächsten Schuß, damit wir feststellen können, ob die Entfernung zu- oder abnimmt.« Die Zeitspanne, die sie in gespanntem Schweigen verharrten, schien ihnen eine kleine Ewigkeit. Dann kam erneut das Dröhnen eines Kanonenschusses.

»Es klingt näher, Sir.«

»Weiter weg...«

Wieder lauschten sie schweigend und hoffnungsvoll. Ein weiteres Mal dröhnte der Kanonenschuß.

Drei Stimmen sprachen auf einmal, und alle sagten das gleiche: »Näher!«

»Wir wollen etwas abfallen, Mr. Q. Ruhig da vorn und achtet auf die Kanonenschüsse, aber reibt dabei eure Beine... Mr. Frey, überprüfen Sie bitte, ob alle Musketen feuerbereit sind. Dann wäre es vielleicht ganz gut, wenn Sie Mr. Q's Beine massieren würden. Seiner Hand macht die Kälte wohl nichts aus, aber seinen Beinen schon.«

Eine halbe Stunde später waren sie ganz sicher, daß *Melusines* Kanonenschüsse lauter geworden waren, aber die See ging höher und sie nahmen mehr Wasser über. Die Männer arbeiteten jetzt hart, um das Boot trocken zu lenzen, und Drinkwater entschied, daß es an der Zeit war, die Musketen abzufeuern. Sie lauerten auf den Kanonenschuß. Er schien jetzt etwas schwächer.

Die Musketen krachten, und sie warteten auf irgendeine Reaktion. Aber es kam keine. Als der Minutenschuß das nächste Mal ertönte, klang er eindeutig weiter entfernt.

Der Nebel lichtete sich gegen Morgen. Von *Melusines* Achterdeck aus konnte man in einem Umkreis von fünf Kabellängen das unruhige Meer mit seinen Schaumstreifen sehen.

»Bei dieser Sicht, Mr. Bourne, können wir es wohl riskieren. Ich schlage deshalb vor, daß wir jetzt über Stag gehen und ungefähr zwei Stunden lang nach Norden laufen.«

Bourne dachte kurz nach. »Also gut, Mr. Hill, veranlassen Sie das Nötige.« Doch *Melusine* war mit den wenigen Segeln, die sie führte, nicht durch den Wind zu bringen, und Hill sah sich genötigt zu halsen.

Schließlich lagen sie mit Steuerbordhalsen auf Nordkurs, und Hill schickte die Geschützbedienung an ein Backbordgeschütz. Denn nach Luv zu feuern hatte wenig Sinn. Nach kurzer Pause fiel der Signalschuß. *Melusine* ächzte, als sie durch die Wellen stampfte, und erzitterte gelegentlich, wenn eine besonders hohe See gegen ihre Bordwand krachte und Gischt über die Reling schickte.

»Sir, Sir!« Fähnrich Gorton, der am Fockmast das Aufschießen der Brassen überwacht hatte, kam nach achtern gestürzt.

»Was gibt's?«

»Ich bin sicher, daß ich etwas gehört habe, Sir...«

»Bei diesem Wind?«

»Einen Augenblick mal, Mr. Rispin: Haben Sie's auch gehört?«

»Nun ja, Sir, es klang fast wie Musketenschüsse...«

Alle Offiziere auf dem Achterdeck spähten angestrengt nach vorn.

»Auf der Back!« brüllte Hill. »Haltet Augen und Ohren offen!«

»Da, Sir! Da!« Fähnrich Gorton deutete nach Steuerbord voraus.

»Behalten Sie die Stelle gut im Auge, Mr. Gorton. Schmeiß los die Kreuzbrassen! Kreuzrahen backbrassen!«

»Gott sei Dank«, murmelte Mr. Rispin.

»Danken Sie lieber Hill und Gorton, Mr. Rispin«, sagte Leutnant Bourne.

Mr. Frey sah das Schiff eine ganze Minute, bevor Gorton an Bord die Musketen hörte.

»Runter mit dem Segel, Mr. Q! An die Riemen, Jungs, es geht um euer Leben!«

Schwerfällig, weil ihre müden und schmerzenden Muskeln zunächst den Gehorsam verweigerten, brachten die Männer die Riemen aus. Tregembo trieb sie mit heftigen Flüchen an und legte einen schnellen Schlag vor.

Drinkwater kreuzte den Bug der *Melusine* und steuerte das Boot von Lee heran. Die Sloop lag beigedreht und machte nur geringe Fahrt voraus.

Als sie näherkamen, wurde ihm klar, daß es nicht gelingen würde, das Boot wieder an Bord zu nehmen. Leinen wurden ihnen zugeworfen, und einige Männer kletterten in die Rüsten, um ihnen zu helfen. Beim dritten Versuch bekamen sie endlich eine Vorleine zu fassen, und die Gig krachte erst gegen das Barkholz und dann gegen die Rüsten der *Melusine*. Ihr Dollbord zersplitterte, als sie wieder in ein Wellental sackte, doch ein Mann hatte es schon geschafft, sich an die

Rüsten zu klammern, und wurde jetzt von hilfreichen Händen an Bord gezogen. Drinkwater, der es als selbstverständlich empfand, als letzter von Bord zu gehen, hatte um die Matrosen keine Angst, denn sie waren ausnahmslos in guter Verfassung, gewandt und mit derartigen Manövern vertraut. Aber Frey war völlig durchfroren und verkrampft. Drinkwater schrie nach einer Leine, die ihm auch prompt zugeworfen wurde. Eilig legte er einen Palstek um Freys Taille, als sie von einer Welle wieder in die Höhe getragen wurden und die Männer schnell über die Bordwand kletterten. Die Leine war kaum dichtgeholt, als das Boot auch schon wieder wegsackte und fast umschlug, weil das innere Dollbord sich wieder an den Rüsteisen verfing. Frey baumelte plötzlich zehn Fuß über ihm, wie von Zauberhand aus dem Boot gezogen. Einer seiner Schuhe segelte an Drinkwater vorbei und klatschte ins Boot, das jetzt halb voll Wasser war. Das an der Kreuzrah befestigte Jolltau, an dem der kleine Frey hing, wurde bereits binnenbords geholt, und Drinkwater schrie: »Mr. Q! Hinauf mit Ihnen!« Quilhampton wartete einen günstigen Moment ab. Als das Boot nach oben stieg, sprang er, wobei er den rechten Arm vorstreckte, so daß er mit dem Bauch gegen die Rüsten prallte. Sofort packten ihn mehrere Hände am Hosenboden und hievten ihn an Deck, wo er keuchend und würgend liegenblieb.

Nur Drinkwater war jetzt noch im Boot. Er fühlte sich unglaublich schwach. Die ganze Besatzung sah zu ihm herunter. Er bemerkte Tregembo, der sich – naß bis auf die Haut und durchgefroren – von den Großrüsten hinauslehnte und eine Hand nach ihm ausstreckte.

»Kommen Sie schon, Sir!« schrie er. Drinkwater fühlte, wie sich das Boot schwerfällig hob. Sehr viel länger würde es nicht mehr schwimmfähig bleiben. Er sprang hoch, verfehlte Tregembos Hand jedoch um wenige Zoll und fiel mitsamt dem Boot zurück. Plötzlich stand er bis zur Hüfte im Wasser und fühlte die Gig unter sich sinken.

»Hier, Sir, hier!«

Er spürte, wie eine Leine seine Schulter traf, ergriff sie mit der Linken und legte mühsam eine Bucht um seine Taille. Er wurde gegen das mit Seepocken bewachsene Barkholz geschleudert, und das Gewicht seines Körpers riß an seinem linken Arm, der mühsam festhielt und dann langsam seinen Griff lockerte, während er versuchte, mit der Rechten einen Palstek zustande zu bringen. Dann holte die *Melusine* nach Lee über, die See stieg und hob ihn hoch. Plötzlich befand er sich auf gleicher Höhe mit der Reling und sah die Gesichter über den Hängemattsnetzen vor sich. Im nächsten Augenblick mußte es wieder nach unten gehen, wenn die Sloop sich auf die andere Seite legte.

Während er sich immer noch vergeblich mit dem Palstek abmühte, fühlte er die See schon wieder zurückweichen.

Da streckten sich Hände nach ihm aus und packten ihn unsanft mit eisernem Griff. Die See fiel unter ihm weg, aber er wurde über die Netze gezogen und mit fürsorglichem Respekt an Deck gelegt. Als er aufblickte, sah er Singletons Gesicht über sich.

»Die Gnade Gottes, Captain Drinkwater«, sagte er, »ist uns allen heute zuteil geworden...«

Das inbrünstige, aus vielen Kehlen kommende »Amen« überraschte selbst den halb bewußtlosen Kommandanten.

ZEHNTES KAPITEL

Juli 1803

Am 72. Breitengrad

»Sir! Sir!«

Aus großer Tiefe stieg Drinkwater langsam an die Oberfläche des Bewußtseins und merkte, daß Midshipman Wickham ihn rüttelte. »Was ist los?«

»Empfehlung von Mr. Rispin, Sir, und er bittet Sie, an Deck zu kommen.«

»Wie spät ist es?«

»Fast acht Glasen in der Morgenwache, Sir.«

»Danke.« Am liebsten hätte er sich in seine Koje zurücksinken lassen, denn er hatte kaum drei oder vier Stunden geschlafen, und jeder Muskel in seinem Körper schmerzte. Einen Augenblick lag er noch reglos da, als der schrille Ton der Bootsmannspfeife alle Mann an Deck rief und *Melusine* in den Wind drehte. Zwei Minuten später stand er in seinem Ölzeug, unter dem Rock und Mantel noch naß waren, an Deck.

»Der Geruch hat mich mißtrauisch gemacht, Sir«, rief Rispin, dessen Stimme sich vor Besorgnis fast überschlug. »Dann blieb der Wind weg, und wir sahen ihn ...« Er zeigte nach vorn.

Eine halbe Meile entfernt ragte ein Eisberg dräuend über ihren Mastspitzen in den Himmel. Im grauen Licht des Morgens wirkte er wie ein Schemen, aber der penetrante Algengeruch, den Drinkwater noch von seiner Fahrt durchs Eis in der Nase hatte, und das plötzliche Verstummen des Windes bezeugten nur zu deutlich die Gefahr. *Melusine* schlingerte nahezu ohne Fahrt hilflos in der bleiernen See, und obwohl Rispin es noch geschafft hatte, sie auf den anderen Bug zu legen, schien jetzt, da die riesige Eismasse drohend immer näher kam, kaum noch genug Wind da zu sein, um ihre Flucht zu ermöglichen.

Drinkwater stand einen Moment wie betäubt und versuchte, sich an einige Dinge zu erinnern, die er aus seinen Gesprächen mit den Kapitänen der Walfänger gelernt hatte.

Er hatte gelesen, daß sich der weitaus größte Teil eines Eisberges unter Wasser befand. Ein Teil des Monstrums, welches sie bedrohte, konnte sich also schon unter ihren Kiel geschoben haben.

»Lassen Sie loten, Mr. Rispin, aber schnell!«

Über ihm schlugen die Segel der *Melusine* langsam hin und her. »An die Bramfallen! Toppsgasten aufentern und Bramsegel ausschütten! Auf der Back: Beide Klüver setzen!« Die Kuhl erwachte plötzlich zu Leben, als jeder Mann auf seine Station rannte. Die Situation erinnerte Drinkwater unwillkürlich an Newtons Satz über die Anziehung der Massen. Schiff und Eisberg schienen sich unerbittlich aufeinander zuzubewegen.

»Sieben Faden Wasser unterm Kiel, Sir!«

»Das ist schon das Eis, Sir«, sagte Hill, seine Befürchtungen laut aussprechend.

»Aye.«

»Laß fallen Segel! Laß fallen!«

Lieutenant Bourne hatte inzwischen die Wache von Rispin übernommen. Die losgemachten Bramsegel hingen bauchig von den gefierten Rahen.

»Heiß auf!« Die Rahen stiegen mit knarrenden Racks langsam die gelabsalten Stengen hoch, während die Toppsgasten an den Backstagen niederenterten.

»Schoten dicht!«

»Belegen!«

Mittschiffs standen die Männer schon an den Brassen bereit, als die Fallen die Segel ausholten. Drinkwater, der besorgt nach oben blickte, sah, wie sich die Bramsegel ein wenig zu bauchen begannen.

»Fünf Faden Wasser, Sir!« Der Eisberg lag jetzt eine halbe Musketenschußweite entfernt an Steuerbord. Drinkwater spürte, wie sich das Deck der *Melusine* unter seinen Füßen leicht neigte. Er war innerlich so angespannt, daß er glaubte, sie hätten schon Berührung mit dem Eis, doch es war nur ein plötzlicher Windhauch, der *Melusine* erfaßte. Ihre Mars- und Bramsegel füllten sich, und sie begann Fahrt aufzunehmen.

»Wassertiefe neun Faden, Sir!«

Drinkwater begann wieder freier zu atmen. *Melusine* war jetzt aus der Abdeckung des Eisbergs heraus und wurde vom Wind hart übergelegt. Der Nebel lichtete sich so plötzlich, wie er gekommen war. Der Wind drehte jetzt auf Nordnordwest und nahm an Stärke zu. Aber der plötzliche Richtungswechsel erzeugte einen unruhigen Seegang, in dem *Melusine* heftig stampfte, während die vor Kälte zitternden

Toppsgasten wieder aufenterten, um die Bramsegel zu bergen, die sie gerade erst losgemacht hatten.

Als die Sicht besser wurde, zeigte sich, daß der Sturm das Eis aufgebrochen hatte, so daß sie nun von Schollen jeder erdenklichen Form und Größe umgeben waren. Drinkwater schickte zunächst Bourne und anschließend Rispin ins Krähennest, von wo aus sie den verdoppelten Wachen unten an Deck entsprechende Anweisungen zuriefen. Auf diese Weise kämpften sie sich drei Tage lang mühsam durch die unendlichen, trügerischen Weiten, bis der Höhepunkt des Sturms endlich überschritten war.

Jetzt, da das sichtige Wetter anhielt, konnten sie den großen Eisbergen ohne Schwierigkeiten ausweichen. Aber die kleineren Berge und geborstenen Schollen aus Höckereis mußten sie oft mit Hilfe der Ersatz-Bramspieren aus dem Weg drücken. Am schlimmsten waren die sogenannten Growler, große Bruchstücke von abgeschmolzenen Eisbergen, die – nahezu unsichtbar – dicht unter der Oberfläche dahintrieben. Mehrere Male schrammte *Melusine* an so einem Ungetüm entlang, und ihre Barkhölzer begannen, von den vielen harten Eisberührungen pelzig auszusehen. Drinkwater begriff jetzt, wie vorteilhaft ein Rigg war, zu dessen Handhabung ein paar Mann ausreichten, was schon Sawyers bei den Shetlands behauptet hatte. Er wünschte auch, daß er jetzt seine alte Bombenketsch, die *Virago*, unter den Füßen hätte – ein Gedanke, der ihn an das Gespräch mit dem Earl St. Vincent erinnerte. Er hatte in den letzten Tagen wenig an seinen Auftrag gedacht, geschweige denn an die Möglichkeit, daß sich ein französischer Kaperer in diesen Gewässern herumtrieb. Er wünschte, St. Vincent hätte etwas besser über die Navigationsprobleme in den hohen Breiten Bescheid gewußt und ihm ein robusteres Schiff gegeben. Schön und schnell mochte die Korvette ja sein, aber sie war nichts für die Grönlandsee.

Am Tag nach Drinkwaters Rückkehr bestatteten sie Germaney. Es war eine trostlose kleine Zeremonie, die ein Alle-Mann-Manöver, ausgelöst durch auf ihrem Kurs treibende Growler, recht formlos unterbrach. Singletons anderer schwerer Fall, der wahnsinnig gewordene Macpherson, lag jetzt schlaff auf seiner Koje, da er, um die Freiwache nicht durch seine Delirien zu stören, starke Dosen von Laudanum bekam.

Am fünften Tag des Sturms sichteten sie die *Truelove* und signalisierten ihr über acht Meilen Eis und See hinweg. Sie lag, bis auf die Untersegel gerefft, allem Anschein nach sicher wie ein Fels in der rauhen See. Einen Tag später stießen sie auf *Diana* und *Narwal*, und dann kamen *Provident* und *Earl Percy* in Sicht, die ihnen mitteilten, daß alles in Ordnung sei. Am Morgen, als der Wind sich legte, schien das Meer weitgehend eisfrei zu sein. Schließlich machten sie auch *Faithful* aus, zehn Meilen entfernt in nordwestlicher Richtung. Sie signalisierte, daß Wale in Sicht seien.

Nach ununterbrochenem Schlaf von zwölf Stunden sehr erfrischt, schrieb Drinkwater in sein Tagebuch: »... erwachte ich mit dem starken Eindruck, daß mein Leben durch die Vorsehung geschont worden war.« Er hielt inne. Die Folgen seiner Torheit, das Schiff zu verlassen, rückten ihm sehr nachdrücklich ins Bewußtsein, und er beschloß, nie wieder so unüberlegt zu handeln. Germaney war während seiner Abwesenheit gestorben, und er hatte seinetwegen immer noch Gewissensbisse. Er schloß: »Als wir auch *Faithful* sichteten, war ich überzeugt, daß die mir anbefohlenen Schiffe den Sturm weitaus leichter abgewettert hatten als wir selbst, denn obwohl wir keine Segel eingebüßt haben, macht *Melusine* jetzt mehr Wasser als zuvor. Nach *Faithfuls* Signal, daß Wale in der Nähe seien, gingen alle Walfänger sofort auf Nordkurs, wo aus mir unverständlichen Gründen weniger Eis zu sein scheint. Die Kälte hat zugenommen.«

Er ließ die Feder sinken, klappte das Tagebuch zu und schob es in die Tischschublade.

»Mr. Hill möchte zu mir kommen!«

Er hörte, wie sein Befehl vom Posten Kajüte weitergegeben wurde, erhob sich und holte die Weinkaraffe und zwei Gläser aus dem Schrank.

»Kommen Sie herein«, rief er, als Hill klopfte. »Sicherlich haben Sie nichts gegen ein Gläschen Wein an einem so rauhen Morgen.«

»Durchaus nicht, Sir. Danke.«

Drinkwater nahm einen Schluck Rotwein und setzte sich wieder.

»Mr. Hill, wir kennen uns schon recht lange. Jetzt, da Germaney tot ist, muß ich eine Leutnantstelle besetzen. Nein, nein, lassen Sie mich ausreden. Ich kann mir keinen Offizier an Bord vorstellen, der es mehr verdient hätte. Ich möchte Sie jetzt zum Leutnant auf Zeit ernennen und glaube, genügend Einfluß zu haben, daß diese Ernennung nach unserer Rückkehr offiziell bestätigt wird. Was halten Sie davon?«

»Sehr aufmerksam von Ihnen, Sir. Aber ich...«

»Verdammt noch mal, Hill, Bourne hat mir erzählt, daß er ohne Ihre Hilfe sehr übel dran gewesen wäre; er ist ein guter Kerl und läßt

Ihnen auch das Verdienst zuteil werden, das Ihnen zusteht. Mit dem Patent eines Segelmeisters und Navigators bekommen Sie niemals ein eigenes Kommando und die Beförderungschancen, die Sie verdienen. Denken Sie an den alten James Bowen, Earl Howes Navigator, der gefragt, welche Belohung er sich für seine Dienste am 1. Juni* am meisten wünschte, antwortete: das Offizierspatent.«

»Aye, Sir, das stimmt. Aber Bowen wurde zum Prisenagenten für die Flotte gemacht und brauchte sich über die Kürzung seiner Bezüge nicht den Kopf zu zerbrechen. Ich aber habe kein Nebeneinkommen und muß eine Familie ernähren. Bowen genoß außerdem die Unterstützung des Earls, während ich – nichts für ungut, Sir – wahrscheinlich für den Rest meiner Dienstzeit Leutnant bleiben würde. Jetzt erhalte ich wenigstens einundneunzig Pfund pro Jahr, was selbst nach Abzug der Steuern von fünf Guineen mehr ist, als ein Leutnant erhält. Aber das ist noch nicht alles, Sir; mit meinem Patent gehöre ich zum ständigen Korps und bekomme selbst dann meinen Sold, wenn das Schiff außer Dienst gestellt wird. Trotzdem vielen Dank, Sir.«

Drinkwater schenkte Hill noch ein Glas ein. Eigentlich hatte er diese Antwort erwartet. Er ärgerte sich insgeheim über die Dummheit eines Systems, das Männern von Hills Fähigkeit die Anerkennung verwehrte.

»Nun gut. Wen sollte ich dann Ihrer Meinung nach befördern? Gorton hat seine sechs Jahre beinahe rum und ist auch der ältere, während Quilhampton nur wenig jünger ist, aber ein Steuermannspatent vom Trinity House besitzt. Ich bin persönlich geneigt, Quilhampton zu bevorzugen, da ich ihn schon seit Jahren kenne. Deshalb wäre ich Ihnen für einen objektiven Rat dankbar.«

Hill seufzte und schlug die Beine übereinander. »Ich habe noch keinen der beiden im Gefecht gesehen, Sir, halte sie jedoch für gleich tüchtig.«

»Eine schwere Entscheidung, ich weiß. Ich kann Ihnen nicht verargen, wenn Sie sich nicht festlegen wollen.«

»Sir, darf ich offen sein?«

»Natürlich.«

»Dann würde ich Mr. Gorton vorziehen, Sir. Mr. Quilhampton ist dienstjünger und auch jünger an Jahren. Wenn Sie ihn bevorzugen, könnte das wie Günstlingswirtschaft aussehen. Außerdem glaube ich, daß seine Prothese sich als Handikap erweisen könnte.«

* A. d. Ü.: Seeschlacht im Nordatlantik (1. 6. 1794) zwischen der britischen Flotte unter Lord Howe und der französischen unter Villaret de Joyeuse.

Drinkwater nickte. »Gut, Mr. Hill. Ihre Überlegungen sind fundiert. Seien Sie so nett und nehmen Sie Mr. Q zu einem ruhigen Gespräch beiseite, damit seine Enttäuschung durch die Einsicht gemildert wird, daß er mein Vertrauen keineswegs eingebüßt hat.«

»Aye, aye, Sir.« Hill erhob sich.

»Noch etwas...«

»Sir?«

»Erwähnen Sie bitte nicht, daß seine Prothese meine Entscheidung irgendwie beeinflußt hat. Vielmehr glaube ich, daß sein Handikap nicht sehr groß ist. Die künstliche Hand ist nämlich völlig unempfindlich gegen Kälte.«

Singleton sah mit Abscheu auf das nieder, was einmal der Schiffsarzt Macpherson gewesen war. Durch zehn Gran Laudanum betäubt, lag er mit grauem Gesicht in seiner Koje, die Wangen eingefallen, bleich und von einer glänzenden Schweißschicht bedeckt.

Fast konnte Singleton fühlen, wie Skeete im Schatten neben ihm grinste.

Unvermittelt wurde er von einem sehr unchristlichen Gedanken überfallen: Warum starb Macpherson nicht endlich? Der Rum hatte sein Hirn schon vor langer Zeit zerstört, und jetzt hatten ihn die Entzugserscheinungen in einen tobenden Wahnsinnigen verwandelt. Trotzdem weigerten sich seine fürchterlich strapazierten Organe, ihre Funktion einzustellen, so daß er immer wieder erwachte, sich wild in seinem eigenen Unrat wälzte und herumwarf, bis Skeete ihn notdürftig säuberte und Singleton ihm eine weitere Dosis Laudanum einflößte.

Singleton sah es als gottgegebene Herausforderung an, seine revoltierenden Instinkte zu besiegen. Dies war eben eine Prüfung, die ihm helfen konnte, das jämmerliche Leben bei den Eskimos zu bestehen. Er versuchte, Gott für die Übung zu danken, mit der er sich innerlich auf die kommende schwere Aufgabe einstellen konnte.

Dann war da noch die Sache mit Drinkwaters wunderbarer Rettung aus dem Nebel. Es bestürzte Singleton, daß sie an Bord so selbstverständlich hingenommen worden war. Das empfand er fast wie Blasphemie, denn er hatte keine Ahnung von den tausend Tricks, die das Schicksal einem Seemann innerhalb weniger Tage zu spielen vermag. Er aber konnte einfach nicht vergessen, wie sehr dem Schiff die beruhigende Gegenwart seines Kommandanten gefehlt hatte. Er war sich klar, daß er ohne Drinkwater die Küste Grönlands nicht erreichen würde. Ständig begann ihn der Gedanke zu verfolgen, wie Drinkwater bei guter Gesundheit erhalten werden konnte, zumal der Kommandant seit der dramatischen Nebelfahrt dünner geworden war und mehr von Schmerzen geplagt schien. Den reglosen Körper des ehemaligen Schiffsarztes musternd, entschied er, daß es dringendere Aufgaben für ihn gab.

»Versuchen Sie, ihm etwas Suppe einzuflößen«, sagte er zu Skeete und begab sich an Oberdeck.

Dort fand Singleton einen weiteren Beweis für die Wohltätigkeit des Allmächtigen: den Inuit Meetuck, der mit zwei Seeleuten dabei war, die Robbenfelle und das Eisebärenfell zu gerben. Die Gespräche mit dem Inuit hatten es Singleton ermöglicht, seine in Kopenhagen erworbenen theoretischen Kenntnisse in die Praxis umzusetzen, und schon hatte er erreicht, daß Meetuck sich taufen ließ.

Singleton hatte erfahren, daß Meetuck aus einem Ort namens Nagtoralik kam und sein Volk die Ikermiut nannte, was »Leute von der Meerenge« bedeutete. Nach einiger Ermunterung durch Drinkwater kam heraus, daß diese »Meerenge« weit im Westen und, so konnte man schließen, an der Küste Grönlands lag. Insgeheim glaubte Singleton, daß er an diesem Ort seine erste Missionsstation gründen würde. Die mangelnde Intelligenz des Eskimo hielt diesen jedoch davon ab, auch Dinge mitzuteilen, nach denen man ihn nicht fragte. Meetuck wußte nur, Singleton war ein *gardlunag*, ein weißer Mann, und offenbar ein guter Mensch. In seinem einfachen Gemüt war Meetuck bestrebt, den Männern, die ihn gerettet hatten und ihm jetzt so gut zu essen gaben, jeden Wunsch zu erfüllen.

Als er Singleton sah, verzog Meetuck das wettergegerbte Gesicht zu einem breiten Lächeln, bis seine Mongolenaugen dunkle Schlitze waren. Er sagte etwas und zeigte auf das Eisbärenfell, das er mit einer sanften Bewegung glattstrich.

»Es war ein großer Bär«, übersetzte Singleton für die Seeleute. »Und er, der ihn getötet hat, war ein mächtiger Jäger.« Die beiden Seeleute schienen das für drollig zu halten und begannen vor sich hin zu kichern. »Wie Nimrod...« Singleton ließ den Satz unvollendet und drehte sich zum Kommandanten um, der hinter ihm an Deck gekommen war; wegen der schneidenden Kälte trug er noch einen Umhang über dem Mantel. Plötzlich kam Singleton der Gedanke, daß Drinkwater aus wärmerer Kleidung sicherlich großen Nutzen ziehen würde, und er ging wieder unter Deck, um Mount aufzusuchen.

Der Leutnant der Seesoldaten war gerade mit Rispin beim Würfeln.

»Hallo, Singleton, wollen Sie mit uns die Wonnen der Verdammnis genießen?« Mount grinste dem nüchternen Missionar zu, dessen Mißbilligung sich auf nahezu alle Freizeitaktivitäten der Offiziere und Fähnriche erstreckte, ganz besonders, wenn sie wie jetzt von Alkoholkonsum begleitet waren. Doch Singleton schluckte diesmal das Mißfallen herunter und setzte sein trockenes Lächeln auf.

»Ach, Mount, warum beweisen Sie mir nicht, daß ich mich täusche und Sie noch nicht so weit gesunken sind, daß Sie nicht mehr auf Erlösung hoffen können?«

Mount rollte theatralisch mit den Augen. »Sieh an, Rispin, mir wird christliche Nachsicht zuteil. Was wollen Sie denn?«

»Das Fell Ihres Eisbären.«

»Fürwahr«, Mount warf sich in gespieltem Entsetzen in die Brust, »Ihr bedrängt mich hart, edler Herr. Warum?«

»Ich brauche es für einen guten Zweck.«

»Aha! Jetzt wird mir alles klar, Mr. Singleton. Sie wollen mir meine Trophäe abjagen, so daß ich frieren muß, während Sie in meinem Bärenpelz vor Wärme dampfen, so ist es doch?«

»Aber nein, Mount, ich will das Fell doch gar nicht für mich. Ich habe bereits mehrere Robbenfelle erworben.«

»Für wen dann? Doch nicht etwa für Ihren verdammten Eskimofreund?«

»Nein. Für den Kommandanten. Ich fürchte, er hat sich erkältet, und Sie wissen ja, daß eine Erkältung bei diesem Wetter zu einer Bronchitis oder sogar zu einer Lungenentzündung führen kann.«

»Das ist, weiß Gott, echte christliche Nächstenliebe. Was meinst du dazu?« fragte er seinen Kumpan.

»Lassen wir die Würfel entscheiden«, meinte Rispin, was ihm einen wütenden Blick Singletons einbrachte.

»Das ist ein schändlicher Vorschlag, Mr. Rispin, Sie wissen, daß ich es ablehne...«

»Aber es wäre doch amüsant, Singleton. Kommen Sie schon, lassen Sie uns sehen, ob der Allmächtige auf Ihrer Seite ist.«

»Das ist Blasphemie, Mr. Mount! Es macht mir nichts aus, wenn Sie über mich spotten, aber hierfür habe ich kein Verständnis.«

Empört machte Singleton auf dem Absatz kehrt und knallte mit der Stirn gegen einen Decksbalken. »Herrgottsakrament!« fluchte er und stürmte unter dem Gelächter der beiden Offiziere aus der Messe.

Drinkwater ließ das Fernglas sinken und sagte: »Drehen Sie hinter ihr bei, Mr. Bourne.«

»Aye, aye, Sir.«

Drinkwater setzte das Teleskop wieder ans Auge und starrte zur *Narwal* hinüber. Schon das dritte Mal hatten sie dort die Boote ausgesetzt und ergebnislos wieder einholen müssen, da die Wale sich der Verfolgung entzogen und stetig nach Nordwesten schwammen. Die letzten beiden Tage waren *Narwal*, *Faithful*, *Diana*, *Earl Percy*, *Provident* und *Truelove*, gefolgt von *Melusine*, nach Nordwesten gekreuzt. Einzig Kapitän Renaudson von der *Diana* hatte mit seiner bronzenen Harpunenkanone einen Wal erlegt, und das war nur ein Finnwal gewesen.

Als *Melusine* im Lee der *Narwal* lag, schwang sich Drinkwater auf die Reling und hielt sich mit einer Hand an den Kreuzwanten fest.

»*Narwal*, ahoi!«

Jaybez Harvey kletterte ebenfalls auf die Reling und winkte ihm freundschaftlich zu.

»Kein Erfolg, Kapitän?«

Harvey schüttelte den Kopf. »Nein, die Wale benehmen sich recht seltsam«, rief er zurück. »Es ist ungewöhnlich, daß sie in ganzen Schulen nach Nordwesten schwimmen. Vielleicht hat sie etwas erschreckt. Grönlandwale reagieren im allgemeinen langsam, aber diese Teufel hier haben einfach keine Lust, ihren Tran für die Öllampen von London herzugeben.«

Drinkwater sprang zurück an Deck, als die Männer der *Narwal* die Rahen anbraßten und das Schiff wieder Fahrt aufnahm, nachdem es eine Eisscholle beiseite gedrückt hatte.

Auch sie holten die Brassen rund und liefen, den Kurs der *Narwal*, *Diana* und *Faithful* achteraus schneidend, nach Osten. Mittags wendeten sie in einer See, in der vereinzelt loses Packeis trieb. Nur ein Dutzend Eisberge waren von Deck aus zu sehen, und die leichte nordöstliche Brise hatte wieder klares Wetter gebracht. Es herrschte immer noch bittere Kälte, aber der Wind war stark genug, um das Wasser in Bewegung zu halten, das sonst vielleicht zugefroren wäre. Dieser Gedanke war für Drinkwater eine konstante Beunruhigung, als er sorgenvoll den Thermometerstand im Logbuch las.

Ein weiteres Problem war die sinnvolle Beschäftigung der Besatzung. Nachdem der Sturm sich gelegt hatte, stellte auch das Eis keine große Bedrohung mehr dar, und so waren sie unter handlicher Besegelung langsam im Kielwasser der Walfänger nach Norden aufgekreuzt. Inzwischen hatten sie einige Aktivitäten als Zeitvertreib wieder aufgenommen. Zum Fechten war das Wetter allerdings zu kalt, da es die Klingen spröde werden ließ. Aber der Kutter war ausgesetzt worden, um Robben zu jagen, denn Drinkwater wollte alle Besatzungsmitglieder wärmer gekleidet sehen, als es Palgraves Kleiderkiste erlaubte. Die Mannschaft nahm aktiv an der Jagd teil. Die Seesoldaten und die von Lieutenant Mount im Gebrauch von Handfeuerwaffen unterwiesenen Toppsgasten bildeten die Jagdtrupps. Bald war *Melusine* zweifellos das Kriegsschiff mit der besten Verpflegung in der ganzen Royal Navy. Das frische Robbenfleisch war eine höchst willkommene Bereicherung ihrer Speisekarte und galt als ausgezeichnetes Mittel gegen Skorbut.

Drinkwater dachte sich alle nur möglichen Unterhaltungen aus und kaufte den Walfängern sogar Walbarten ab, damit seine Leute Schnitzereien anfertigen konnten. Doch als er in die Kuhl sah, wo Meetuck die Säuberung weiterer Robbenfelle überwachte und der Kanonier die Feuersteine der Schlösser kontrollierte, fühlte er, daß das Potential des Schiffes vergeudet wurde. Immer noch gingen sie zweimal täglich zur Übung auf Gefechtsstation und machten jeden dritten Tag Geschützexerzieren.

Drinkwater spürte, daß trotzdem eine eigenartig verzauberte Stimmung über dem Schiff lag, und konnte sich des Gefühls nicht erwehren, daß sie sich auf einem zwar gefährlichen, aber auch seltsam vergnüglichen Bootsausflug befanden. So war er überrascht, als ihm plötzlich eine kleine Gruppe von Offizieren gegenübertrat.

»Verzeihung, Sir.«

»Ja, Mr. Mount, was gibt's?« Die Leute kamen ihm wie eine Art Abordnung vor, und einen Augenblick erschrak er, denn seine Gedanken waren von Bootsausflügen zu Expeditionen gewandert und dann fast zwangsläufig beim Schicksal Kapitän Blighs verweilt. Er sah die Offiziere an. Mount wurde begleitet von Rispin, Hill, Gorton und Quilhampton. Dann kamen noch Walmsley, Glencross, Dutfield und Wickham hinzu, gefolgt von einem ärgerlichen und etwas unwilligen Singleton. Sie schienen irgendein Bündel zu tragen.

»Wir fragen uns, Sir, ob Sie nicht vielleicht ein Geschenk von uns annehmen würden...«

»Ein Geschenk, Mr. Mount?«

»Etwas, um Sie warm zu halten, Sir. Denn wie Mr. Hill sagt, wir haben gegen Mittag den 72. Breitengrad überquert.«

Damit überreichten sie ihm das prächtige Fell des Eisbären.

»Danke, Gentlemen«, sagte Drinkwater. »Meinen allerherzlichsten Dank. Ich bin Ihnen sehr verbunden.«

Bourne kam über Deck und gesellte sich zu ihnen. »Vielleicht erweisen Sie der Offiziersmesse die Ehre, Sir, und nehmen bei passender Gelegenheit an unserem Abendessen teil.«

»Mit Vergnügen«, sagte Drinkwater, indem er Mantel und Rock auszog und sich das große Bärenfell umwarf. »Was ist mit dem Kopf des Tieres geschehen?«

»Er wurde sorgfältig präpariert und auf ein Brett montiert, Sir«, sagte Walmsley. Damit machten sie sich in ausgelassener Stimmung wieder auf den Weg in ihre Quartiere, ganz so, als seien sie auf einem Segeltörn.

ELFTES KAPITEL

Juli 1803

Die große Jagd

Mr. Quilhampton schwang das Glas langsam von Backbord querab nach Steuerbord voraus. Zunächst bemerkte er nichts Ungewöhnliches, denn der Eisblink, den sie seit zwölf Stunden am Horizont sahen, hatte ihnen schon verraten, daß das offene Treibeis in Packeis und danach vermutlich in ein Eisschelf übergehen würde. Die Einsamkeit des Krähennestes kam seiner Stimmung entgegen, denn so konnte er seinen verletzten Stolz in Ruhe pflegen. Er war enttäuscht, daß man Mr. Gorton bei der Beförderung den Vorzug gegeben hatte, und auch die beschwichtigenden und tröstenden Worte Hills konnten seinen Kummer nicht lindern. Wie gern wäre er als Leutnant, im Glanz seiner neuen Uniform, durch die Straßen Edinburghs und geradewegs ins Wohnzimmer von Catriona MacEwan spaziert!

»Ausguck!« Er schreckte hoch und sah nach unten. Der Navigator starrte zu ihm herauf.

»Sir?«

»*Narwal* signalisiert. Können Sie's erkennen?«

So an seine Pflicht erinnert, hob Quilhampton das große Teleskop ans Auge. Die sechs Walfänger rauschten, auf Steuerbordbug liegend, dahin. *Melusine* stand etwas in Lee von ihnen, achteraus von *Narwal*. Die Signalflaggen wehten daher genau in Richtung der Korvette aus und ließen sich nicht identifizieren. Er versuchte alles mögliche, wurde jedoch aus der Flaggengruppe nicht schlau. Er rief zum Deck hinunter und meldete es Hill. Als er von neuem den Horizont absuchte, sah er jedoch den Grund für das Signal: Die schnell schwimmenden Wale, denen sie jetzt schon drei Tage lang geduldig kreuzend folgten, hatten Halt gemacht. Sie schwammen in Kreisen, und ihre Zahl schien noch gewachsen zu sein. Quilhampton fragte sich, ob hier wohl ein Rendezvous zum Zweck der Fortpflanzung stattfand. Und dann sah er noch etwas anderes, etwas ganz Außergewöhnliches.

Querab an Backbord öffnete sich die Mündung eines breiten Kanals im Eisschelf. Wäre er nicht so in Gedanken gewesen, hätte er ihn längst erkannt. An der durch Höckereis teilweise verdeckten Mündung, in der auch einige Eisschollen trieben, war der Kanal mehrere Meilen breit. Im Kanal selbst schien das Wasser grüner und bildete eine nährstoffreiche Straße zwischen den großen Eisinseln. Dieses krill- und planktonreiche Seegebiet, dessen Vorhandensein die Wale über große Entfernungen gespürt haben mußten, war der Grund für ihre geheimnisvolle Wanderung gewesen.

Die *Narwal* hatte bereits zwei Boote zu Wasser. *Provident*, *Earl Percy* und *Faithful* waren im Begriff beizudrehen. *Diana* mußte noch einen Schlag aufkreuzen, und die nach Osten abgefallene *Truelove* hatte inzwischen das Signal der *Narwal* erkannt und ihren Kurs entsprechend geändert.

Quilhampton schwang sich durch die Falltür und enterte so schnell er konnte nieder.

Drinkwater erkannte die Bedeutung dieser großen, eisfreien Durchfahrt, sobald er oben im Krähennest stand. Auch wurde ihm sofort klar, daß dieser seltsame Kanal, der sich nach Westen fortzusetzen schien, soweit das Auge reichte, ein recht ungewöhnliches Phänomen war. Die Grönlandwale hatten sich im Kanal kaum noch weiterbewegt. Er konnte gleichzeitig zwanzig oder dreißig an der Oberfläche sehen, der vereinigte Blas ihres Atems schwebte wie eine Wolke über ihnen. Von Zeit zu Zeit zeigte sich ein großer stumpfer Kopf, in dessen geöffnetem Maul die Barten mit starrem Grinsen schimmerten, während dieses riesige Sieb die winzigen Organismen aus dem Seewasser filterte, das in Sturzbächen seitlich ablief.

Bis auf *Truelove*, die jetzt unter Vollzeug eilig zu ihnen stieß, hatten alle Schiffe ihre Boote zu Wasser gebracht. Drinkwater spürte, daß die Gunst der Stunde sie zu höchster Eile antrieb.

Überraschenderweise sah er ein Boot der *Narwal* abdrehen und auf *Melusine* zukommen und erkannte Harvey selbst im Bug. Erneut richtete er das Glas nach Westen. Hier schien eine Urgewalt das Eisschelf plötzlich geteilt und die beiden Hälften auseinandergezogen zu haben. Einen Augenblick fragte er sich, ob diese Gewalt nicht auch umgekehrt wirksam werden konnte, so daß sie womöglich von den Eismassen eingeschlossen und zerdrückt wurden, wenn sie in den Kanal einliefen. Unwillig schüttelte er diese Gedanken ab und machte sich auf den Weg nach unten. Er stand gerade wieder auf dem Achterdeck, als das Boot heranschor und Lieutenant Rispin auf ein Nicken Drinkwaters hin Kapitän Harvey an Bord bat.

Harveys Augen glänzten vor Aufregung. Er strahlte so über das ganze stupsnasige Gesicht, daß die entstellenden Pockennarben gar nicht mehr auffielen. Drinkwater fand seine gute Laune ansteckend. »Guten Morgen, Kapitän Harvey. Ich bin überrascht, daß Sie nicht hinter den Walen her sind.«

Harvey grinste. »Wenn es uns gelingt, sie nicht entkommen zu lassen, gibt es hier so viel zu holen, daß wir alle unsere Fässer füllen und die Rückreise antreten können. Aber dazu brauchen wir Ihre Unterstützung.«

»Wie das?«

»Na ja, die Wale werden sicher dem Krill – oder was sonst hier für sie so interessant ist – in den Kanal hinein folgen. Kommen wir ihnen mit unseren Booten zu nahe, werden sie wahrscheinlich nach Westen auszubrechen versuchen. Wenn Sie sich nun mit Ihrem Schiff vor sie setzen, könnten Sie sie vielleicht durch Kanonenfeuer daran hindern zu entkommen... Würden Sie das für uns tun?«

Schnelle Beute, eine kurze Reise, erfolgreiche Erfüllung einer Aufgabe, die ihm zunächst äußerst schwierig erschienen war – diese Vorstellung war mehr als verlockend. Er hatte nur ein Bedenken: seine mangelnde Erfahrung mit der Navigation im Eis.

»Wie weit werden die Wale Ihrer Meinung nach in den Kanal vorstoßen, Kapitän Harvey? Für mich sieht es wie dichtes Schelfeis aus; sollte es sich schließen, kommen Sie mit Ihren Schiffen vielleicht noch davon, aber meins wird wie eine Eierschale zerdrückt.«

Harvey schüttelte den Kopf. »Ich hab von diesem Phänomen schon gehört, Captain Drinkwater. Das war zu meines Vaters Zeiten, im Jahr 1769. Wenn die Wale in eine Rinne hineinschwimmen, dann schließt sie sich auch nicht.«

Drinkwater leuchtete Harveys Argument nicht recht ein. Die Wale konnten umkehren und schneller zurückschwimmen, als ein Schiff gegen den Wind aufzukreuzen vermochte; der Wind konnte umspringen und das südwestlich treibende Eis wieder nach Norden drücken. Als er Harvey seine Befürchtungen mitteilte, sah er die Enttäuschung in den Augen des Mannes.

»Das Eis wird sich bestimmt nicht zusammenschieben, auf keinen Fall in den nächsten sieben Tagen. Und bis dahin haben wir unsere Fässer voll...« Die Jagdlust war ihm deutlich anzusehen.

Eine kurze Reise. Wieder zu Hause, keine Schmerzen mehr in der Schulter, Elizabeth, die Kinder...

»Na gut, ich gebe Ihnen drei Tage.« Er grinste, Harvey grinste zurück und schlug ihm schmerzhaft auf die Schulter. Sobald der Kapitän mit seinem Boot abgelegt hatte, befahl Drinkwater alle Mann an Deck.

»Lassen Sie die Bramsegel setzen, Mr. Rispin.« Er sah zu, wie Rispin das Sprachrohr an den Mund hob und den üblichen Strom meist überflüssiger Befehle losließ.

»Achterwache setzt Großbramsegel! Bootsmannsmaat, die Achterwache an die Großbramfallen! Korporal, die Seesoldaten an die Kreuzsegelfallen. Wachtmeister! Schicken Sie ein paar Leute unter Deck und scheuchen Sie alles, was sich noch unten rumtreibt – Diener, Backschafter, Kochshelfer und Sanitätsgehilfen – nach oben!«

Dieser Befehlsschwall wurde von den Unteroffizieren weitergegeben, die zur Nachhilfe mit ihren Stöcken auf die Nagelbänke schlugen und ihre Leute mit lautem Fluchen antrieben.

»Toppsgasten aufentern!« Rispins seltsam hysterisches Geschrei schien die Besatzung jedoch in Schwung zu bringen. Vielleicht wurden sich alle plötzlich der Tatsache bewußt, daß die Jagd nach den Walen eine neue, primitivere Dimension angenommen hatte. Und doch hatte Drinkwater, der – an Palgraves Messingkarronade gelehnt – das Manöver beobachtete, erneut das Gefühl, sie befänden sich auf einer Vergnügungsfahrt. Vielleicht war es die phantastische Eislandschaft der Arktis, die solche Halluzinationen hervorrief.

»Laß fallen! Hol dicht die Schoten!«

Die Rahen stiegen langsam hoch, wobei die Segel sich entfalteten.

Er schüttelte das lächerliche Gefühl ab. »Mr. Quilhampton!«

»Sir?«

»In den Ausguck mit Ihnen. Wir werden jetzt in die Fahrrinne einlaufen und uns vor die Wale setzen.«

»Aye, aye, Sir.«

Drinkwater warf einen Blick auf den Kompaß. »Steuern Sie West zu Nord.«

»West zu Nord liegt an, Sir.«

»Schoten dicht! Belegen!« Endlich meldete Rispin, daß die Bramsegel gesetzt seien.

»Lassen Sie die Rahen vierkant brassen, Mr. Rispin. Kurs West zu Nord.«

Rispin bestätigte, und kurz darauf prasselten seine Befehle wieder aus dem Sprachrohr.

»Achterwache und Seesoldaten an die Luv-Großbrassen! Achtung an den Fockbrassen! Bootsmannsmaat, lassen Sie die Leute hier nach achtern traben! Holt die Großbrassen – zugleich, verdammt noch mal – und paßt auf, wenn das Schiff nach Luv überholt! Gut so, die

Großrah! Belegen! Belegen! Nicht weiter mit der Fockrah rumkommen, belegen!«

So ging es noch einige Minuten lang, bis Mr. Rispin schließlich mit dem Trimm der Rahen zufrieden war. Die *Melusine* hatte bereits Fahrt aufgenommen und stand jetzt zwischen den Walfängern und ihren Booten. Zwei Boote hatten bereits ihre Flaggen gesetzt, es waren die Farben der *Narwal*, wie Drinkwater bemerkte. Er winkte zu Harveys Steuermann hinüber, der das Schiff führte, solange sein Kapitän den Walen mit der Harpune nachstellte. Er grüßte auch Abel Sawyers, als die *Melusine* den Quäker in seinem Boot passierte Dann befanden sie sich mitten unter den Walen, und die Luft war erfüllt von dampfenden Schwaden, die sehr unangenehm rochen. Sie sahen die glänzenden Buckel, die peitschenden Schwanzflossen, und einmal zeigte sich einer der großen häßlich-edlen Köpfe an der Oberfläche, wie er das Meerwasser, im wahrsten Sinne des Wortes aus dem vollen schöpfend, durch seine Barten strömen ließ.

»Auf Gefechtsstationen, Mr. Rispin«, sagte Drinkwater ruhig, wobei er die Reaktion des jungen Offiziers beobachtete. Er bemerkte die Überraschung und das leichte Zögern, das der Bestätigung vorausging. Kurz darauf schrillten die Bootsmannspfeifen, und der Trommler der Seesoldaten schlug einen schnellen Wirbel. Die Männer rannten zu den Geschützen, die Offiziere und Fähnriche zogen ihre Dolche und Degen, und die Stückführer hoben nacheinander die Hand zum Zeichen, daß ihre Kanonen feuerbereit waren.

»Segeltrimmer auf Station, Mr. Hill. Wir drehen jetzt bei und feuern eine Breitseite vor die Wale!« Hill hatte Rispin abgelöst. Nur die allernötigsten Befehle waren zu hören, als Hill die Männer an ihre Arbeit schickte. Bourne stand neben ihm parat, um die Befehle an die Geschützbatterie weiterzugeben. »Mit Kugeln laden, Mr. Bourne. Alle Rohre maximaler Senkungswinkel. Backbord- und Steuerbordbreitseite vorbereiten.«

»Aye, aye, Sir.«

Melusine segelte jetzt in der Fahrrinne. Zu beiden Seiten tauchten immer noch die Rücken der Wale auf, die ihre mächtigen Leiber mit langsamen Schlägen der riesigen Schwanzflossen majestätisch vorwärtstrieben. Jenseits der Wale, an Backbord nahe und an Steuerbord einige Meilen entfernt, glitzerte der Rand des Eises im Sonnenlicht, funkelte stellenweise wie Diamanten und ging nach unten in bläuliche Schatten mit grünem Algenbewuchs über.

Aus den Augenwinkeln sah Drinkwater, daß Mr. Singleton seitlich hinter ihm stand. »Sollten Sie nicht auf Station sein?« fragte er milde.

»Entschuldigung, Sir, aber ich dachte, es wäre nur wieder eine dieser endlosen Übungen...«

»Schon gut. Da Sie nun einmal hier sind, können Sie auch zusehen.«

Singleton wandte sich um und sah Meetuck aufgeregt ins Wasser zeigen, wo sich eine Walkuh genüßlich auf die Seite rollte und dem neben ihr schwimmenden Kalb ihre Zitzen anbot. »Es ist nicht recht, diese großartigen Wesen zu töten«, murmelte er vor sich hin, wobei er an das *Benedicite* dachte. Die Mutter und ihr Kalb blieben zurück.

»Anluven, Mr. Hill, legen Sie das Schiff an den Wind.« Weitere Anweisungen folgten, die *Melusine* drehte nach Steuerbord und verlor mehr und mehr an Fahrt, bis sie schließlich zum Stillstand kam.

»Backbordbatterie!« Die Stückführer zeigten feuerklar, und Drinkwater nickte Bourne zu.

»Feuer!«

Die Breitseite löste sich in einer Wolke aus Pulverqualm, in der die Mündungsfeuer wie Blitze zuckten, und ließ mit ihrem Dröhnen die Ohren klingen. Eine Kabellänge entfernt in Lee, wo sie zwei große Wale gesehen hatten, warfen die Kugeln eine Reihe Fontänen auf. Durch die vertreibenden Schwaden sah Drinkwater, wie sich eine riesige Fluke über die Wasserfläche hob, als der eine Wal abtauchte. Aber er konnte nicht sagen, ob er kehrtgemacht hatte.

»Nachladen!« An den Geschützen der Backbordseite beeilten sich die Leute. Nichts begeisterte sie mehr, als ihre Kanonen abfeuern zu können.

»Noch eine Breitseite, Mr. Bourne.« Wieder reckten sich die Arme in die Höhe, und wieder klatschten die Kugeln vor den Walen ins Wasser. Drinkwater drehte sich um und spähte zurück zum Ausgang der Fahrrinne. Die Walfänger waren ungefähr drei Meilen entfernt. Zwischen ihnen und *Melusine* bot das Meer einen höchst ungewöhnlichen Anblick. Die ganze Oberfläche schien zu brodeln. Er konnte mehr als ein Dutzend Boote erkennen. Drei wurden von harpunierten Walen durchs Wasser geschleppt, auf anderen standen die Harpuniere wurfbereit, während die Bootssteurer die zerbrechlichen Fahrzeuge mit gespannter Aufmerksamkeit mitten ins Gedränge der Wale hineinlenkten, die jetzt nervös nach Südwesten schwammen. Dahinter suchten die Besatzungen zweier Boote, die bereits harpunierte Beute mit Lanzen zu erledigen, während ihre Opfer das Wasser mit den Schwanzflossen peitschten. Im Glas konnte Drinkwater erkennen, daß sie blutiger Schaum umgab. Einige mit Flaggen gekennzeichnete Walkadaver trieben schon an der Oberfläche und wurden zu den Mutterschiffen geschleppt, sobald ein Boot dafür Zeit hatte.

Drinkwater sah sofort, daß er die Steuerbordbatterie nicht abfeuern konnte, ohne die Boote zu gefährden, aber die Mannschaft wartet erregt auf den Schießbefehl.

»Bei Gott«, hörte er Walmsley Glencross zurufen, »das ist besser als eine Fasanenjagd!«

»Mr. Bourne, lassen Sie die Steuerbordgeschütze einrennen, festzurren und entladen!« Er hörte das Murmeln der Enttäuschung. »Ruhe da!«

Plötzlich wurde er sich einer neuen Gefahr bewußt. Die Korvette lag genau im Weg der näherkommenden Wale. Der Tod ihrer Artgenossen hatte sie alarmiert, so daß sie jetzt ungestüm vorwärtsdrängten. Er mochte sich nicht vorstellen, was passieren konnte, wenn so ein stumpfer Kopf gegen *Melusines* Rumpf prallte.

»Lassen Sie die Großrah vierkant brassen, Mr. Hill, und gehen Sie vor den Wind ...«

Auch Hill erkannte die nahende Gefahr. *Melusine* drehte langsam nach Backbord und nahm Fahrt auf. Kaum hatte sie ihre Drehung so weit beendet, daß sie den anstürmenden Walen das Heck zuwandte, als Drinkwaters Aufmerksamkeit durch lautes Schreien an Backbord achteraus erregt wurde.

Eines der von einem Wal geschleppten Boote war am zwei Meilen entfernten Eisrand zersplittert, als das gequälte Tier abtauchte. Der Alarmruf kam von einem anderen Boot, das achteraus von einem harpunierten Wal durchs Wasser geschleppt wurde und jetzt die Korvette um Hilfe bat, damit es selbst seine Beute nicht fahren lassen mußte.

Während sie noch dabei waren, den achteren Kutter zu Wasser zu lassen, wurde *Melusine* von einer großen, offensichtlich trächtigen Walkuh gerammt, die durch das Gemetzel in Panik geraten war. Die Korvette erzitterte unter dem Aufprall, und das momentan benommene Tier rollte neben dem Achterschiff an die Oberfläche, beinahe direkt unter dem noch in den Taljen hängenden Boot. Auf halbem Weg zum Wasser sah dessen überraschte Crew plötzlich das vergleichsweise winzige Auge des Riesen auf sich gerichtet. Der Wal blies und tauchte, wobei die Schwanzflosse den Kiel des Bootes traf, ohne es jedoch zum Kentern zu bringen.

Ein paar Minuten später pullte der Kutter unter dem Kommando des diensttuenden Ersten Offiziers Gorton durch das aufgewühlte Wasser, nur mit Mühe die fliehenden Wale meidend. Es sah nicht so aus, als hätte *Melusine* durch die Kollision Schaden erlitten. Die Besatzung des zerschmetterten Walbootes wurde rechtzeitig aufgefischt.

Die Walfänger jagten ihre Beute fünfzig Stunden lang ohne Unterbrechung. Da es ihm völlig unmöglich war, die Flucht der Wale zu verhindern, erklärte Drinkwater sich schließlich damit einverstanden, daß die Boote die erlegten Tiere längsseits an *Melusine* festmachten.

»Als Fender«, hatte Harvey ihm zugerufen, die Augen vor Erschöpfung tief in den Höhlen, »falls sich die Eisrinne schließt!« Nach diesem Scherz machte er sich an die Verfolgung seines achten Wales. Aber seine Laderäume waren nahezu voll. Jetzt lagen die fünf Schiffe am nördlichen Rand der Rinne und hatten mit Eisankern festgemacht. Jedes hatte zwei Walkadaver als Schutz zwischen Bordwand und Eis festgezurrt, während der Rest des Fangs reihenweise, riesigen Flößen vergleichbar, an der äußeren Bordwand lag. Um für das Flensen Kräfte zu sammeln, waren die völlig erschöpften Walfänger zur Koje gegangen und hatten der *Melusine* die Wache überlassen. Insgesamt waren mehr als dreißig Wale erlegt worden. Die mühsame Arbeit, den Walspeck abzuziehen, in Stücke zu schneiden und in Fässer zu stauen, kostete sie noch einmal zwei volle Tage.

Die Fähnriche der *Melusine* gingen mit Mount und einigen Seesoldaten auf das Eis und erlegten noch ein paar Robben, um dann nach ihrer Rückkehr auf die braunen Haie zu feuern, die sich in Scharen an den Kadavern der Wale gütlich taten. Das schöne Wetter hielt an, und die Kapitäne der Walfänger waren sehr zufrieden mit dem bisher so glücklichen Verlauf der Reise. Einer Einladung Drinkwaters zum Essen wollten sie nach dem Flensen folgen. Selbst Sawyers schien bester Laune, eine für Quäker recht ungewöhnliche Gemütsverfassung, und Drinkwater, der mit ihrer baldigen Heimreise rechnete, ließ Tregembo das Tafelsilber Palgraves hervorholen.

Die Hochstimmung, die sie alle erfaßt hatte, dämpfte seine Befürchtungen, das Eis könne sich plötzlich schließen. Außerdem stieg er zweimal täglich in den Großmast und verbrachte eine halbe Stunde im Krähennest, um das Eisschelf mit seinem großen Teleskop zu beobachten und mit einem Taschenkompaß die Peilungen markanter Eishügel zu überprüfen. Ihre Position veränderte sich nur minimal; wie das Wetter schien auch das Eis im für sie günstigsten Zustand zu verharren. Sein natürliches Mißtrauen, das dem Seeman eigene besondere Gespür für seine Umgebung, war durch die triumphierende Zuversicht der Walfänger abgestumpft.

Als sich die Kapitäne in Drinkwaters Kajüte versammelten, um die Krüge mit Rumpunsch zu leeren, dessen vielerlei Ingredienzien nur Cawkwell kannte, konnte niemand an ihrer guten Laune zweifeln. So groß war der Erfolg aller, daß die übliche Eifersucht der weniger

Glücklichen gar nicht erst aufkam. Zwar hatte Harveys Harpunenkanone ihre Überlegenheit bewiesen und ihrem Besitzer die meisten Wale eingebracht, doch mußte er dafür nur milden Tadel von Sawyers einstecken, der diese Jagdmethode als scheußliche Neuerung bezeichnete.

»Solch einen Fang hat es noch nie gegeben, Captain«, sagte Renaudson, dessen Gesicht von Punsch und Wärme gerötet war. »Abel blökt zwar von Gott wie eure schwarze Krähe...«, damit nickte er zu Singleton hinüber, »aber in Wirklichkeit ist es nur Glück. Ein Mann kann sein Leben lang mühsam in der Grönlandsee fischen und dann, klick«, er schnippte mit den Fingern und schüttelte ungläubig grinsend den Kopf, »lacht ihm das Glück, von einem Augenblick zum anderen.« Er wurde plötzlich ernst. »Wohlgemerkt, Drinkwater, das passiert so schnell nicht wieder. Zu meinen Lebzeiten jedenfalls nicht. Ich bezweifle sogar, daß mein Sohn so etwas erleben wird, selbst wenn er noch zwanzig Jahre auf Walfang geht. Abel hat Glück, daß er und sein Sohn bei dieser großen Jagd zusammen sein konnten. Aber auch Sie haben Kinder, Captain.« Er machte eine Kopfbewegung zu den Bildern an der Wand.

»Ja«, sagte Drinkwater, der seinem Punsch vorsichtiger zusprach. Er schätzte dieses Gebräu nicht besonders, aber seine Weinvorräte waren nahezu erschöpft gewesen, und Cawkwell hatte vorgeschlagen, er solle Rumpunsch servieren lassen, um seine Gäste schneller aufzuwärmen. Harvey gesellte sich zu ihnen.

»Ja, Captain, Ihre Kanonen waren nicht so wirkungsvoll wie meine.« Er grinste breit, offensichtlich glücklich darüber, daß sich seine geliebte Harpunenkanone einen guten Ruf erworben hatte. »Ich werde sie patentieren lassen und doppelt von dieser Reise profitieren.« Er gab Renaudson einen Stoß. »Schaff dir für die nächste Saison Harveys patentierte Spezialkanone an, Thomas, dann kannst du Wale mit einem Schuß erlegen, statt nur an ihnen rumzustochern.«

Als sie im breitesten Dialekt zu diskutieren begannen und Drinkwater sich abwandte, begegnete er Singletons ernstem Blick. Die Nüchternheit des Missionars wirkte in dieser fröhlichen Runde fast beunruhigend.

»Guten Abend, Mr. Singleton.«

»Guten Abend, Sir. Haben Sie einen Augenblick Zeit?«

»Natürlich.«

»Ich nehme an, daß diese Zusammenkunft den erfolgreichen Abschluß des Walfangs feiert.«

»Sieht ganz danach aus. Stimmt's, Captain Sawyers?« Drinkwater wandte sich an den Quäker, der seinen Hut abgesetzt hatte.

»Stimmt. Obwohl einige von uns vielleicht noch ein oder zwei leere

Fässer im Laderaum haben. Aber der Herr hat uns von seiner Fülle gegeben...«

»Amen«, unterbrach Singleton, dessen abrupter Ton verriet, daß ihn etwas ganz anderes beschäftigte. »Darf ich dann fragen, Sir, wann Sie mich an Land zu setzen gedenken?«

»Euch an Land setzen?« fragte Sawyers erstaunt, und Drinkwater erklärte ihm das Problem.

»Es sieht wirklich so aus, als sei Gott all unseren Bestrebungen wohlgesinnt, Freund«, sagte Sawyers zu Singleton. »Euren vielleicht sogar noch mehr als unseren.« Er lächelte. »Denn durch diese nach Südwesten führende Rinne gelangt man an Grönlands Ostküste, ungefähr in Höhe des 70. Breitengrads. Ich hörte, daß die Küste dort eisfrei sein soll, obwohl ich selbst nicht so nahe herangekommen bin. Doch bei klarem Wetter sieht man die Bergspitzen schon auf große Entfernung. Die Eskimos nennen sie Nunataks...«

»Dann wollen wir sehen, daß wir Sie dort an Land setzen«, sagte Drinkwater. »Aber ich bin mir immer noch nicht sicher, ob es klug ist, dieser Rinne ins Eis hinein zu folgen. Fürchten Sie nicht, daß es sich um eine Sackgasse handeln könnte?«

Sawyers schüttelte den Kopf. »Nein, die Wale wären nicht hineingeschwommen, wenn sie nicht instinktiv gewußt hätten, daß der Kanal schließlich wieder ins offene Wasser führt.«

»Aber es ist doch so«, warf Singleton ein, dessen wissenschaftliches Interesse jetzt geweckt war, »daß die Wale auch unter dem Eis schwimmen können. Meine Beobachtungen haben mir gezeigt, daß sie in große Tiefen tauchen können.«

»Nein, Freund«, sagte Sawyers lächelnd. »Die Tatsache, daß sie Luft zum Atmen brauchen, und auch ihr Instinkt verhindern, daß sie unter so ein Eisschelf tauchen, wie wir es vor uns haben. Nein, der Mysticetus taucht nur unter Eisschollen im offenen Meer oder unter dünnem neuen Eis, welches er durchbrechen kann.«

Sie setzten sich zum Essen: Kabeljau und Walfischsteaks mit getrockneten Erbsen und Sauerkraut, das Ganze mit dem letzten halbwegs trinkbaren Rotwein hinuntergespült, den Tregembo leicht angewärmt hatte. Wegen des Halbdunkels in der Kajüte, das die tiefstehende Sonne nicht zu erhellen vermochte, hatte Drinkwater die Kerzen anzünden lassen, und das malerische Bild der Festtafel grub sich unauslöschlich in sein Gedächtnis. Die in bunter Reihe sitzenden Kapitäne und Marineoffiziere bildeten eine wahrlich gemischte Gruppe. In höchst individuelle Variationen ihrer Uniform gekleidet, hatten die Leutnants und der Navigator nur den Rock gemeinsam.

Darunter trugen sie Schals, Wolljacken und eine Sammlung der seltsamsten Hemden. Gorton, vermutlich überwältigt, weil er mit dabeisein durfte, trug Hemd und Halsbinde wie vorgeschrieben, doch über einem wollenen Kleidungsstück undefinierbarer Form, weshalb er an eine Kropftaube erinnerte. Aber die Kapitäne waren noch viel bizarrer gekleidet und präsentierten sich in einem Aufzug , der Sinn für Etikette, den Zwang zum Praktischen und individuelle Vorlieben vereinte.

Sawyers, seiner strengen Sekte verpflichtet, wirkte am formellsten, wenn auch nicht zu übersehen war, daß er dickes Unterzeug trug. Weste und Rock bestanden aus schwerem dunklem Tuch, und um den Hals hatte er einen wollenen Schal gewickelt. Renaudson auf der anderen Seite, in seiner Robbenfellhose über gelben Strümpfen, einer fleckigen, senffarbenen Weste und einer speckigen Jacke aus undefinierbarem Fell, konnte nicht gerade als Muster an Eleganz bezeichnet werden. Atkinson sah nicht viel anders aus, obwohl seine Kleidung etwas sauberer wirkte und er zur Feier des Tages ein frisches Halstuch umgebunden hatte, während Harvey, dessen Halstuch recht schmuddelig aussah, einen Lotsenrock aus dunkelblauem Filz mit großen Messingknöpfen trug. Drinkwater selbst hatte zwei Hemden über seine wollene Unterwäsche gezogen und darüber sein Bordjacket, das genauso salzverkrustet war wie Harveys Lotsenrock. Er war mit dem Verlauf des Abends sehr zufrieden. Die Fröhlichkeit wirkte anstekkend, der Wein erwärmte sie von innen, und die Steaks mundeten bei ihrem durch die Kälte geschärften Appetit ganz ausgezeichnet.

Die Gespräche drehten sich um Wale, um Walfangschiffe und Kapitäne, um Harpunen, Speckschneider und die Profite der Eigner. In der Hauptsache wurde die Unterhaltung von den Walfängern bestritten; die jungen Marineoffiziere, von der überschäumenden Fröhlichkeit ihrer Gäste überwältigt, spielten eine eher passive Rolle. Aber Drinkwater hörte, wie sich Singleton mit Atkinson über Eskimos unterhielt. Plötzlich wurde er von Sawyers zu seiner Rechten angerufen, der sich im Lärm nur schreiend bemerkbar machen konnte.

»Bitte um Entschuldigung, Kapitän Sawyers, ich war momentan abgelenkt. Was sagten Sie?«

»Daß Eure Kanonen wenig nütze waren, Freund.«

»Um die Wale aufzuhalten? Ja, das stimmt... Aber es gab meinen Leuten die Möglichkeit, die Aufregung der Jagd zu teilen.« Er lächelte.

»Das habe ich eigentlich nicht gemeint, Freund. Ich sagte, daß wir keinen Bedarf für Eure Kanonen hatten, daß Eure Anwesenheit sich als unnötig erwiesen hat. Das soll keine Beleidigung sein. Aber was sich auch angeblich für ein feindlicher Spuk in den arktischen Gewässern hier herumgetrieben hat, es war pure Einbildung.«

Drinkwater lächelte ihm über den Rand seines Glases zu. »Es sieht wirklich so aus, als hätten Sie recht.«

»Sir! Sir!« Fähnrich Frey kam in die Kajüte gestürzt, und die Gespräche verstummten schlagartig.

»Die *Narwal*, Sir! Die *Narwal* brennt!«

ZWÖLFTES KAPITEL

Juli 1803

Ein Schicksalsschlag

Vom Deck der *Melusine* aus sahen sie, daß die *Narwal* schon wie eine Fackel loderte. Feurigen Wellen gleich schlugen die Flammen aus dem Laderaum und züngelten in die Takelage hinauf. Nur die *Truelove* lag zwischen ihnen und dem brennenden Schiff, und sie konnten sehen, wie die Besatzung Hals über Kopf auf das Eis flüchtete. Einen Augenblick standen Drinkwater und seine Gäste wie versteinert, dann stürmten sie, angeführt von Harvey, über die Stelling auf das Eis.

Drinkwater blieb nur kurz zurück, um alle Mann an Deck zu rufen und die Feuerspritze klar machen zu lassen; dann folgte er ihnen eilig, getrieben von dem Drang zu helfen, wenn er auch nicht wußte, wie. Männer der *Truelove* waren dabei, einen Segeltuchschlauch auszurollen, der jedoch kaum weiter als bis kurz hinter den Bugspriet der Bark reichte. Als Drinkwater an die *Narwal* herankam und ihre auf dem Eis ziellos herumirrende Besatzung aus der Nähe sah, wurde ihm klar, daß die meisten betrunken waren. Harvey brüllte ihnen mit wutverzerrtem Gesicht Verwünschungen entgegen; im rötlichen Schein der Flammen, welche die explodierenden Fässer mit Walfleisch in die Luft jagten, wirkte er wie ein Dämon. Von ohnmächtigem Schmerz und Zorn überwältigt, schlug er zwei Leute nieder, bevor er sich seinem Schiff zuwandte. Taumelnd stürzte er, das Gesicht mit den Händen schützend, nach vorn in den rötlichen Kreis der Hitze, in dem das Eis langsam schmolz. Er schrie immer noch irgend etwas, wenn es auch nicht mehr nach einem Fluch klang, und Drinkwater war im Begriff, ihm zu folgen, als Bourne und Quilhampton mit einem Trupp Seesoldaten und Matrosen die Feuerspritze heranschleppten.

»Wir kommen schon, Sir!«

»Saugstutzen in die See, Mr. Q! Und halten Sie mit zwei Schläuchen die Stelling naß!«

Eine Rettung des Schiffes war unmöglich, aber zwei oder drei Leute schienen noch an Bord zu sein.

Harvey befand sich schon auf der Stelling und schob sich gebückt weiter vor.

Das Feuer hatte inzwischen die Großrah über ihm erreicht, und das aufgetuchte Segel brannte lichterloh. Die Ladeluke vor ihm stieß wie ein Riesenmörser ungeheure Flammen aus, und die Decksplanken krümmten sich nach außen. Das Schanzkleid war noch nicht in Brand geraten, deshalb konnte Harvey in seinem Schutz von außenbords über die Reling sehen. Drinkwater machte ein paar Schritte, bis ihn die Hitze wie ein Keulenschlag traf und er unwillkürlich stehen blieb. Das Brüllen des Feuers war ohrenbetäubend, und er mußte die Augen zusammenkneifen, um nicht geblendet zu werden.

Eine Bewegung ließ ihn den Kopf wenden. Neben ihm kauerte der Seesoldat Polesworth, der das Mundstück des Schlauches umklammerte und die Pumpenbediener mit lauten Rufen anspornte. Der Strahl, der nur in schwachen Stößen herauskam, war völlig unzureichend. Drinkwater fühlte, wie Quilhampton ihn am Arm zog.

»Kommen Sie zurück, Sir, kommen Sie zurück!«

»Aber Harvey, James – was, zum Teufel, hat er vor?«

»Die Leute sagen, daß noch ein Junge an Bord ist...«

»O Gott! In diesem Inferno kann doch niemand mehr am Leben sein!«

Quilhampton schüttelte den Kopf; sein Gesicht leuchtete im Licht der Flammen blutrot. Ihre Füße versanken langsam im schmelzenden Eis, während sie Harvey mit zusammengekniffenen Augen beobachteten. Er versuchte, über die Großrüsten außen nach achtern zu klettern, aber die Hand, mit der er sich an der Reling festhielt, wurde nahezu geröstet, und er kam nur sehr langsam voran. Und dann bemerkte Drinkwater den Grund für Harveys wahnwitzigen Rettungsversuch. Die Gestalt wurde vom Inneren der Kajüte aus beleuchtet, in der die Wände bereits brannten, und zeichnete sich als Silhouette gegen das bleigefaßte Glas der Backbord-Heckgalerie ab.

Im Kontrast zu den hell lodernden Flammen an Deck schien der Rumpf der *Narwal* schwarz wie Ruß. Als ihre Augen sich allmählich auf die im Dunkel liegenden Teile des Schiffes einstellten, nahm das blasse Gesicht mit dem aufgerissenen Mund, der in einem lautlosen Schrei gegen das Glas gepreßt war, ihre Aufmerksamkeit völlig gefangen.

»Polesworth! Richten Sie den Schlauch auf die Heckgalerie!« Der Seesoldat folgte dem Befehl sofort, und Drinkwater hoffte, daß sich ein Übergreifen des Feuers auf diese Weise etwas verzögern ließ. Harvey hatte jetzt fast die Besanrüsten erreicht.

»Leine! Wir brauchen eine Leine von der *Truelove*, Mr. Q.« Drinkwater sah Renaudson in der Menge. »Leine, Kapitän, eine Leine von Ihrem Schiff!«

Ein paar hastig gebellte Befehle, und Männer rannten zur *Truelove* hinüber.

Harvey erreichte die Rüsten des Besans, lehnte sich außenbords und suchte auf der Galerie nach einem Halt für seine Füße. Aber es war zu spät.

Mit einem dumpfen Brüllen erschütterte eine Explosion das Achterschiff der *Narwal*, die Fenster der Galerie flogen splitternd nach außen, und ein kleines Bündel Mensch wurde mit ihnen in die Dunkelheit hinauskatapultiert. Auch Harvey stürzte ins Wasser.

Als die Explosion verhallte, hörte Drinkwater mehrere Stimmen rufen, daß das kleine Pulvermagazin unter der Kajüte in die Luft geflogen sei. Kurz darauf folgte ein durchdringendes Krachen und Splittern, als der Großmast, der dem Brandherd am nächsten war, langsam auf das Eis hinabsank, wobei er Fockmast und Besan mitriß. Angstvoll wichen die Herumstehenden zurück. Als die Leine gebracht wurde, begaben sich Renaudson, Quilhampton und Drinkwater so schnell sie konnten an den brennenden Spieren vorbei zum Rand des Eises. Dabei mußten sie höllisch aufpassen, denn es war zu einem breiigen Matsch geworden, der ihren Füßen keinen sicheren Halt mehr bot. Das ehemals feste Schelfeis bildete jetzt eine tödliche Rutschbahn in das eiskalte, schwarze Wasser der See.

Sie starrten hinunter auf Harveys blasses, seltsam fleckiges Gesicht, das wie isoliert aus dem Wasser ragte.

»Schnell, die Leine!«

Sie klatschte neben Harvey ins Wasser, aber seine Augen schlossen sich, er schien sie nicht einmal bemerkt zu haben.

»Verdammt noch mal!« Drinkwater begann, sich aus seinem Rock zu schälen, aber Quilhampton war schneller und sprang sofort ins Wasser. Drinkwater zögerte einen Moment, besorgt, daß Quilhamptons hölzerne Hand ihm vielleicht hinderlich sein könnte.

Aber Quilhampton schaffte es allein. Er schrie den Männern auf dem Eis zu, sie herauszuziehen. Drinkwater stolperte mit der Leine den tückischen Eishang hinauf und zog mit Hilfe einiger anderer Harvey und Quilhampton aus dem Wasser. Das Deck der *Narwal* platzte unter der Gewalt des im Inneren wütenden Feuers der Länge nach auf.

Trotz der ungeheuren Hitze, die das brennende Schiff ausstrahlte, zitterten Harvey und sein Retter wie Espenlaub. Wie von Zauberhand waren plötzlich Wolldecken zur Stelle, und Singleton erschien mit einer improvisierten Tragbahre, gefolgt von den Schiffsärzten der *Truelove* und der *Narwal*.

Als Harvey und Quilhampton zur *Melusine* getragen wurden, leerte sich das Eis. Zu retten gab es nichts mehr. Nur die Leute der *Narwal* blieben zurück.

»Kapitän Renaudson, und Sie, Kapitän Sawyers, auf ein Wort...«

Die beiden Männer traten zu Drinkwater.

»Was machen wir mit Harveys Besatzung, meine Herren?« fragte Drinkwater.

»Aufhängen«, knurrte Renaudson. »Sie sollen wegen ihrer verdammten Dummheit in der Hölle braten.« Er drehte sich zu den Leuten der *Narwal* um, die vor Scham kaum den Blick zu heben wagten und wie ein Häufchen Elend auf dem Eis standen. »Wenn's nach mir ginge, würdet ihr hier verhungern, ihr besoffenen Bastarde!« fauchte er.

»Ruhig Blut, Freund«, sagte Sawyers und legte ihm die Hand auf die Schulter.

»Zum Henker mit deinen frommen Sprüchen, Abel. Diese Hurensöhne verdienen den Tod.«

»Du weißt ja gar nicht, ob alle...«

»Ich brauche nicht mehr zu wissen, als daß Jaybez Harvey seiner Frau nicht mehr als Lebender gegenübertreten wird. Nein, sie sind nicht mehr wert als ein Haufen Scheiße.« Damit spuckte er bekräftigend aus und ging davon.

Drinkwater sah zu den Männern hinüber. »Wer von Ihnen ist der Erste Offizier?« Ein Mann trat vor. »Ich, Captain, John Akeroyd.«

»Wie ist das Schiff in Brand geraten?«

»Ich bin nicht sicher, Sir, ich war schon zur Koje gegangen.«

»Wer hatte die Wache?« fragte Drinkwater. Es gab ein kurzes Drängeln und Schieben in der Gruppe, dann kam ein Mann auf ihn zu.

»Ich.«

»Wie heißen Sie?«

»Peter Norris, Dritter Offizier. Die Männer haben sich über den Rum hergemacht, Sir, dann gab's Streit beim Kartenspiel... Ich hab versucht, sie auseinanderzubringen, aber es war zu spät.«

Drinkwater sah die aufgeschürfte Schwellung über Norris linkem Auge, die seine Worte bestätigte.

»In der Fischerei ist es Brauch, Freund«, warf Sawyers ein, »daß eine Besatzung, die ihr Schiff durch ein derartiges Unglück verloren hat, auf die übrigen Schiffe verteilt wird. Vielleicht können Sie schon damit beginnen, Mr. Akeroyd.« Sawyers ergriff Drinkwaters Arm und versuchte, ihn zum Gehen zu bewegen. »Kommt, Freund, das ist keine Marineangelegenheit.«

»Aber wir müssen die Schuldfrage klären! Wenn Harvey sterben sollte...«

»Die Fischerei hat ihre eigenen Methoden, Captain Drinkwater.« Sawyers zog ihn am Arm. »Kommt mit. Die Leute haben alles verloren und kehren als Bettler nach Hause zurück.«

»Verdammt noch mal, Sawyers, Harvey wird wahrscheinlich sterben, und der Junge...«

»Da mögt Ihr wohl recht haben. Aber Ihr könnt sie nicht auspeitschen lassen, und ihre Strafe wird nicht lange auf sich warten lassen. Kommt.«

Widerstrebend ließ sich Drinkwater zur *Melusine* ziehen.

Rispin grüßte ihn formell. »Bitte um Entschuldigung, Sir, aber die Fallreepsgasten sind...«

»Oh, zum Teufel mit den Fallreepsgasten! Wo steckt Mr. Singleton?«

»Er hat den Verwundeten ins Lazarett bringen lassen, Sir, und ist jetzt mit den beiden Schiffsärzten bei ihm.«

»Danke.«

»Außerdem, Sir, hat der Wind zugenommen.«

»Auch der Wind kann zum Teufel gehen!«

Drinkwater fand Quilhampton im Cockpit, eingehüllt in Decken, einen Krug Punsch vor sich und umgeben von den Fähnrichen. Obwohl diese sich ehrerbietig zurückzogen, nickte Drinkwater Quilhampton nur kurz zu und bemerkte knapp, daß er seine Sache »gut gemacht« habe.

»Er ist nicht gerade freigiebig mit seinen Komplimenten, unser Alter«, murmelte Lord Walmsley, als Drinkwater zu dem Behelfstisch aus zusammengeschobenen Seekisten hinüberging.

»Wie geht's ihm?« Die drei Ärzte wandten sich um, grunzten und beugten sich wieder über Harvey. Das pockennarbige Gesicht war von Brandwunden verkrustet, der Bart versengt und übelriechend. Neben Harvey lag die Rolle mit Singletons Instrumenten, die im Licht der beiden Laternen funkelten. Drinkwater betrachtete Harveys Hände. Sie waren schwarz und dick geschwollen.

Singleton richtete sich auf.

»Wie geht's ihm?« wiederholte Drinkwater.

»Wir haben ihm Laudanum gegen die Schmerzen gegeben, und *ich* bin der Ansicht, daß die Wunden sofort ausgeschnitten werden müssen.«

»Wenn Sie sich nicht einig werden können, meine Herren«, sagte Drinkwater mit plötzlicher Schärfe, »dann überlassen Sie den Patienten besser meinem Arzt.«

Der Schiffsarzt der *Narwal* sah ärgerlich auf. Drinkwater schätzte ihn auf nahezu siebzig. »Ich bin jetzt 26 Jahre bei Kapitän Harvey, Captain, und ich werde ihn nicht verlassen...«

»Dann halten Sie wenigstens den Mund, Sir. Da Sie jetzt keine Koje mehr haben, können Sie getrost an Bord bleiben. Was Sie betrifft«, sagte er, sich an den anderen Arzt wendend, »so schlage ich vor, daß Sie auf Ihr Schiff zurückkehren und Kapitän Renaudson bei der Untersuchung der Schiffbrüchigen helfen, die *Truelove* zugeteilt worden sind.« Er ignorierte die mürrischen Blicke der beiden. »Also, Singleton, wie steht's mit ihm?«

»Wir werden die Wunden ausschneiden und reinigen, Sir, während er noch unter Schock steht, besonders die im Gesicht, aber...«

»Was?«

»Ich habe den Atemapparat untersucht.« Er machte eine kleine Pause und schüttelte den Kopf. »Die Luftröhre, die Bronchien und der Kehlkopf, ja sogar die Lungen selbst sind durch das Einatmen der heißen Luft schwer geschädigt worden, Sir.«

»Dann besteht also wenig Hoffnung?«

»So ist es, Sir.«

Drinkwater sah den Schiffsarzt der *Narwal* an. »Wer war der Junge?«

»Der Sohn von Kapitän Harveys Schwester.«

Drinkwater seufzte und wandte sich ab. Am Fuß des Niedergangs drehte er sich noch einmal um und sagte: »Lassen Sie Harvey lieber in meine Koje legen. Und die Wundbehandlung führen Sie am besten in der Kajüte durch. Es ist heller dort.«

Als er an Deck kam, trat Lieutenant Rispin auf ihn zu. »Ah, Sir, ich wollte Sie gerade benachrichtigen lassen: Der Wind frischt weiter auf, und wir werden etwas versetzt.«

Drinkwater warf einen Blick auf den Eisrand über der Reling.

»Wirklich nur etwas, Mr. Rispin, aber halten Sie bitte die Augen offen.«

»Aye, aye, Sir.« Rispin legte die Hand an den Hut, und Drinkwater begann, mit energischen Schritten an Deck auf und ab zu marschieren. Vorn schlug die Schiffsglocke an, und die Wachen sangen ihre rituellen »Alles-wohl«-Meldungen aus. Es war jetzt zwei Glasen der Mittelwache, also ein Uhr morgens, und so hell wie am Tag.

Es war die sinnlose Verschwendung an Menschenleben, die Drinkwater am meisten erschütterte. Das und der Gedanke, daß *Narwals* Verlust, obwohl er *Melusine* in keiner Weise direkt berührte, irgendeine verborgene Bedeutung hatte. Er mochte Harvey: ein Schiffsführer der besten Sorte, der sich von unten hochgearbeitet hatte, tüchtig, freundlich und zuletzt sogar heroisch. Als er auf den wenigen Metern geschrubbter Planken auf und ab schritt, begann Drinkwater, den Verlust der *Narwal* als einen Fingerzeig der Vorsehung zu sehen, als Hinweis auf eine höhere Wahrheit.

Durch eigene Dummheit hatte die Besatzung im Handumdrehen all ihre Leistungen zunichte gemacht. Einige waren als Konsequenz dieser Dummheit selbst zu Opfern geworden (hinterher hatten sie erfahren, daß außer dem Jungen noch zwei Besatzungsmitglieder vermißt wurden). Und einer, auf dessen Schultern die ganze Verantwortung geruht hatte, sollte jetzt noch, nach dem Verlust der *Narwal*, völlig sinnlos sterben. Drinkwater spürte wachsenden Zorn über die Skrupellosigkeit der Männer, die sich an Bord des Walfängers über die Alkoholvorräte hergemacht hatten, aber auch einen unbestimmten, von Schuldgefühl hervorgerufenen Ärger über sich selbst. Vielleicht hätte er die Kapitäne nicht zum Abendessen einladen sollen? Wäre Harvey an Bord der *Narwal* geblieben, hätten sich seine Leute gewiß disziplinierter verhalten.

Er griff nach seinem Hut, plötzlich wieder seiner Pflichten gewärtig. Rispin hatte recht gehabt, auffrischender Wind verhieß wenig Gutes. Er sah in die Takelage; der Wimpel stand wie ein Brett nach Südwest. Mit energischen Schritten ging Drinkwater zu den Wanten des Großmastes, schwang sich auf die Reling und enterte auf.

Er spürte die volle Gewalt des Nordosts, als er die Großmarssaling erreichte und mit dem Rücken nach unten in den Püttings hing. An der Bramsaling zerrte der Wind, der jetzt Sturmstärke erreicht hatte, wie ein wütender Hund an seinen Kleidern. Er fluchte, als er sich ins Krähennest hievte, und wurde sich klar darüber, daß er schon zuviel Zeit mit Grübeleien verloren hatte. Kommandanten konnten sich morbide Gedanken nicht leisten. Schon bevor er das lange Teleskop ans Auge gesetzt hatte, wußte er, daß etwas nicht stimmte.

Im Nordosten füllte sich die Rinne mit Treibeis, das durch den Sturm hereingedrückt wurde; aber nicht nur das – sie war auch enger geworden. Das riesige Eisfloß, an dem sie festgemacht hatten, fünfzig oder sechzig Quadratmeilen groß, mußte sich gedreht haben. Drinkwater fragte sich, was wohl der Grund dafür war. Nur das Aufkommen des Sturmes? Genügten denn wenige Stunden, um eine so riesige Eisinsel in Drehung zu versetzen? Logisch kam er dem Problem nicht bei.

Sicher war nur, daß sich die Rinne in Luv verengt hatte; um das zu erkennen, brauchte er keine Peilung. Er schwenkte das Glas in die andere Richtung. Wenn sich die Insel drehte, mußte die seitliche Rinne breiter werden. Das war aber nicht der Fall. Die Tatsache, daß die Insel sich sozusagen weigerte, den Naturgesetzen, wie er sie kannte, zu gehorchen, beunruhigte Drinkwater. Von neuem wurde er sich seiner Unwissenheit bewußt. Er stieß die Falltür auf und suchte mit den Füßen nach den Webleinen der Bramwanten.

Unten stürmte er ohne jedes Zeremoniell über die provisorische Stelling aufs Eis. Er eilte an Bord der *Faithful*, weckte Sawyers und erzählte ihm, was los war. Die Miene des Quäkers bestätigte ihm, was er schon unbewußt gespürt hatte.

»Ihr habt gut daran getan, zu kommen, Freund. So wie es aussieht, war der Herr drauf und dran, unseren Stolz zu bestrafen. Wir müssen sofort Segel setzen und mit diesem günstigen Wind nach Südwesten laufen. Hier haben wir nichts mehr verloren. Ich bitte Euch, zögert keinen Moment länger. Euer Schiff könnte dem Eis keinen einzigen Tag widerstehen, wenn wir eingeschlossen werden. Geht, geht schnell!«

Innerhalb weniger Minuten waren alle Mannschaften herausgepurrt. *Diana*, die am weitesten in Lee lag, mußte als erste die Leinen loswerfen, denn der Wind drückte sie schon gegen das Eis. Aber ihr solider Rumpf konnte die paar Kratzer vertragen, bis sie auf das Ruder ansprach und vom Eis abdrehte. *Trueloves* Bug schrammte gegen die Überreste der *Narwal*, die halb unter Wasser auf einem Eissockel ruhte, aber das Schiff steuerte unbeschadet die Mitte der Rinne an, während ihre Mannschaft Fock und Toppsegel setzte. *Melusine* folgte und schrammte ebenfalls knirschend am Wrack entlang, ehe sie freikam und offenes Wasser gewann. Als die Vortoppleute die Fock fallen ließen, empfand Drinkwater es wie eine Ironie des Schicksals, daß der auflandige Wind *Melusine* vielleicht zu hart gegen das Eis gepreßt hätte, wenn nicht der verbrannte Rumpf der *Narwal* wie ein Fender vor ihnen gelegen hätte.

Zurückblickend stellte er fest, daß auch die restlichen Schiffe sich vom Eis freisegelten und auf Südwestkurs gingen. Die Rinne, noch vor kurzem so breit und einladend und beständig, verengte sich bereits merklich.

Von den eben noch so zahlreichen Walen war kein einziger mehr zu sehen.

TEIL DREI

DER FJORD

»Die Männer leben wie wilde Tiere in einer tiefen Einsamkeit des Geistes und des Willens; kaum jemals gelingt es zweien von ihnen, sich über irgend etwas zu einigen, da jeder seinem eigenen Vergnügen oder seiner Laune folgt.«

Giambattista Vico (1668–1744)

Dreizehntes Kapitel

Juli 1803

Verlust der *Faithful*

Drinkwater blieb drei Tage lang ununterbrochen an Deck. Am Ende war er fast stumpfsinnig vor Müdigkeit und litt an einer Rachenentzündung und beginnenden Zahnschmerzen. Aber *Melusine* hatte es zusammen mit den Walfangschiffen geschafft, die Mündung der Fahrrinne im Südwesten zu erreichen, und befand sich nun, wenn man von unzähligen Treibeisschollen absah, in offenem Wasser. Ihr Entkommen aus der Umklammerung des Eises grenzte an ein Wunder. Vielleicht zwanzig oder dreißig Mal – Drinkwater hatte es aufgegeben, noch mitzuzählen – mußten sie wenden, halsen oder mit backgebraßten Segeln über den Achtersteven gehen, um der Vernichtung zu entrinnen. Viel öfter noch hatte die Mannschaft kleinere Eisschollen mit Spieren abgedrängt. Es hatte verschiedene kleinere Verletzungen gegeben, einen Leistenbruch und einige gebrochene Rippen.

Trotz größter Anstrengung wurde die *Melusine* einige Male beim Zusammenprall mit Eisschollen und Growlern schwer erschüttert.

In der Offiziersmesse und im Cockpit war die Stimmung auf dem Nullpunkt. Im Mannschaftsdeck rollten sich die Leute beim Wachwechsel unwillig aus ihren Hängematten, während sich die abgelösten Männer todmüde, kalt und elend wieder zu kurzer Ruhe begaben. In dieser Atmosphäre verstummte Macpherson und gab still seinen Geist auf; der mit Opiaten vollgestopfte Harvey hingegen atmete noch. wenn auch mit immer größerer Anstrengung. Die Routinearbeiten gingen weiter wie üblich, die Hängematten wurden gezurrt, die Decks geschrubbt, Rum ausgegeben, Backen und Banken gepfiffen. Der Koch und seine Gehilfen schimpften über ihren Töpfen, die Bootsmannsmaaten fluchten an Luken und Niedergängen und die Lazaretthelfer im Cockpit, wenn sie den Unrat der Kranken entfernen mußten.

Auf dem Achterdeck trugen Hill und Bourne die Hauptlast der Arbeit, denn Drinkwater hatte die Wachen verdoppelt, und Rispin und

Gorton waren in der Kuhl oder auf der Back stationiert, wo sie das Wegdrücken der Eisschollen überwachten.

Während dies alles vor sich ging, blieb Drinkwater auf seinem Posten, den Kopf dumpf vor Müdigkeit, doch jede Änderung der Schiffsbewegungen genau registrierend. In Augenblicken größter Gefahr war er der erste, der einen Eisberg spürte oder Strömungswirbel, die die Nähe eines unter der Oberfläche treibenden Growlers anzeigten, ebenso das Nahen einer Fallbö an der turbulenten Leeseite eines Eishügels. Und es war Drinkwater, der als erster argwöhnte, daß etwas mit ihrem Ruder nicht stimmte. Es war nur ein verdächtiges Knarren, besonders deutlich zu hören im Abtritt auf der Heckgalerie, eine gewisse Schwerfälligkeit, wenn die *Melusine* nach Steuerbord drehte. Zunächst war es wirklich nur ein Verdacht, entstanden aus übermäßiger Besorgnis. Angesichts dringender Probleme schob er ihn einstweilen beiseite. Als er nach den drei Tagen unter Deck ging, weil sie endlich offenes Wasser erreicht hatten, und der Wind, wie um sie zu ärgern, fast völlig eingeschlafen war, fiel er erschöpft auf seine Koje und sank sofort in tiefen Schlaf.

Aber als er schließlich erwachte, während die *Melusine* sich in einer langen sanften Dünung wiegte, hörte er das bewußte Knarren des Ruderschafts von neuem.

Immer noch müde ging er an Deck, wo Hill die Wache hatte.

»Wie spät ist es, Mr. Hill?«

»Sechs Glasen in der Nachmittagswache, Sir.«

»Dann habe ich rund um die Uhr geschlafen. Sagen Sie, ist den Rudergängern beim Steuern irgend etwas aufgefallen?«

»Nein, Sir.«

Drinkwater wandte sich an die beiden Männer am Ruder: »Wie steuert sie sich?«

»Sie scheint ein bißchen schwerfällig zu reagieren, wenn das Ruder mittschiffs gelegt wird, Sir.«

»Wobei das Ruder vorher wie liegt?«

»Backbord, glaube ich, Sir.«

»Warum haben Sie das nicht gemeldet?«

Der Mann zuckte die Schultern. »Wir haben's gerade erst gemerkt, Sir, als wir versuchten, ein bißchen Wind in die Segel zu kriegen.«

»Gut, danke.« Zu Hill sagte er: »Ich weiß nicht, was ich davon halten soll, Mr. Hill, aber wir müssen das beobachten. Irgend etwas stimmt nicht, aber ich kann nicht sagen, was.«

»Aye, aye, Sir. Ich werfe mal einen Blick ins Zwischendeck, wenn Sie wollen.«

Drinkwater nickte. Hill ging unter Deck, kam aber nach ein paar Minuten zurück und schüttelte den Kopf. »Da unten scheint mir alles klar, Sir. Ich konnte jedenfalls nichts finden.«

»Gut, Mr. Hill.«

»Könnte ja sein, daß das Ruder durch den Zusammenstoß mit dem Wal etwas abbekommen hat, Sir. Und diese verdammten Eisschollen...«

»An Deck!« Sie sahen beide zum Ausguck hoch. »An Deck! Kanonenfeuer drei Strich an Steuerbord!«

Die beiden Offiziere warfen sich einen Blick zu und horchten dann aufmerksam in die genannte Richtung. Ein schwaches Donnern rollte über die sanft bewegte See. »Das sind wirklich Kanonenschüsse, bei Gott!« Drinkwater rannte nach vorn und enterte in den Großtopp. Auf seinem Weg nach oben suchte er die Walfänger auszumachen, die sich bei ihrem mühsamen Weg durch das Eis weit zerstreut hatten. Ungefähr fünf Meilen entfernt im Osten erkannte er die *Diana*; acht, vielleicht sogar zehn Meilen voraus lag die *Truelove*, deren Bark-Rigg deutlich auszumachen war. *Earl Percy* und *Provident* standen ebenfalls östlich von *Melusine*. Schließlich gelangte er durch die Falltür ins Krähennest, wo Leek für ihn beiseite rückte.

»Wo genau?« keuchte Drinkwater, kurzatmig nach der schnellen Klettertour.

»Jetzt vier Strich an Steuerbord, Sir. Dort, wo ich die *Faithful* zuletzt gesehen habe, Sir. Dann hab ich sie aus den Augen verloren, als sie hinter einem Eisberg verschwand.«

»Gut.« Er hob das Glas und suchte den Südwesten ab. Dort war nichts zu sehen. »Leek!«

»Sir?«

»Sagen Sie Mr. Hill Bescheid, er soll die Leesegelspieren ausbringen und die oberen und unteren Leesegel setzen lassen.«

»Obere und untere Leesegel setzen lassen, aye, Sir.«

Er sah, wie Leek einen Arm ausstreckte und sich, hundert Fuß über Deck, lässig wie ein Affe zu einem Backstag hinüberschwang und mit großer Behendigkeit niederenterte. Während Drinkwater das Teleskop wieder ansetzte, fühlte er, daß der Mast leicht erzitterte, als die Toppsgasten aufenterten, er hörte die Maaten und Fähnriche das Riggen der Spieren, das Einscheren der Auf- und Niederholer, der Geitaue und Schoten überwachen. Schließlich, als er schon nahe daran war, die Geduld zu verlieren, fühlte er, wie sich *Melusine* etwas auf die Seite legte und mehr Fahrt aufnahm. Fünf Minuten später sah er die *Faithful*.

Sie lag fünfzehn bis zwanzig Meilen entfernt, die Distanz war schwer zu schätzen. Durch die Refraktion wirkte sie in die Höhe gezogen und schien dicht über der Wasseroberfläche zu schweben, inmitten bizarrer Eisminarette, die an ein in die Arktis verpflanztes Phantasiegebilde aus Tausendundeiner Nacht erinnerten. Doch dann wurde seine Aufmerksamkeit von einer seltsamen Erscheinung neben dem Walfänger gefangen genommen. Zunächst dachte er an eine durch die Refraktion hervorgerufene Spiegelung der *Faithful*, bemerkte bei genauem Hinsehen jedoch kleine gelbe Lichtpunkte, die von der vermeintlichen Spiegelung ausgingen. Sawyers war ein Quäker, und sein Schiff führte keine Waffen. Also handelte es sich um ein feindliches Schiff, das die *Faithful* angriff. Drinkwater fluchte; er stand bei sehr leichtem Wind zwanzig Meilen vom Feind entfernt, genau in dem Augenblick, da seine Gegenwart am nötigsten gewesen wäre.

»Der Feind, Sir?«

»Ja, Mr. Bourne, schätzungsweise zwanzig Meilen entfernt. So wie es aussieht, hat er schon ein Prisenkommando an Bord der *Faithful*, der Teufel soll ihn holen . . . Mr. Hill, anluven, anluven, sehen Sie denn nicht den Growler Steuerbord voraus?« Drinkwater wurde von einem schmerzhaften Hustenanfall geschüttelt. Seine Kehle war durch häufiges Befehleschreien rauh und entzündet, aber das kümmerte ihn wenig; er trachtete nur danach, dem Kaperer auf den Fersen zu bleiben, der ihm eins seiner Schäflein fast vor der Nase weggeschnappt hatte.

»Ich habe einen Fähnrich in den Ausguck geschickt und möchte, daß ein Paar junger Augen Feind und Prise unter Beobachtung halten, bis wir sie querab in Lee haben. Der Fähnrich, der sie aus den Augen verliert, bekommt die Peitsche zu spüren!« Er hustete von neuem. »Lassen Sie jetzt die Wachen verdoppeln, Mr. Bourne, es wird vielleicht eine lange Jagd.«

»Aye, aye, Sir.« Bourne zögerte einen Moment. »Entschuldigen Sie, Sir, aber was ist mit den anderen Schiffen?«

»Ich habe ihnen signalisieren lassen, daß ich einen Feind in südwestlicher Richtung verfolge. Meine Befehle an sie lauten, zusammenzubleiben. Hoffen wir, daß sie sich daran halten, Mr. Bourne.«

Bourne legte die Hand an den Hut und machte sich eilends davon. Drinkwater schluckte mühsam, fluchte in sich hinein und begann wieder auf dem Achterdeck hin und her zu wandern, während Hill das Schiff durchs Eis manövrierte. Um acht Glasen wurde er von Bourne abgelöst. Er fühlte sich völlig ausgepumpt und fiebrig und machte sich

Sorgen über den Verlust der *Faithful* sowie das ominöse, vom Ruder ausgehende Knarren. Aber da die *Melusine* nichts von ihrer Manövrierfähigkeit eingebüßt hatte, setzte er sich nach einer Stunde mehr oder weniger beruhigt zum Abendessen.

Noch während er aß, erschien Mr. Frey und meldete, daß der Wind eingeschlafen und der Feind außer Sicht sei.

»Was...« Er brachte nur ein Flüstern zustande und räusperte sich energisch. »Was für eine Segelstellung hatten der Feind und die Prise, als sie zuletzt gesichtet wurden, Mr. Frey?«

»Beide Schiffe lagen mit Steuerbordhalsen am Wind, Sir. Sie hatten eine schöne Brise, ehe sie im Nebel verschwanden.«

»Und ihr Kurs?«

»Südwest, Sir.«

»Gut. Sagen Sie Mr. Bourne, er soll die Leesegel bergen lassen und unter normaler Besegelung weiterlaufen. Die vorderen Ausgucks verdoppeln und Südwestkurs halten. Ein Mann soll stündlich ins Krähennest und sehen, ob er die Masten des feindlichen Schiffs über dem Nebel ausmachen kann. Rufen Sie mich bitte in zwei Stunden.«

»Aye, aye, Sir.« Frey blieb zögernd in der Tür stehen.

»Was gibt's noch?«

»Mit Verlaub, Sir: Mr. Bourne trug mir auf, Sie zu fragen, ob Mr. Singleton vielleicht nach Ihnen sehen soll?«

»Der Teufel soll Mr. Bournes Aufdringlichkeit holen, Mr. Frey. Beeilen Sie sich, meine Befehle auszuführen...«

Der Junge schoß eilends davon, und Drinkwater ließ sich, eingehüllt in seinen Mantel, zähneknirschend auf die Koje fallen.

Frey weckte ihn zwei Stunden später. Taumelnd kam Drinkwater auf die Füße und ging an Deck. Obwohl das Thermometer nur etwas über 36° Fahrenheit* anzeigte, schien es kälter. Die Nebelnässe hatte sich am laufenden und stehenden Gut, an Masten und Spieren niedergeschlagen, und die Decks troffen. Mr. Bourne legte die Hand an den Hut und machte ihm seine Seite des Achterdecks frei. Sie konnte beim besten Willen nicht als Luvseite bezeichnet werden, denn die *Melusine* lag schwerfällig rollend in einer Totenflaute. Nahezu längsseits von ihr ragte eine langgestreckte Eismasse voller Höcker und Risse naßglänzend aus dem Grau. Es war weder Tag, noch war es Nacht. Das Schiff hätte sehr wohl das einzig Lebende in der Endlosigkeit dieses Urnebels sein können, dieser schaurigen und bedrückenden Atmosphäre, in der jedes Knarren der Takelage, jedes Schlagen eines

* etwa 3°C

schlaffen Segels oder das Ächzen eines Racks übernatürliche Bedeutung zu gewinnen schienen. Das vom Ruderschaft herrührende Knirschen kam ihm ohrenbetäubend vor. Drinkwater war zu krank, um diese Überempfindlichkeit seinem Fieber zuzuschreiben, und fühlte sich zu unsicher auf den Beinen, um wie gewohnt auf dem Achterdeck hin und her zu marschieren. Stattdessen lehnte er sich bei den Kreuzwanten an die Reling und winkte Bourne zu sich.

»Sir?«

»Ich muß mich bei Ihnen entschuldigen, Mr. Bourne. Ich war etwas ruppig zu Mr. Frey, als er mir in Ihrem Auftrag die Dienste des Doktors anbot.«

»Das macht nichts, Sir. Aber Sie sehen wirklich etwas krank aus...«

»Ja, ja, Mr. Bourne, danke für Ihre Fürsorge. Zu gegebener Zeit werde ich Singleton konsultieren. Was mir im Augenblick viel mehr Sorgen macht, ist das Ruder. Ist Ihnen das Knarren nicht aufgefallen?«

»Mr. Hill hat mich darauf aufmerksam gemacht. Wir haben ja seit geraumer Zeit nicht mehr soviel Fahrt, daß das Schiff auf das Ruder anspricht, Sir. Solange wir Wind hatten, gehorchte es dem Ruder gut.«

Drinkwater nickte und sagte dann mühsam: »Ja, das ist wohl richtig. Ich fürchte nur, es handelt sich um einen fortschreitenden Materialschaden. Aber im Moment können wir sowieso nichts dagegen tun. Von den beiden Schiffen haben Sie nichts gesehen?«

»Nichts, Sir.«

»Danke, das ist alles.«

Als Bourne gegangen war, zog Drinkwater fröstelnd die Schultern hoch. Seine rechte Schulter schmerzte seit Beginn des feuchten Wetters, seine Kehle war rauh, und die Zahnschmerzen wollten ihm fast den Schädel sprengen.

Der Nebel hielt vier Tage lang an und wurde erst durch einen Südweststurm vertrieben, bei dem die Sicht nie mehr als eine halbe Meile betrug. Eisregen zwang Drinkwater, die *Melusine* an einer großen Scholle festzumachen. Auf dem Höhepunkt des Sturms überließ er sich den Künsten Mr. Singletons und durchlitt einige Momente reißenden Schmerzes, als dieser ihm einen verfaulten Backenzahn zog, wonach seine gepeinigten Nerven endlich zur Ruhe kamen. Nach der Entfernung des Zahnes war es auch mit seiner Rachenentzündung vorbei. Auf den Rat Singletons blieb er in seiner Kajüte, solange die *Melusine* an der Eisscholle festgemacht hatte. Es gab sowieso wenig, was er an Deck hätte tun können, und seine Wiederherstellung würde, wie ihm Singleton versicherte, um so schneller vonstatten gehen, je mehr er sich schonte.

Er gab widerspruchslos nach. Seine allgemeine Schwäche hatte er selbst verschuldet, darüber war er sich völlig klar. Es war ihm physisch einfach unmöglich, in jedem kritischen Moment an Deck zu sein. Zu Beginn hatte er wenig Zutrauen zu seinen Untergebenen gehabt und war selbst am hellen Tag nur widerstrebend unter Deck gegangen. Die vertrackte Navigation im Eis hatte jedoch Bourne und Gorton beträchtlich geschult; selbst Rispin zeigte jetzt mehr Entschiedenheit und Selbstvertrauen, während Hill und die anderen Decksoffiziere mit ihren Aufgaben wie stets sehr gut fertig wurden. Abgesehen von der Sorge um *Faithful* und dem Gefühl, irgendwie versagt zu haben, plagte ihn seine Schulter, was sehr auf seine Stimmung drückte und ihn bei Fieber gelegentlich in Depressionen verfallen ließ. Die ganze Zeit hörte er jetzt das unbarmherzige Knirschen des Ruders und mußte dabei unwillkürlich an die langsam brennende Lunte einer Sprengbüchse denken. Obwohl das Ruder jetzt, seit sie an der Eisscholle festgemacht hatten, verhältnismäßig geringer Belastung ausgesetzt war, hörte es nicht auf zu ächzen.

Erst zehn Tage nach dem ersten Aufkommen des Nebels trat Wetterbesserung ein. Erneut keimte Hoffnung und ließ Drinkwater voller Tatendrang an Deck eilen, auch die letzten Spuren der Krankheit vergessend. Er brannte darauf, die Verfolgung des unbekannten Feindes wieder aufzunehmen, der gewagt hatte, die *Faithful* praktisch vor seinen Augen zu kapern. Die Situation hatte sich mit einem Schlag völlig geändert. Die Sonne schien durch einen leichten Wolkenschleier, der einen prismatischen Hof erzeugte, auf dessen horizontalem Durchmesser sich zwei Nebensonnen zeigten, hervorgerufen durch die atmosphärische Refraktion. Dieses Phänomen hatte lebhafte Kommentare der Deckswache ausgelöst und Mr. Rispins Interesse so sehr beansprucht, daß er völlig vergaß, Drinkwater die plötzliche Wetteränderung zu melden. Es war bitterkalt. Auf dem laufenden und stehenden Gut und den aufgetuchten Segeln war die Feuchtigkeit zu winzigen Kristallen gefroren, die im Sonnenlicht funkelten. Drinkwater sog tief die klare Luft ein und fühlte, wie seine Schleimhäute vor Kälte prickelten. Erst sein heftiges Niesen schreckte Rispin auf und erinnerte ihn etwas verspätet an seine Pflichten.

»Oh, guten Morgen, Sir. Wie Sie sehen, Sir, hat sich der Wind gelegt und die Sicht wird ständig besser...«

»Ja, ja, Mr. Rispin, das kann ich selbst erkennen«, antwortete

Drinkwater unwirsch. Die beiden Nebensonnen beunruhigten ihn, nicht weil er abergläubisch gewesen wäre, sondern weil er sich daran erinnerte, daß Harvey einmal erwähnt hatte, diese Erscheinung zeige eine Wetteränderung an. Die war ja nun eingetreten, aber Harvey hatte außerdem etwas über den Wind gesagt. Er warf einen Blick auf die Windfahne in den Luvwanten, sie hing reglos herunter. Der Toppstander hingegen wurde bereits von einer leichten nördlichen Luftströmung bewegt. Gleichzeitig merkte er, daß das Krähennest nicht besetzt war.

»Mr. Rispin!«

»Sir?«

»Lassen Sie sofort einen Fähnrich ins Krähennest aufentern und nach Segeln Ausschau halten. Dann lassen Sie die Marssegel lösen, das Vorstengestagsegel und den Besan klar zum Setzen machen und die Barkasse bemannen und aussetzen, um das Vorschiff durch den Wind zu bringen.«

Rispins Mund öffnete sich und schloß sich dann wieder, als er verstand, worum es ging. Er war vielleicht etwas schwer von Begriff, dachte Drinkwater, aber was ihm an Intelligenz fehlte, machte er durch den Schwall seiner Befehle wieder wett:

»Mr. Glencross, entern Sie sofort auf und suchen Sie das Meer nach Segeln ab. Bootsmannsmaat! Lassen Sie die Wache die Marssegel losnehmen, Toppsgasten bleiben auf den Rahen und warten auf den Befehl ›Fallen lassen‹. Korporal der Seesoldaten! Rufen Sie Ihre Leute an Deck und schicken Sie sie an die Rahnocktakel. Bewegt euch!« Rispin wirbelte herum und schwenkte sein Sprachrohr. »Mr. Walmsley! Die Achterwache soll schon mal die Besanzeisinge lösen. Back! Vorstengestagsegel klarmachen zum Setzen!« Rispins Stirn runzelte sich vor Anspannung, als er im Geist die Befehle abhakte, die ihm Drinkwater gegeben hatte.

Schon zeigten die Verklicker nach Norden, und die Windfahnen begannen sich zu strecken. Drinkwater sah, daß ein Windhauch die glatte Wasserfläche an Steuerbord kräuselte. In Luv liegendes Treibeis schien unmerklich näher gekommen zu sein.

»Sie können die Murings kappen lassen, Mr. Rispin!«

»Murings kappen, aye, aye, Sir.«

Rispins Erleichterung war überdeutlich. Er hatte offensichtlich vergessen, einen Trupp zum Aufnehmen der Murings aufs Eis zu schikken, von dem schwierigen Problem, die Leute wieder an Bord zu nehmen, wenn das Schiff erst in Fahrt war, ganz zu schweigen.

Hill und Bourne waren inzwischen an Deck gekommen, durch die plötzliche Aktivität aufgeschreckt. Drinkwater nickte ihnen zu. »Gleich wird es aus Norden wehen, meine Herren, und ich will das Schiff von dieser Eisscholle weg haben, bevor es zu spät ist. Die Barkasse wird gleich zu Wasser gelassen, um den Bug vom Eis wegzudrücken.«

Beide stimmten Drinkwater zu, daß keine Zeit zu verlieren sei. Schon erhob sich eine fühlbare Brise aus Norden, eisig und trocken nach dem Südweststurm.

»Lassen Sie die Freiwache herauspurren, Mr. Bourne!«

Die Barkasse wurde bereits aus der Kuhl geheißt, und die Seesoldaten stampften mit dem Taljenläufer nach achtern. Mr. Quilhampton, der Bootssteurer, stand schon auf der Reling.

Die letzten Männer der Bootscrew ließen sich auf die Duchten plumpsen, als die Barkasse außen an der Reling vorbeiglitt. Ein oder zwei Sekunden später schlug das Boot aufs Wasser. »Fier auf überall!«

Die Seesoldaten entspannten sich, als Lose auf die Taljen kam, und auf der Back machten Walmsleys Leute eine Schleppleine für die Barkasse klar. Ein paar Schiffszimmerleute waren dabei, die Murings zu kappen, und in den Masttoppen hoben Frey, Wickham und Walmsley die Hand zum Zeichen, daß die Marssegel klar zum Setzen waren.

Die Windfahnen standen jetzt waagrecht ab. Drinkwater hätte keinen Augenblick länger warten dürfen. Zu Luv zeigten sich bereits weiße Schaumkronen auf dem Wasser, und die *Melusine* begann, sich knirschend an der Eisscholle zu reiben.

Drinkwater spürte physisches Unbehagen in seiner Magengrube, aus Sorge über ihre Lage. Zehn Minuten Nachlässigkeit von Seiten Rispins konnten dazu führen, daß sie nicht mehr von der Eisscholle freikamen. Er spielte mit dem Gedanken, alle Segel setzen zu lassen und so die Eismasse zu drehen und beiseite zu schieben, aber er hatte nur eine vage Vorstellung, wie groß sie war. Die Offiziere meldeten, daß alle Vorbereitungen abgeschlossen seien, und er gab Befehl, alle Rahen an Backbord hart anzubrassen. Das Boot vorn versuchte, *Melusines* Bug gegen den Wind zu drehen, und obwohl sie es schafften, ihn ungefähr sechs Fuß vom Eis freizuschleppen, schien es danach nicht weiterzugehen. Auf der Back ließ der findige Gorton eine Reservespiere als Distanzhalter ausbringen, um zu verhindern, daß der mühsam gewonnene Abstand zum Eis wieder verlorenging. Mr. Quilhampton spornte unterdessen die Bootsbesatzung zu größerer Anstrengung an, aber die *Melusine* schien nicht gewillt, sich noch mehr herumholen zu lassen. Als sie letzthin in ähnlicher Lage gewesen waren, hatten sie sich mit dem Wrack der *Narwal* als Prellbock freisegeln können. Diesmal gab es keine derartige Hilfe.

»Mr. Bourne!« Der Leutnant wandte Drinkwater sein besorgtes Gesicht zu. »Lassen Sie die Geschütze an Backbord bemannen und zwei Mannschaften abwechselnd mit Kartuschen feuern. Und die Brooktaue gut dichtsetzen. Vielleicht hilft uns der Rückstoß, vom Eis freizukommen.«

»Aye, aye, Sir! Backbord-Stückmannschaften an die Kanonen!«

Es dauerte mehrere Minuten, viel länger, als wenn die Männer schon auf Gefechtsstation gewesen wären. Hill schleppte inzwischen einen großen Taufender nach achtern, um ihn dort an Backbord außenbords zu hängen.

»Gut gemacht, Mr. Hill.«

Drinkwater sah zu den Verklickern auf, bemüht, den Aufruhr in seinem Innern zu verbergen. Seine Isolation von den sachkundigen Walfängerkapitänen kam ihm schmerzlich zu Bewußtsein und bewog ihn, den Ausguck anzupreien.

»An Großtopp!« Glencross' Kopf erschien über dem Krähennest. »Sehen Sie was?«

»Nein, Sir! Freies Wasser in Lee dieser Eisscholle, aber keine Segel, Sir.«

»Gut, danke.« Drinkwater beschäftigte wieder das Schicksal der *Faithful*. In welcher Richtung sollte er sie suchen, wenn er sich aus seiner mißlichen Lage befreit hatte? Den Gedanken an ein Scheitern ihrer Bemühungen verdrängte er. Aber *Melusine* war für diese Breiten wirklich nicht geeignet.

Bourne meldete, daß die Geschütze feuerbereit seien.

»Gut. Die vorderen Kanonen feuern zuerst und werden so schnell wie möglich nachgeladen. Die schnellste Mannschaft bekommt die doppelte Rumration. Aber keine rollende Salve, Mr. Bourne, nur halbe Breitseiten, damit wir den Rückstoß optimal ausnutzen.«

»Aye, aye, Sir. Ich habe mir erlaubt, mit doppelten Pulvermengen laden zu lassen.«

»Seien Sie vorsichtig, Mr. Bourne. Achten Sie darauf, daß nur eine einzige Salve mit doppelter Ladung hinausgeht, und lassen Sie jetzt unverzüglich feuern.«

Drinkwater verkrampfte die Hände auf dem Rücken, als Bourne nach vorne lief. Der Rückstoß einer doppelten Ladung würde sich bestimmt auf den Rumpf übertragen, aber durch die zweifache Pulvermenge konnten natürlich auch die Rohre gesprengt werden...

»Feuer!« Die vorderen Geschütze wurden durch den Rückstoß in ihre Brooktaue geworfen, und die Mannschaften begannen sofort, mit Rohrwischern und Ansetzern zu hantieren, während die *Melusine* noch unter dem Schock bebte. Drinkwater beugte sich über die Seite und sah, daß die Schleppleine etwas Lose bekommen hatte.

»Pullen, Mr. Q! Pullen!«

Jetzt krachten auch die achteren Geschütze der Backbordbatterie und liefen zurück, bis ihre Lafetten durch die Brooktaue hart gestoppt wurden.

Drinkwater ging mit großen Schritten nach Backbord und blickte hinunter. Zwischen Eis und Bordwand hatte sich ein schmaler Spalt aufgetan. Er hob den Kopf und sah, daß Gorton die Distanzspiere einen Fuß weiter ausbringen konnte. So würden sie jedenfalls nicht wieder verlieren, was sie gegen den Wind gutgemacht hatten. Er durfte nicht vergessen, Gorton für sein selbständiges Handeln zu loben.

»Feuer!« Die vorderen Sechspfünder krachten erneut, und diesmal bemerkte Drinkwater eine deutliche Bewegung der Korvette. Ihr Bug kam herum, wobei Gorton die Spiere weiter ausstecken ließ. Achtern hatte Hill inzwischen den Fender ausgebracht, den sie gewissermaßen als Drehpunkt nehmen konnten, wenn sie den Winkel zur Eisscholle vergrößerten. Falls es ihnen gelang, diesen Winkel auf zwei Strich, also zweiundzwanzigeinhalb Grad, zu erweitern, konnten sie theoretisch lossegeln; aber in der Praxis mußte der Winkel größer sein, denn sie würden erst einmal zurückgetrieben werden, während sie Segel setzten. Die achtere Division feuerte ein zweites Mal.

Kein Zweifel, sie kamen jetzt gegen den Wind voran! Der wurde jedoch immer stärker. Die vordere Division feuerte ein drittes Mal. Die Spiere wurde nachgesteckt, aber Drinkwater sah auch, wie groß der Druck war, der auf ihr lastete.

»Mr. Bourne! Warten Sie mit der achteren Batterie, bis die vordere wieder geladen hat. Lassen Sie dann eine gemeinsame Breitseite feuern!« Drinkwater holte Atem. »Toppsgasten! Segel setzen, sobald die Kanonen feuern!« Die drei Toppsgasten zeigten verstanden. »Mr. Hill, lassen Sie die Schoten sofort dichtholen, sobald die Gordings gefiert sind!«

»Jawohl, Sir!«

Drinkwater schwitzte trotz der Kälte vor Aufregung. Quilhamptons Boot wurde jetzt hinderlich, andererseits wagte er aber auch nicht, die Leine loswerfen zu lassen.

»Fertig, Sir!«

»Gut, Mr. Bourne. Feuer!«

Die *Melusine* erzitterte auf ganzer Länge. Irgendwo mittschiffs knackte es laut und unheilverkündend. Aber es war nicht die Spiere. Gortons Leute grunzten vor Anstrengung, als die Reserverah, die sie mit Hilfe einer Talje vorschoben, weitere zwei Fuß sicherte, wobei sich die *Melusine* an Backbord achtern knirschend gegen den Taufender preßte.

Über ihm knackten und krachten die vereisten Segel, als die Männer das gefrorene Tuch mit den Schoten dichtholten.

»Heiß auf vorn und achtern!« Stagsegel stiegen vorn empor, und der Besan wurde an Baum und Gaffel dichtgesetzt.

»Ich kann sie nicht länger halten, Sir!« schrie Gorton vorn. Drinkwaters Herz klopfte, als *Melusine* Fahrt aufnahm.

»Macht nichts, Mr. Gorton...« Seine Worte gingen unter in dem splitternden Krachen, mit dem Gortons Spiere brach. Das Vorschiff fiel sofort wieder etwas zur Eisscholle ab, aber ihre Geschwindigkeit nahm bereits zu.

»Mr. Gorton, kappen Sie die Schleppleine zur Barkasse und lassen Sie den Klüver setzen!« Drinkwater starrte nach vorn. »Recht so. Halten Sie sie voll und bei, Steuermann. Keinen Zoll nach Lee abfallen!«

»Nichts vergeben, aye, aye, Sir.«

Aber sie fielen trotzdem ab. Der Spalt zwischen dem Eis und der *Melusine* schrumpfte zusehends. Es war zu spät, um noch eine Breitseite vorbereiten zu lassen. Er biß die Zähne zusammen und sah dem unvermeidlichen Aufprall entgegen. Der Schock der Kollision warf einige Nichtsahnende um, aber die *Melusine* prallte wieder zurück und begann sich vom Eis freizusegeln. Eine halbe Stunde später drehte sie in verhältnismäßig freiem Wasser bei und wartete, bis die Barkasse längsseits kam.

Drinkwater sah auf und klopfte mit dem Stechzirkel auf eine Stelle der Seekarte. Bourne und Hill beugten sich über die gebrochene und unvollständige Linie, welche die Ostküste Grönlands darstellte. Weit im Süden gab es einige identifizierbare Namen, Kap Farewell und Kap Discord, dann kamen unzählige Lücken bis zu Hudsons Ankerplatz »Hold with Hope«.

«Wir stehen jetzt hier, rund einhundertachtzig Meilen westnordwestlich von Trinity Island. Ich glaube, daß der Feind aus südwestlicher Richtung kam und auch wieder dorthin verschwunden ist. Wir hätten ihn sicher bemerkt, wenn er aus anderer Richtung angegriffen hätte, und es spricht für meine Theorie, daß er gerade die *Faithful* kaperte, dasjenige Schiff, welches am weitesten in diese Richtung vorgestoßen war. Hinzu kommt, daß wir ihn und seine Prise zuletzt mit südwestlichem Kurs gesichtet haben. Ich schlage daher vor, daß wir die Verfolgung in dieser Richtung fortsetzen. Es ist kaum vorstellbar, daß er vom Nebel und dem Südweststurm verschont geblieben sein sollte. Also ist er vielleicht auch nicht viel weiter gekommen als wir.«

»Was ist mit den anderen Walfängern, Sir?« fragte der vorsichtige Bourne.

Drinkwater warf dem jungen Mann einen kalten Blick zu. »Es gibt Zeiten, in denen man Risiken eingehen muß, Mr. Bourne. Die Walfänger sind bewaffnet und wissen jetzt, daß mit feindlichen Kreuzern gerechnet werden muß, wogegen die *Faithful* unbewaffnet war und jetzt gekapert ist. Nicht nur unser Pflichtgefühl, sondern auch unsere Ehre verlangt, daß wir die *Faithful* wenn irgend möglich zurückgewinnen.

»Glauben Sie, daß sich hier noch weitere Franzosen herumtreiben, Sir?«

»Ich habe Grund zur Annahme, daß dem so sein könnte.«

»Wußten Sie schon vorher davon?« fragte Hill.

»Ja.« Drinkwater nickte. »Das war auch der Grund, weswegen die *Melusine* den Walfängern als Eskorte beigegeben wurde.«

Drinkwater verstand, was Hill ihm andeuten wollte: daß die Aufbringung der *Faithful* zu einem Schandfleck für die *Melusine* und ihren Kommandanten werden konnte, obwohl es praktisch unmöglich war, die gesamte Grönlandsee zu überwachen.

»Und was ist mit den Schiffen bei Spitzbergen, Sir?«

Drinkwater zuckte die Schultern. »Wir können nicht überall sein, Mr. Hill. Außerdem spricht die Aufbringung der *Faithful* dafür, daß wir das richtige Seegebiet gewählt haben, selbst wenn wir uns nicht in der richtigen Position befanden. Wie dem auch sei, unsere Pflicht ist es jetzt, den Spieß umzukehren. Haben Sie noch Fragen?«

Der Erste Offizier und der Navigator schüttelten den Kopf.

»Gut, meine Herren. Ich brauche Sie wohl kaum darauf hinzuweisen, wie wichtig jetzt ein scharfer Ausguck ist.«

VIERZEHNTES KAPITEL

Juli 1803

Der Korsar

Drinkwater erwachte aus seinem Alptraum verstört und schweißbedeckt, obwohl seine unter der Decke hervorragenden Füße eine Lufttemperatur weit unter dem Gefrierpunkt registrierten. Als er das mahlende Knirschen des Ruders hörte, entspannte er sich bewußt. Es hatte jetzt schon so lange geknirscht, offensichtlich ohne Schaden zu nehmen, daß er fast aufgehört hatte, sich Sorgen zu machen.

Beim Verlassen der Kajüte hatte er seinen Alptraum fast vergessen, aber etwas von dem Unbehagen kehrte zurück, als er an Deck trat.

Meetuck, der an der Reling nach irgend etwas Ausschau gehalten hatte, drehte sich um und starrte Drinkwater nahezu feindselig an. Der Eskimo trat einen Schritt auf ihn zu und murmelte etwas, blieb dann stehen, sah auf seinen Arm nieder, der immer noch geschient war, zuckte die Schultern und ging schließlich nach vorn.

Etwas verblüfft durch diese Pantomime, nickte Drinkwater Bourne zu, der die Wache hatte, und enterte in den Großtopp auf, wo er Glencross aus dem Krähennest verjagte, der es sich dort mit einer kleinen Flasche Rum und einem Säckchen Zwieback bequem gemacht hatte.

»Lassen Sie das ruhig da, Mr. Glencross. Ich glaube nicht, daß Sie diese Stärkung unten an Deck brauchen.«

Der Fähnrich warf einen wehmütigen Blick auf den Rum und murmelte: »Aye, aye, Sir.«

»Die Flasche bekommen Sie zu gegebener Zeit zurück, Mr. Glencross.« Drinkwater klemmte sich hinter das Teleskop. Nach wenigen Minuten hatte er seinen Alptraum und den Eskimo völlig vergessen. Der Wind kam weiterhin stetig aus Norden, sie segelten durch nahezu freies Wasser, in dem die näheren Eisberge größtenteils geschmolzen und ausgewaschen waren. Entferntere Eisberge boten einen phantastischen Anblick, der um so bizarrer wurde, je länger er sie beobachtete. Gemächlich Glencross' Zwieback kauend und vom Rum erwärmt, genoß er das Schauspiel der sich verstärkenden Refraktion, als die Sonne höherstieg. Die fernen Eisberge, Eisschollen und Eishügel schienen in jede nur mögliche Form gegossen, die sich die Phantasie vorstellen konnte. Er entdeckte einige Eisbären und zahlreiche Robben, die sich auf flachen Schollen sonnten. Einmal begegneten sie einer Schule von Narwalen, deren Männchen die seltsamen gedrehten Stoßzähne trugen. Er sah auch mehrere Mörderwale, deren schwarzweiß gefleckte Haut einen leuchtenden Kontrast zur See bildete, und die wie riesige Delphine im Kielwasser der nach Südwesten segelnden *Melusine* spielten. Drinkwater mußte an Sawyers denken, an die Hochachtung, die die Walfängerkapitäne den Geschöpfen Gottes in den arktischen Gewässern entgegenbrachten. Dabei fiel ihm ein, in welch mißlicher Lage Sawyers im Augenblick steckte.

Vier Glasen der Morgenwache waren vergangen, bevor Drinkwater entdeckte, wonach er die ganze Zeit gesucht hatte. Es war verborgen zwischen den Eisspitzen an Steuerbord voraus und kaum von diesen zu unterscheiden, außer für jemanden mit dem zielgerichteten Eifer eines Jägers. Verraten durch die Kehrbilder zweier Schiffe, die mit den Wasserlinien nach oben in der Luft zu hängen schienen, standen die Umrisse von Segeln dunkel vor dem gleißenden Licht des Himmels. Sie waren vielleicht dreißig Meilen entfernt. Das Nachlassen des Windes sowie das vergleichsweise einfache Segeln durch das lose Eis begünstigten die leichtgebaute und schlanke *Melusine*.

Drinkwater enterte eilig an Deck nieder und befahl, drei Strich höher an den Wind zu gehen und alle verfügbaren Segel zu setzen. Angesichts ihrer relativen Position zur Sonne glaubte er nicht, daß die *Melusine* für den Feind ebenso deutlich zu erkennen sein würde. Aber wenn man sie bemerkte, konnten sie dank ihrer überlegenen Geschwindigkeit die Distanz zur *Faithful* dort drüben, deren See-Eigenschaften weit besser waren als ihre Geschwindigkeit, sicher schnell überwinden.

Mittags hatte sich die Entfernung zwischen ihnen schon merklich verringert. Gegen Ende des ersten Plattfußes war der Feind vom Topp der niedrigeren Masten aus deutlich zu erkennen.

Beim Abendessen mit Singleton und Bourne erwähnte Drinkwater, daß ihn der Eskimo am Morgen durch sein Verhalten verblüfft hatte.

»Sie meinen, er machte einen feindseligen Eindruck, Sir?« fragte Singleton.

»Ja, einen Moment kam es mir so vor. Sein Auftreten war zunächst aggressiv, aber dann schien er sich plötzlich an eine Verpflichtung wegen seines Arms zu besinnen.«

»Das sollte er auch, verdammt noch mal«, sagte Bourne schroff.

»Können Sie sich erinnern, was er zu Ihnen sagte, Captain?« fragte Singleton, Bournes Bemerkung ignorierend.

Drinkwater nahm einen Schluck Wein und runzelte die Stirn. »Nicht genau, aber ein Wort hörte sich wie *gavloonack* an...«

»*Gavdlunag*?«

»Ja, so klang es. Warum? Können Sie etwas damit anfangen?«

»Es heißt ›weißer Mann‹. Was sagte er sonst noch?«

Drinkwater dachte nach. »Nichts, was ich wiederholen könnte. Oh, er erwähnte den Ort, wo er herkam.«

»Nagtoralik?«

»Ja, das war's. *Nagtoralik*.« Drinkwater versuchte das seltsame Wort nachzusprechen. »Ein Ort mit Adlern, so sagten Sie doch?«

»Ja, das bedeutet es, obwohl ich mich nicht entsinne, daß bei Egedé Adler überhaupt erwähnt werden.«

Drinkwater warf den Kopf zurück und lachte. »Oh, ihr Akademiker! Wenn etwas nicht in einem verstaubten Buch erwähnt ist, so heißt das noch lange nicht, daß es nicht existiert.«

Bourne fiel in das Gelächter ein, und Singleton lief rot an.

»Es gibt einen Grönlandfalken, den von Gmelin so genannten Falco rusticolus candicans, den die Eskimos für einen Adler halten könnten. Möglich, daß bei der Übersetzung ein Fehler in der Benennung gemacht wurde.«

Bourne lachte leise über Singletons Ernsthaftigkeit, als Drinkwater mit verstecktem Spott bemerkte: »Das kann in der Tat die Erklärung sein, Mr. Singleton.«

Ein kurzes Schweigen senkte sich über die Runde. Singleton runzelte die Stirn. »Um auf Meetuck zurückzukommen, Sir. Sie können sich an nichts anderes erinnern?«

Drinkwater schüttelte den Kopf. »Nein. Er blickte über Bord, bemerkte mich, drehte sich um und kam auf mich zu, stieß seine Verwünschungen aus, sah seinen Arm an, und ging nach vorn.« Dann fiel ihm auf, daß Singleton irgendwie geistesabwesend wirkte. »Was ist los, Mr. Singleton? Warum sind Sie an einem derart bedeutungslosen Vorgang so interessiert?«

Singleton lehnte sich zurück. »Weil ich glaube, daß etwas Wichtiges dahintersteckt, Sir. Wie ich hörte, machen Sie Jagd auf ein feindliches Schiff in südwestlicher Richtung. Handelt es sich vielleicht um ein französisches Schiff?«

Drinkwater sah Bourne fragend an, der Erste Offizier zuckte die Schultern. »Ja«, sagte Drinkwater, »das stimmt.«

»Warum glauben Sie, daß dieses Schiff nach Südwesten läuft, Sir?«

»Nun ja, Mr. Singleton, der Wind steht günstig, es lockt uns von unseren anderen Schutzbefohlenen weg, und die See ist in dieser Richtung wesentlich eisfreier.«

»Auch die Küste liegt in dieser Richtung, Sir.«

»Und?«

»Und ich glaube, daß Meetuck schon vor uns mit weißen Männern in Berührung gekommen ist; mit weißen Männern, die ihm feindlich gegenübertraten. Ich glaube, daß er von der grönländischen Küste gekommen sein kann, wo weiße Männer...«

»Franzosen?« warf Bourne ein.

»Durchaus möglich«, sagte Singleton.

»Das ist es in der Tat«, sagte Drinkwater nachdenklich, wobei er an die warnenden Worte von Lord Dungarth dachte.

»Sie wissen mehr darüber, Captain?« fragte Singleton scharf, aber bevor Drinkwater antworten konnte, wurde die Tür aufgerissen. Fähnrich Lord Walmsley stand im Rahmen, und sein normalerweise herablassendes Gesicht wirkte bestürzt.

»Ein Feind, Sir! In Luv, knapp drei Meilen entfernt!«

Drinkwater sprang auf. »Lassen Sie sofort Klarschiff anschlagen, verdammt noch mal!«

Mr. Rispin hatte sich also übertölpeln lassen. Das feindliche Schiff hatte die *Melusine* offensichtlich schon vor einiger Zeit ausgemacht. Ob es sie nun als Kriegsschiff erkannt hatte oder sie für einen Walfänger hielt, es hatte die *Faithful* jedenfalls allein weiter nach Westsüdwest segeln lassen und war unbemerkt zurückgelaufen, wo es hinter einem Eisberg versteckt gewartet hatte, bis die *Melusine* heran war.

Drinkwater kam auf das Achterdeck, als der Trommler der Marinesoldaten die *Rafale* schlug.

»Wer war im Ausguck, Mr. Rispin?« fragte er zornig, während er sich nach dem feindlichen Schiff umsah. Er entdeckte den Franzosen sofort, gebaut wie eine Fregatte, mit der Trikolore in der Gaffelnock.

»Das ist schon ein verdammt frecher Hund«, sagte Hill, als er seinen Platz neben dem Captain einnahm.

»Nun, Sir?« Drinkwater starrte Rispin unverwandt an.

»Lord Walmsley, Sir.«

»Der Teufel soll Seine Lordschaft holen!«

»Soll ich Segel wegnehmen lassen, Sir?«

»Aye, Mr. Hill, gehen Sie vor den Wind und lassen Sie die Leesegel bergen. Mr. Bourne, wir wollen ihm noch nicht die Zähne zeigen; lassen Sie alle Geschütze laden, aber halten Sie die Stückpforten noch geschlossen.«

Hill ging auf den befohlenen Kurs, und Drinkwater verfolgte, wie die Rahen vierkant gebraßt wurden, wie die Toppsgasten, steifbeinigen Affen gleich, oben in der eisigen Luft auslegten und die Leesegel an Deck flatterten. Er sah achteraus. Ein Dutzend Möwen folgte ihrem Kielwasser, und weiter an Steuerbord jagten einige Eissturmvögel über die See, aber für die Natur hatte er jetzt kein Auge mehr. Er konzentrierte sich ganz auf das feindliche Schiff, das jetzt an Steuerbord achteraus aufkam.

Es war größer als die *Melusine*, eine Fregatte von achtundzwanzig Kanonen, die es leicht mit ihnen aufnehmen konnte.

Eine Kanonenkugel klatschte dicht hinter ihnen ins Wasser. Eine kurz darauf folgende zweite schlug irgendwo unter seinen Füßen in den Rumpf. Drinkwater hoffte, daß Cawkwell die Kajütfenster geschlossen hatte. Eine dritte Kugel verschwand, ohne Schaden anzurichten, unter ihrem Heck. Keine Frage, die Stückmeister des Franzosen waren gut, und ob es sich nun um eine Fregatte seiner Kriegsmarine oder um einen gut ausgerüsteten Kaperer handelte, es bestand kein Zweifel mehr, daß er die *Melusine* als Prise nehmen wollte.

Drinkwater preßte die Lippen zusammen und dachte daran, wie er sich am Kap der Guten Hoffnung, in unvorteilhafter Position liegend, mit der *Romaine* ein Gefecht geliefert hatte. Aber jetzt waren keine britischen Linienschiffe in der Nähe, um ihm zur Hilfe zu eilen.

»Schiff klar zum Gefecht, Sir«, meldete Bourne.

Drinkwater wandte sich nach vorn und warf einen Blick über das Deck. Die Stückmannschaften knieten auf ihren Posten, die Fähnriche befanden sich mit ihren Leuten im Vor- und Großtopp, während der Kreuztopp mit Seesoldaten besetzt war. Die Segeltrimmer hatten an der Reling und den Nagelbänken Aufstellung genommen; der Bootsmann stand auf der Back, seine silberne Signalpfeife um den Hals. Das Ruder war mit beiden Steuerleuten besetzt, neben ihnen, die Logtafel lässig in seiner hölzernen Hand, wartete Mr. Quilhampton. Gorton und Rispin kommandierten die beiden Batterien, wobei ihnen Glencross und Walmsley zur Seite standen, während Mr. Frey seinen Platz auf dem Achterdeck hatte, zusammen mit Drinkwater, Hill, Bourne und Lieutenant Mount, dessen Seesoldaten an den Hängemattnetzen Stellung bezogen hatten.

»Gut, Mr. Bourne.« Er hob die Stimme. »Steuerbordbatterie klar zum Feuern. Ich beabsichtige, an den Wind zu gehen und sie von vorn zu beharken.«

Er hielt einen Moment inne, als eine weitere Kanonenkugel ihr Heck traf. »Feuern Sie, sobald Sie den Gegner vor die Mündung bekommen, Mr. Rispin. Aber zielt sorgfältig, Leute, und ladet so schnell nach, als ob euch der Teufel im Nacken säße!« Er nickte Hill zu. »Legen Sie das Schiff auf Backbordbug, Mr. Hill, wenn ich bitten darf.«

Die *Melusine* begann in den Wind zu drehen und legte sich langsam auf die Seite. Die Stückführer zogen die Pforten auf und trieben Keile unter die Kanonen, um die Krängung auszugleichen. Rispin sprang von Kanone zu Kanone, den blanken Degen in der Faust.

»Verdammt noch mal! Mr. Frey, lassen Sie Tregembo Bescheid sagen, daß ich meinen Degen haben will... Wo, zum Teufel, hast du denn gesteckt, Tregembo?«

»Hab' Ihren Degen geschärft, Sir. Er war so rostig wie der Klopfer einer Kirchentür.« Tregembo gürtete Drinkwater die Waffe um und drückte ihm ein Paar Pistolen in die Hände. »Außerdem habe ich die Ölporträts abgehängt, Sir.« Ein leiser Vorwurf lag in seiner Stimme, obgleich sein altes Gesicht unverbrüchliche Zuneigung ausstrahlte.

Drinkwater brachte ein halbes Lächeln zustande und wandte seine Aufmerksamkeit dann wieder dem Schiff zu. Über ihren Köpfen wurden die Rahen herumgeschwenkt. Von vorn hörte er das Krachen der ersten Kanone, blickte schnell zum Feind hinüber, um zu sehen, wie der Schuß lag, und sah Splitter von den Ohrhölzern des Franzosen fortfliegen. Die Geschütze feuerten jetzt eins nach dem anderen, als *Melusine* vor dem Bug des Gegners querte, und obwohl ein oder zwei Löcher in dessen Fock erschienen und mehrere Wasserfontänen zu beiden Seiten seines Vorschiffes aufstiegen, schienen die meisten den Rumpf getroffen zu haben. Aber als die *Melusine* weiterlief, setzte sie sich mehr und mehr dem feindlichen Feuer aus. Die Franzosen schossen tiefe Furchen ins Deck, eine Kugel beschädigte den Kreuzmast, und das Besansegel wurde mehrfach durchlöchert. Irgendwo unter ihnen erhob sich ein schreckliches Schmerzensgeheul, und Drinkwater merkte, wie der kleine Frey neben ihm zitterte.

»Mr. Frey«, sagte Drinkwater freundlich, »ich glaube nicht, daß irgend jemand daran gedacht hat, Captain Palgraves famose Karronaden zu laden. Würden Sie sich der Sache mit Ihren beiden Leuten annehmen? Ich denke, daß Kartätschen uns später gute Dienste leisten werden, meinen Sie nicht auch?«

Frey richtete sein Augenmerk auf die beiden Bronze-Karronaden, die Captain Palgrave in seiner Eitelkeit an den Niedergangstreppen zur Kuhl hatte aufstellen lassen, und die noch unter ihrem geölten Segeltuchbezug verborgen waren. Er nickte zunächst etwas zweifelnd, dann aber immer energischer. »Aye, aye, Sir.«

Beschäftigung würde dem Jungen guttun, dachte Drinkwater. Achteraus drehte der Feind jetzt in ihr Kielwasser ein. Die französische Bauart der *Melusine* begann sich nun jedoch günstig auszuwirken. Sie wurde schneller und vergrößerte den Abstand stetig.

»Mr. Bourne, den Magazinverwalter zu mir!«

Der Herr über Kugeln und Pulver wurde gerufen und erschien kurz darauf an Deck, eine seltsam unkriegerische Erscheinung, die in Filzpantoffeln über die Planken schlurfte.

»Ah, Mr. Meggs, ich brauche ein sorgfältig abgedichtetes Fäßchen Pulver mit einer Drei-Minuten Lunte in einem wasserdichten Segeltuchbeutel, so schnell wie Sie's herrichten können.«

Der Magazinverwalter runzelte die Stirn, hob eine Augenbraue und preßte den zahnlosen Mund zusammen. Dann legte er grüßend die Fingerknöchel an die Stirn und watschelte wortlos wieder unter Deck.

Drinkwater sagte zu dem neben ihm stehenden Bourne: »Nun, Mr. Bourne, wer unser Freund auch sein mag, eine Kanone kann er im Augenblick nicht auf uns richten.«

Hill trat zu ihnen. »Wollen Sie ihn minieren, Sir?«

Drinkwater grinste. »Mal versuchen. Unsere Chancen sind zwar nicht besonders groß, aber ich bin mir nicht sicher, daß es sich um ein Kriegsschiff handelt. Eher halte ich den Burschen schon für einen Kaperer. In dem Fall steckt er voller Männer für Prisenbesatzungen, so daß wir eine Enterung nicht riskieren dürfen.«

»Ich bin der gleichen Ansicht, Sir. Er hat was von einem Korsaren an sich.«

»Wir müssen bloß aufpassen, daß er das Faß nicht zu sehen bekommt, daher werden wir es vorn über Bord geben und die Leine durch eine vordere Stückpforte führen. Auf diese Weise gibt es keine ungewöhnlichen Aktivitäten auf dem Achterschiff, die ihn mißtrauisch machen könnten.«

»Wie wär's mit der Logleine, Sir? Sie ist handig und lang genug«, warf Hill ein.

»Sehr gut. Machen Sie das bitte.« Drinkwater warf einen Blick voraus. »Aber zunächst sollten Sie vielleicht lieber anluven, Mr. Hill.«

»Heiliger Strohsack!« Hill blieb vor Schreck der Mund offen, als er den Eisberg erblickte, der vor ihnen emporwuchs. Drinkwater hielt den Atem an vor Sorge, daß *Melusine* auf einen unterseeischen Vorsprung der ihre Masten überragenden Eismasse auflaufen könne. »Ruder in Lee!«

Melusine schoß in den Wind, daß ihre Segel killten, und fiel sofort wieder ab, als sie den Eisberg achteraus hatte. Ihr Verfolger, auf seine Beute konzentriert, hatte den Kurs genau ihrem angepaßt. Daß *Melu-*

sine so dicht am Eisberg vorbeisegeln konnte, zeigte ihm, daß er unbeschadet dasselbe tun durfte, und Drinkwater machte Hill gegenüber eine Bemerkung über das seemännische Können ihres Feindes.

»Aye, Sir. Auch das spricht dafür, daß es sich um ein Kaperschiff handelt.«

Drinkwater nickte. »Und er kann unseren Namen am Heck lesen, woraus er schließen muß, daß er eine französische Prise vor sich hat.«

Hill nickte nachdenklich. In dem Moment kam Bourne zurück und meldete: »Meggs sagt, er braucht noch zehn Minuten, Sir, bevor das Pulverfaß fertig ist.«

»Gut, Mr. Bourne. Rispin soll die Wache auf der Back übernehmen und uns durch das Eis lotsen. Die Steuerbordbatterie führen Sie selbst.«

Bourne wirkte niedergeschlagen, bestätigte jedoch den Befehl und ging nach vorn in die Kuhl.

Meggs brachte das in Segeltuch eingeschlagene Pulverfäßchen eigenhändig aufs Achterdeck.

»Die Zündschnur brennt drei Minuten, Sir«, sagte er, wobei er das Fäßchen Hill übergab, der schon drei Leute bereitstehen hatte, die das Ding zusammen mit dem Logleinenbottich nach vorn tragen sollten. Fünf Minuten später sah Drinkwater, wie er sich aufrichtete und erwartungsvoll nach achtern schaute. Drinkwater nickte und beugte sich über die Seite.

Bei der Fahrt, die *Melusine* jetzt machte, blieb das an der sinnig ausgesteckten Logleine hängende Fäßchen schnell achteraus. Eilig griff Drinkwater nach seinem Teleskop, kniete nieder und stützte es auf der Heckreling ab. Dann rief er nach Quilhampton.

»Mr. Q! Sobald ich ›fest‹ sage, rufen Sie Mr. Hill zu, er soll die Logleine festkommen lassen.«

»Aye, aye, Sir.«

Drinkwater sah den Segeltuchsack im Wasser davontreiben. Gelegentlich, wenn die Schleppleine sich spannte, sprangen kleine Spritzer in die Höhe, aber die meiste Zeit trieb er achteraus, ohne das Heckwasser merklich zu stören. Er fragte sich, ob sein Gegner wohl einen wachsamen Ausguck im Bug hatte. Jedenfalls schien er kein Mann zu sein, den man unterschätzen durfte.

Plötzlich erschien neben dem Pulverfaß der Steven des Verfolgers. Die Bugwelle drückte das Fäßchen zur Seite.

»Fest!«

»Fest!« wiederholte Quilhampton, und Drinkwater sah, wie die Leine mit einem Ruck steifkam und das Fäßchen einen Schaumstreifen hinter sich herzuziehen begann, genau unter dem Backbordbug des Franzosen.

Wie lange hatten sie gebraucht, um die Mine achteraus zu fieren? Vielleicht eineinhalb Minuten. Drinkwater fragte sich, wie zuverlässig die Lunte war, die Meggs angebracht hatte. Wahrscheinlich war das verdammte Ding inzwischen ausgegangen. Aber es war eben den Versuch wert gewesen.

»Klar zum Wenden, Mr. Q!«

Quilhampton gab den Befehl weiter, und Drinkwater erhob sich. Mehr konnte er jetzt nicht tun; seine Schulter schmerzte von der verkrampften Stellung, die er hatte einnehmen müssen, um den Weg des Fäßchens so konzentriert zu verfolgen.

Die Mine explodierte, als er sich bückte, um seine Knie zu massieren.

»Ruder hart Steuerbord!«

Er fühlte, wie sich das Deck neigte, als Ruder gelegt wurde. Sich von neuem auf die Knie niederlassend, richtete er das Teleskop wieder aus. Zuerst glaubte er, die Explosion hätte nichts bewirkt, doch dann sah er, wie der Bugspriet des Feindes langsam nach oben stieg. Zumindest das Wasserstag hatte also etwas abbekommen, und ohne dessen Zug nach unten war die Belastung durch Klüver und Vorstengestagsegel im Verein mit der Leelastigkeit des Fockmastes zu stark – das Bugspriet brach. Er sah, wie es splitterte und vom Zug der Segel auseinandergerissen wurde. Die Back des feindlichen Schiffes war im Handumdrehen voller Männer.

Er sprang auf die Füße. »Jetzt haben wir ihn, bei Gott.«

Aber *Melusine* kam nicht länger nach Steuerbord auf. Sie fiel ab.

»Sie reagiert nicht, Sir! Sie reagiert nicht!«

In diesem Moment fiel Drinkwater siedendheiß das Ruder ein.

FÜNFZEHNTES KAPITEL

28. Juli 1803

Im Gefecht mit *Requin*

Drinkwater wußte nicht, wieviel Schaden er dem Gegner zugefügt hatte. Er wußte nur, daß sein eigenes Schiff jetzt dem anderen auf Gnade oder Ungnade ausgeliefert war. Sicherlich wurde die Manövrierfähigkeit des Franzosen durch den Verlust des Bugspriets ernstlich behindert, aber durch Reffen und entsprechende Reduzierung der achteren Segelfläche ließ sich der Verlust der Vorsegel einigermaßen ausgleichen und das Schiff immer noch unter Kontrolle halten. Außerdem war der Wind kräftig genug, um jedes derartige Manöver mit großer Wahrscheinlichkeit gelingen zu lassen.

Was sie selbst betraf, so beschäftigte ihn der Ausfall des Ruders im Moment nur insoweit, als er sie zu einer hilflosen Zielscheibe gemacht hatte. Aber der Feind konnte zum Glück nicht wissen, welchen Schaden *Melusine* so plötzlich erlitten hatte.

»Legen Sie das Schiff unter Toppsegeln an den Wind, Mr. Hill!«

Drinkwater hoffte, damit seinem Gegner den Eindruck zu vermitteln, daß er es mit einem vorsichtigen Mann zu tun habe. Einem Mann, der sich zwar nicht seiner Ehre begeben wollte, der jedoch, nachdem er dem Gegner einigen Schaden zugefügt hatte, beigedreht alles weitere abwarten wollte.

Nachdem er Hill losgeschickt hatte, den Ruderschaden zu erkunden, rief Drinkwater Bourne zu sich.

»Mr. Bourne, wenn ich diesen Burschen da drüben richtig einschätze, dann wird er unsere Provokation nicht einfach hinnehmen. Ich schätze, daß er sich in Luv von uns legen wird, um dann aus günstiger Position heranzuschließen und uns zu entern. Lassen Sie daher an jeden Mann Handfeuerwaffen, Entermesser, Piken und Enterbeile ausgeben. Die Geschütze an Backbord bleiben unbesetzt, ihre Mannschaften gehen mit nach Steuerbord, so daß unsere Feuergeschwindigkeit so weit wie möglich gesteigert wird. Lassen Sie mit Kartätschen und Kugeln laden. Mr. Mount! Ihre Leute nehmen die Offiziere aufs

Korn; stationieren Sie sie, wo sie wollen, aber behalten Sie sechs Seesoldaten und zwanzig Matrosen als Eingreifreserve unter Deck. Diese Leute stehen unter Ihrem Kommando, Mr. Bourne, und sollen aus den Heckfenstern über die Heckreling kommen. Sammeln Sie sie also in meiner Kajüte und öffnen Sie das Oberlicht. Entweder ich selbst, Hill oder Quilhampton werden Ihnen ein Zeichen geben, wenn es soweit ist. Aber ohne Befehl bleiben Sie unten, verstanden?«

»Aye, aye, Sir.«

»Und noch etwas, Mr. Bourne: Schwärzen Sie alle Ihre Gesichter am Kombüsenherd, wenn Sie nach unten gehen.«

»Jawohl, Sir.«

»Und sagen Sie lieber auch Singleton Bescheid, damit er weiß, was auf ihn zukommt. Wer wurde denn eigentlich von der ersten Kugel getroffen?«

»Cawkwell, Sir. Er hat ein Bein verloren.«

»Armer Teufel.«

»Er war dabei, die Kajütfenster zu schließen, Sir.«

»Oh.«

Drinkwater wandte sich ab und beobachtete den Feind. Wie er schon vermutet hatte, war der dabei, sich in eine luvwärtige Position zu manövrieren. In höchstens einer Viertelstunde mußte es losgehen.

»Mr. Frey! Sind die beiden Karronaden feuerbereit?«

»Aye, Sir.«

»Wir werden bald Verwendung für sie haben. Besetzen Sie die luvwärtige Karronade zuerst, aber feuern Sie erst, wenn ich Ihnen den ausdrücklichen Befehl gebe. Sobald das geschieht, zielen Sie auf die Kuhl des Feindes, dorthin, wo die Leute am dichtesten stehen. Haben Sie mich verstanden?«

Der Junge nickte.

»Ich brauche einen kühlen Kopf für diese Aufgabe, Mr. Frey.« Er gab seiner Stimme einen vertraulichen Tonfall. »Es ist ein Ehrenposten, Mr. Frey. Lassen Sie mich nicht im Stich.« Die Augen des Jungen öffneten sich weit. Wahrscheinlich würde er in einer halben Stunde tot oder ein Held sein, dachte Drinkwater.

»Ich werde Sie nicht enttäuschen, Sir.«

»Gut. Jetzt hören Sie noch mal ganz genau zu. Wenn Sie das Luvgeschütz abgefeuert haben, laufen Sie zu dem anderen hinüber und richten es binnenbords. Wenn Sie einen Haufen Wilder mit schwarzen Gesichtern über die Heckreling kommen sehen, bestreichen Sie die vor ihnen liegende Fläche der Kuhl mit Kartätschen, selbst dann, Mr. Frey, wenn Sie auf Ihre eigenen Leute zu feuern scheinen.«

Die Augen des Jungen wurden noch größer.

»Ich weiß, daß dieser Befehl sehr schwer zu befolgen ist, Mr. Frey. Aber das ist Ihre Pflicht. Verstehen Sie?«

Der Junge schluckte. »Jawohl, Sir.«

»Sehr gut.« Drinkwater lächelte, als habe er Frey gerade gebeten, ihm einen Apfel zu holen oder irgendeine andere, gleich belanglose Aufgabe zu erfüllen. Er ging zur Querreling und sah in die Kuhl hinunter, wo die Handfeuerwaffen verteilt und rauhe Witze über den bevorstehenden Kampf gemacht wurden.

»Ruhe da unten! Hört mal her, Jungs!« Er wartete, bis sie sich ihm zuwandten.

»Wenn ich euch befehle zu feuern, dann möchte ich, daß ihr feuert was das Zeug hält und den Feind am Entern hindert. Schafft er's doch und bedrängt uns hart, werdet ihr ein Pfeifensignal des Bootsmanns hören. Darauf weicht ihr sofort zurück: die Matrosen unter Lieutenant Rispin und Lieutenant Gorton nach vorn, die Seesoldaten unter Mr. Mount nach achtern. Wenn Mr. Bournes Reservetrupp von achtern erscheint, gehen wir alle gleichzeitig wieder zum Angriff über und treiben diese unverschämten Franzosen ins Wasser. Dann werde ich die Fock setzen lassen, damit wir uns vom Feind lösen können.«

Beifallrufe markierten das Ende dieser höchst optimistischen Rede. Drinkwater sagte ihnen nicht, daß er keineswegs die Absicht habe, den Feind zu verfolgen und sein Schiff zu nehmen. Er wußte nicht, wie viele Männer erfahren hatten, daß ihr Ruder ausgefallen war. Einige Dinge mußten eben dem Zufall überlassen bleiben.

»Das wäre alles. Legt euch jetzt flach hin, bis der Feind heran ist.«

Darauf streckten sich alle an Deck aus, und nur er selbst und Mount blieben an den Enternetzen des Achterdecks stehen, um die Entwicklung zu beobachten.

Das feindliche Schiff stand jetzt fast genau zu Luv von ihnen und drehte ebenfalls bei. Während Drinkwater noch das Manöver verfolgte, schlugen die Mündungsfeuer der ersten Breitseite aus den Stückpforten, und die Kugeln pfiffen so gellend über sie hinweg, als würden hundert Seidenhemden auf einmal zerrissen.

Die zweite Breitseite lag tiefer. Schreie ertönten aus der Kuhl, gleichzeitig mit dem unheilvollen metallischen Klingen, als die Mündung einer Kanone getroffen wurde und ein Teil des Schanzkleides binnenbords flog. Ein Seesoldat wurde auf der Stelle getötet. Es war Polesworth. Drinkwater merkte, wie jemand ihn an den Rockschößen zupfte. Comley, der Bootsmann, meldete sich zur Stelle.

»Gut, Mr. Comley. Sie bleiben am besten bei mir und Mr. Mount.«

»Aye, Sir.«

Eine dritte Breitseite fetzte durch die Takelage, und die Großbramstenge knickte ab und baumelte nach unten.

Drinkwater war klar, daß die *Melusine* viel mehr nicht würde einstecken können und der Moment gekommen war, zurückzuschlagen.

»Feuer frei!« schrie er, und unmittelbar darauf brüllten die Steuerbordgeschütze los. Ungefähr zehn Minuten lang, während das größere Schiff auf das kleinere zutrieb, wurde ihre Welt zu einem schrecklichen Chaos, in dem die Sinne sich nur mühsam zurechtfanden, da sie von allen Seiten malträtiert wurden. Kanonenkugeln pfiffen durch die Luft und richteten als Abpraller großen Schaden an; Kartätschen fegten das Deck mit einem verheerenden Schrothagel; Musketenkugeln jaulten unheimlich als Querschläger durch die Luft; dazu die Schreie, der Rauch und herumfliegende Holzsplitter, die es nahezu unmöglich scheinen ließen, daß ein Mann an Oberdeck leben und atmen konnte. Fast noch zermürbender war dann die plötzliche Stille, die sich über die beiden Besatzungen senkte, als sie sich zum Nahkampf rüsteten, die einen zum Angriff, die anderen zur Verteidigung. Sie dauerte kaum zehn Sekunden, doch irgendwie schien dieser Moment der Stille endlos. Bis sie in einer wahnwitzigen Kakophonie von Schreien und Fluchen, wildem Kampfgebrüll und tierischem Grunzen unterging, die das Töten und Sterben begleitete. Klingen und Glieder prallten aufeinander, und das Deck wurde schlüpfrig vor Blut. Drinkwater hatte seinen Hut verloren und seine Epaulette war ihm von der Schulter geschossen worden. Es war er selbst gewesen, der das friedfertige Intervall beendet hatte, indem er Freys Karronade die Kuhl des Feindes unter Feuer nehmen ließ. Dann hatte er den Jungen grob beiseite gestoßen, um den ersten an Bord kommenden Franzosen zurückzuschlagen, einen jungen Offizier, dessen Eifer ihn genau vor Drinkwaters Degenspitze katapultiert hatte.

Gleichzeitig feuerte er seine Pistole in das Gesicht eines zweiten Franzosen ab, um dann, nachdem er seine Klinge wieder herausgezogen hatte, einen wilden Schlag nach rechts gegen einen Mann zu führen, der dabei war, Mount auf seine Pike zu spießen.

»Sehr verbunden, Sir«, schrie Mount, wobei er sich halb umdrehte und einen Mann abschüttelte, der ihn aus den Kreuzwanten herab angesprungen hatte. Als sich dann der Pulverdampf kurz hob, fand sich Drinkwater plötzlich einem Mann gegenüber, den er instinktiv als den feindlichen Kommandanten erkannte. Drinkwater wich einen Schritt zurück, als die kleine, schwarzbärtige Gestalt durch die sich lichtenden Schwaden auf das Deck der *Melusine* sprang. Für einen Kommandanten war das schon eine verrückte Tat. Anstelle seines Degens richtete er jedoch eine Pistole auf Drinkwater. Dieser hob unwillkürlich einen Arm schützend vors Gesicht, aber Tregembo schlug von der Seite mit dem Enterbeil zu. Der Franzose riß die Pistole herum und feuerte auf Tregembo. Drinkwater sah das Gesicht des Alten aus Cornwall blutig werden und machte einen wilden Ausfall. Der französische Kapitän wich zurück, drehte sich um und sprang auf die Reling. Drinkwaters Degen erwischte ihn am Oberschenkel. Als dann noch das Bajonett eines Seesoldaten nach ihm stieß, sprang der französische Kommandant auf das eigene Deck zurück, wo Drinkwater ihn aus den Augen verlor. Plötzlich fühlte er sich von links bedrängt und sah hinunter in die Kuhl. Die Verteidiger wurden zurückgedrängt, als ein neuer Schwung Franzosen über die Reling kam.

»Mr. Comley, das Signal!« brüllte Drinkwater.

Er hatte keine Ahnung, wo Comley steckte, aber das durchdringende Schrillen der Bootsmannspfeife übertönte den Kampflärm, und Drinkwater sah die Männer der *Melusine* befehlsgemäß zurückweichen; er sprang zum Oberlicht hinüber.

»Jetzt, Mr. Bourne, jetzt, und mit Gott!«

Ein zurückweichender Seesoldat stolperte in ihn hinein. Die Augen des Mannes blickten stumpf, als wäre er nicht mehr bei sich. Drinkwater sah zu Frey hinüber. Der Junge hatte die Abzugsleine der Backbord-Karronade in der Hand.

»Feuer, Mr. Frey!«

Der Junge gehorchte.

Drinkwater sah, wie zumindest einer ihrer eigenen Leute in den Rücken getroffen wurde, aber die meisten Engländer hatten sich vom Feind gelöst und waren zwei bis drei Schritt zurückgesprungen. Die Seesoldaten bildeten so etwas wie eine Gasse, durch die Bournes schwarzgesichtige Reserve plötzlich hindurchstieß, jeder Mann mit Pike oder Enterbeil bewaffnet. Bourne an der Spitze trug zusätzlich noch eine Pistole. Die Gasse war plötzlich von ausgeruhten Kämpfern besetzt, und die verwirrten Franzosen sahen sich in der Defensive.

Drinkwater wandte sich an Comley. »Lassen Sie die Fock setzen, Mr. Comley!«

Der Bootsmann taumelte nach vorn.

»Mr. Frey!«

»Sir?«

»Laden Sie das Ding wieder und feuern Sie auf die feindliche Kuhl!«

»Aye, aye, Sir.«

Nach und nach gelang es den Leuten der *Melusine*, ihre Kanonen zurückzuerobern. Tote und Verwundete lagen überall, die Decks waren rot vor Blut. Drinkwater folgte Bourne hinunter ins Batteriedeck und schloß sich Mounts Seesoldaten an, die die zurückweichenden Franzosen mit dem Bajonett angriffen.

Das Achterdeck lag verlassen da. Wenn die Franzosen diese Gelegenheit ergriffen, konnten sie die *Melusine* immer noch an sich bringen. Drinkwater ging zurück. Drei von ihnen waren schon im Begriff herüberzuspringen. Er erschoß einen mit seiner zweiten Pistole und hatte dann plötzlich die zwei anderen vor sich. Sie sahen wie Offiziere aus und hatten beide den Degen gezogen. Sie griffen sofort an.

Drinkwater parierte mehr schlecht als recht und spürte einen Stich in seinem rechten Bein. Fast fürchtete er schon, daß sein letztes Stündlein geschlagen habe, parierte jedoch hart die Klinge, die sein Leben bedrohte. Sowohl seine eigene als auch die Schneide seines Gegners zersprangen in der eiskalten Luft. Sie standen einander plötzlich tatenlos gegenüber. Drinkwaters zweiter Angreifer war von dem mit gellendem Schrei anstürmenden Quilhampton zurückgeschlagen worden, der für den Kampf seinen eisernen Haken angelegt hatte. Damit fing er den Degen des Mannes auf und entwand ihn seinem Griff. In der Rechten ein Enterbeil, hackte er auf den erhobenen Arm des Mannes ein, mit dem dieser seinen Kopf zu schützen suchte. Mit häßlichem Knirschen drang die Schneide in den Ellenbogen des Offiziers.

»Geben Sie Pardon, Mr. Q!«

Drinkwaters eigener Gegner streckte ihm zum Zeichen der Aufgabe den Knauf seines zerbrochenen Degens entgegen, während Tregembo, dessen aufgeschlitzte Backe wie das blutige Ohr eines Spaniels herabhing und die ganze untere Zahnreihe freilegte, ihn gegen die Reling preßte.

Drinkwater wurde gewahr, daß der Rumpf des feindlichen Schiffes langsam achteraus sackte, als *Melusine* unter Fock Fahrt aufnahm. Laute Befehle riefen die letzten Franzosen zurück, und die beiden Schiffe trieben langsam auseinander. Dabei konnte Drinkwater am Heck den Namen seines Widersachers erkennen: *Requin*.

Drinkwater beugte sich über den Tisch und deutete auf die Skizze, die er gezeichnet hatte. Die Kajüte war voller Menschen. Außer Mr. Rispin, der verwundet worden war, und Mr. Gorton, der die Wache hatte, waren alle Offiziere und Unteroffiziere anwesend, hörten gespannt zu, gaben technische Ratschläge und halfen mit, die Herstellung und das Einsetzen eines Notruders zu planen.

Acht Stunden lang war *Melusine* unter der vierkant gebraßten Fock platt vor dem Wind gelaufen, wobei das große Segel nur gelegentlich aufgegeit wurde, um bei der steuerlosen Fahrt durch das Eis allzu harte Zusammenstöße zu vermeiden. Es gab keine Möglichkeit, dem Schiff diese rauhe Behandlung zu ersparen. Seine eigenen Blessuren hatte Drinkwater selber versorgt; auch die Wunde im Schenkel hatte sich nur als tiefer, aber glatter Schnitt herausgestellt. Nach dem Kampf hatte er dann Meetuck durch Singleton ausfragen lassen. Das war ein langwieriges Geschäft gewesen, welches Singleton, erschöpft nach vierstündigem Operieren, entsetzt über die Schlachthausatmosphäre nach dem Gefecht und generell voller Ablehnung gegen den Soldatenberuf, nur mit Mühe erledigt hatte. Nach geraumer Zeit kam er jedoch mit der gewünschten Information zu Drinkwater.

»Er sagt, daß es Plätze gibt, wo das Eis um diese Jahreszeit verschwunden ist und die unser großes *Kajak* anlaufen kann.«

Aber Drinkwater konnte nicht hoffen, ohne Ruder eine fremde Küste anzusteuern. Um sein Schiff mit einem Ruder auszurüsten, welches den Belastungen der Heimreise gewachsen war, brauchte er erst eins, das ihm erlaubte, die Küste Grönlands anzusteuern. Und genau dieses Paradox versuchte er jetzt zu lösen.

Er richtete sich auf. »Nun gut, Gentlemen. Wenn es keine weiteren Fragen mehr gibt, wollen wir anfangen. Mr. Hill, lassen Sie bitte die Fock bergen; wir können dann sofort damit beginnen, die Kreuzstenge an Deck zu fieren.«

Stimmengewirr erhob sich, als die Offiziere die Kajüte verließen. Drinkwater folgte ihnen mit den Augen und beugte sich dann wieder über seine Zeichnung. Wie lange würden sie brauchen, sechs Stunden? Zehn? Zwölf? Und immer noch meldete der Ausguck im Mast, daß er die *Requin* in Ostnordost in Sicht habe. Drinkwater fragte sich, wie groß der Schaden war, den sie ihr zugefügt hatten. Wie ernstlich war ihr Kommandant verwundet? Und würde seine Wunde ihn bremsen oder zu weiterer Verfolgung anstacheln? Das Gefecht war wie in stillschweigender Übereinkunft einfach beendet worden. Drinkwater zweifelte nicht mehr daran, daß es sich bei der *Requin* um ein Kaperschiff handelte. Ihr Kapitän hätte sich schon verdammt viel darauf einbilden können, wenn er mit einer Korvette der Royal Navy nach Hause gekommen wäre, insbesondere einer, die einmal ein französisches Schiff gewesen war. Der Erste Konsul Bonaparte würde bei einem so erfolgreichen Praktiker des *guerre de course* sicherlich mit hohem Lob und Ehrungen nicht sparen. Die Schiffseigner allerdings mochten vielleicht weniger entzückt sein, wenn sie größere Beschädigungen ihres Schiffes oder hohe Verluste unter der Mannschaft hinnehmen mußten. Bei der Kaperei ging es im wesentlichen um Profit. Die *Requin* war offenkundig wie eine Fregatte gebaut worden, in der Absicht, arglose Handelsschiffe hinters Licht zu führen.

Drinkwater seufzte, während über ihm lautes Rufen und dumpfes Pochen den Beginn der Arbeiten am Notruder anzeigten.

Das Herunternehmen der Kreuzstenge war eine normale seemännische Arbeit, welche die Männer routinemäßig erledigen würden. *Die Melusine* lag ohne Fahrt im Wasser und rollte leicht in einer See, auf der hier und da Eisschollen trieben, die aber sonst verhältnismäßig offen war. Nach einstündiger Arbeit lag die Stenge auf dem Achterdeck und wurde abgetakelt. Die Bramstenge wurde entfernt, aber die Saling drangelassen und das obere Ende der Kreuzstenge an der Heckreling festgelascht, bis der Zimmermannsgehilfe eine Kerbe in das reich geschnitzte Holz geschlagen hatte. Inzwischen hatte der Zimmermann begonnen, aus passend zurechtgesägten Holzplanken ein Ruderblatt zusammenzuschrauben. Gleichzeitig wurde der Schmiedeofen in die Kuhl gehievt und eine Anzahl Enterpiken in Ruderbeschläge umgeschmiedet, mit denen das Ruderblatt dann fest zusammengehalten und an der Stenge befestigt wurde.

Die Herstellung von Ruderblatt und Ruderschaft war verhältnismäßig einfach. Was Drinkwater zu schaffen machte, war das Problem, wie sie das Ruder einhängen sollten, damit es seinen Zweck erfüllen konnte. Nach Beratungen mit den Unteroffizieren kam er zu der Ansicht, daß sich ein eiserner Ring, in den die Stenge hineinpaßte, aus dem Eselshaupt des Kreuzmastes herstellen ließ. Das Eselshaupt war groß genug, um über den Fuß der Kreuzstenge zu passen; wenn man es folglich über das andere, dünnere Ende der Kreuzstenge zog, hatte diese genügend Spiel, um sich frei zu drehen. Ein weiterer Vorteil war, daß der brillenförmige Mastbeschlag ja einen zweiten, viereckig geformten Reifen hatte, der über den Topp des Untermastes geschlagen wurde. Hieran ließen sich zwei Ketten befestigen, die man aus den Rahhangern der Großrah und der Fockrah zusammensetzen konnte. Diese konnten dann auf beiden Seiten nach vorn geführt und mit Taljen an den Fockrüsten steifgesetzt werden. Das Eselshaupt würde so zum Beschlag für die Ruderhacke werden.

Der erste Teil der Arbeit ging gut voran. Erheblich länger dauerte dann das Abnehmen des Eselshauptes vom Kreuzmast. Während Bourne und der Bootsmann sich noch damit in der Takelage abmühten, wurden zwei starke Kanthölzer zurechtgeschnitten und unter dem Ruderblatt an beiden Seiten der Kreuzstenge festgelascht. Sie sollten

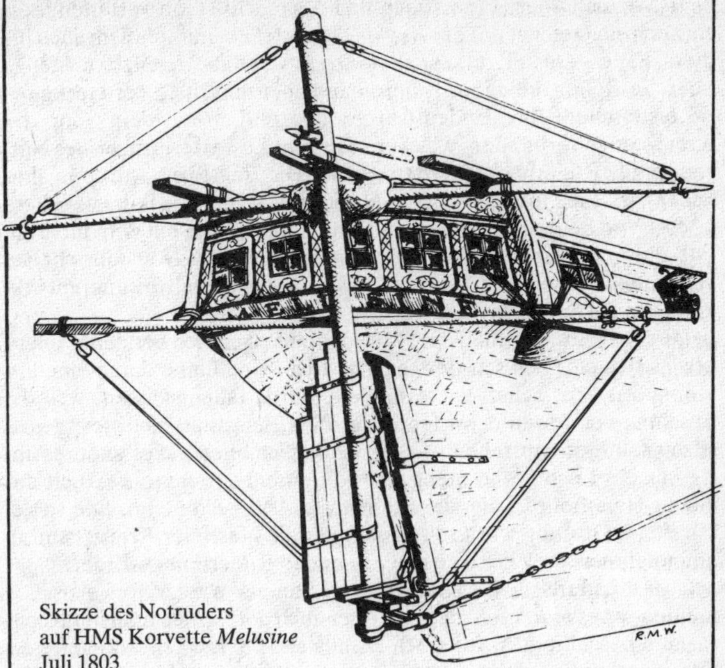

Skizze des Notruders
auf HMS Korvette *Melusine*
Juli 1803

dazu dienen, den Ruderwinkel zu begrenzen. Dann wurde, als Widerlager für den behelfsmäßigen Ruderschaft, ein großer, gut eingefetteter Wulstfender mittschiffs über der Heckreling ausgebracht.

Zwei Probleme blieben noch zu lösen. Erstens mußte das Ruderhackenfitting unter Zugspannung gehalten werden – eine Sache, mit der man sich nicht mehr befassen konnte, sobald das Notruder erst einmal außenbords gehievt war. Und das andere bestand darin, eine Möglichkeit zu schaffen, das schwere Ruder auch tatsächlich zu bewegen.

Drinkwater vermutete, daß die Vorwärtsfahrt der *Melusine* erheblich zur Lösung des ersteren Problems beitragen würde, solange nur geringe Kurskorrekturen erforderlich waren. Ungeheure Belastungen würden jedoch bei größerer Ruderlage auftreten, so zum Beispiel beim Wenden oder Halsen oder, und das mochte Gott verhüten, falls sie noch ein Gefecht mit der *Requin* durchstehen mußten. Um auch für diese Fälle gerüstet zu sein, ließ Drinkwater die Kreuzbramstenge über die Reling außenbords fieren und quer unterhalb der Heckgalerie festlaschen. Ihre Enden wurden über Taljen mit dem Topp der Kreuzstenge verbunden, welcher nach dem Zuwasserbringen des Notruders zur Ruderhacke werden würde. Die Begienrah wurde in ähnlicher Weise in Höhe der oberen Heckreling an den Heckdavits festgelascht. Von beiden Seiten konnten dann zwei Taljen mit dem mehrere Fuß über die Heckreling emporragenden Ende des Notruderschaftes verbunden werden. Sie würden ausreichend Hebelwirkung entwikkeln, um die Spiere in ihrer Lage zu fixieren.

Das Problem, wie man das Notruder nun eigentlich betätigen sollte, erwies sich als noch schwieriger. Die Idee, eine Pinne durch eine Lasching mit dem Schaft zu verbinden, wurde fallengelassen, weil die Lasching bei der zu erwartenden großen Belastung nicht fest genug sitzen sondern mitdrehen würde. Schließlich blieb nichts anderes übrig, als ein Loch in die Stenge zu bohren, eine mühsame Arbeit mit einem Handbohrer, die vier Stunden in Anspruch nahm. Die so geschaffene Öffnung war groß genug, um die Nock der Kreuzbramrah aufzunehmen, welche so zu einer plumpen Ruderpinne wurde.

Zwischendurch ließ sich Drinkwater immer wieder vom Ausguck melden, was die *Requin* machte. Aber auch dort schien man mit Reparaturen beschäftigt, was jedoch Drinkwaters Sorge keineswegs beseitigte. Deshalb geriet er auch bei jeder geringfügigen Verzögerung der Arbeiten in Wut.

Seine Ungeduld war nicht gerechtfertigt, denn seine Leute hätten sich gar nicht mehr ins Zeug legen können, insbesondere Hill, Bourne, Gorton und Quilhampton. Comley, der Bootsmann, und Mr. Marsden, der Schiffszimmermann, waren unermüdlich, während ihre Männer, welche die schweren Spieren in Position brachten, alle möglichen Dinge herbeischaffen und die verschiedenen Taljen anschlagen und einrichten mußten. Sie erledigten ihre vielfältigen Aufgaben willig, bis alles den Grad der Genauigkeit erreicht hatte, der – wie Drinkwater wußte – nötig war, um ein derartiges Vorhaben gelingen zu lassen.

Wohl gab es beträchtliche Verzögerungen und ein paar Rückschläge, aber nach acht Stunden Arbeit sahen die auf das Achterdeck gebrachten Spieren und Planken einem Ruder schon durchaus ähnlich. Während einer dieser Verzögerungen ging Drinkwater unter Deck, um nach den Verwundeten zu sehen.

Die *Melusine* hatte während des Kampfes viele Treffer hinnehmen müssen, aber auch die Besatzung hatte große Verluste erlitten. Als Drinkwater zum Orlopdeck hinunterging, versuchte er nicht über die moralischen Fragen nachzudenken, die ihn nach dem Kampf beschäftigten. Ohne Zweifel würde schon Singleton ihn zu gegebener Zeit damit piesacken. Drinkwater plagte allerdings schon jetzt das Gewissen, daß er dazu beigetragen hatte, den kleinen Frey aus einem verängstigten Jungen in einen mordlustigen jungen Mann zu verwandeln, der im Dienst von König und Vaterland getötet hatte. Und trotzdem war es besser, dachte er, als nach dieser verlogenen Platitüde zu sterben: *Dulce et decorum est, pro patria mori.* *

Aber es war nicht Singleton, der ihm vorwurfsvoll im trüben Licht des Lazaretts entgegenkam. Skeete stand plötzlich mit einer Laterne in der Hand vor ihm, das Gesicht zu einem schiefen Grinsen verzogen.

»Sind Sie verwundet, Captain, Sir?«

Skeetes übler Mundgeruch wetteiferte mit dem Gestank des Raumes, der vollgestopft war mit Verwundeten. Sie lagen überall, einige im Todeskampf verkrümmt, andere unter der Wirkung von Laudanum oder Rum in sich zusammengesunken; dazu Schluchzen, Schreie und Rufe nach der Mutter oder der Frau. Singleton sah auf, als Drinkwater sich über Mr. Rispin beugte. Ihre Augen begegneten sich, und Singleton schüttelte leicht den Kopf. Drinkwater kniete neben dem Leutnant nieder. »Na, Mr. Rispin, wie geht's?« fragte er leise.

Rispin sah ihn an, als wüßte er nicht, wen er vor sich hatte. Von seinem Brustkorb war nicht mehr viel übrig, und seine Augen zeugten von dem Schock, den sein Körper erlitten hatte. Die Pupillen waren riesig. Eigentlich war er schon tot. Vielleicht hielt ihn nur die Verwunderung darüber, daß sein Herz noch schlug, am Leben.

Drinkwater stand auf und wandte sich zum Gehen. Dabei fiel er beinahe über einen der Schiffsjungen, einen Burschen von neun Jahren namens Billy Cue Maxted, der seinen seltsamen Vornamen dem Schlachtschiff *Belliqueux* verdankte, von dem sein Vater eines Tages gekommen war, um den Ruf der armen Mollie Maxted zu ruinieren.

Jetzt war der kleine Billy ein Krüppel. Er hatte gerade eine Ladung Pulver zu seinem Geschütz gebracht, als eine Kanonenkugel ihm beide Beine abriß. Drinkwater kniete neben ihm nieder.

Die Augen des Jungen weiteten sich, als er den Captain erkannte. Er versuchte, sich aufzurichten, aber Drinkwater drückte ihn sanft zurück, wobei er die magere Schulter unter dem Flanellhemd spürte.

* Süß und ehrenvoll ist es, fürs Vaterland zu sterben

»Oh, Captain Drinkwater, Sir, ich hab' beide Beine verloren! Beide Beine, und dies war mein erster Kampf, Sir. Oh, Sir, was soll ich bloß machen? Ohne Beine kann ich doch nichts ausrichten, und wer soll denn Pulver zu meinem Geschütz bringen, wenn wir's nächste Mal gegen die Froschfresser kämpfen, Sir?«

»Nur ruhig, Billy. Bleib nur liegen und ruh' dich aus. Ich werde mich schon um die Geschütze kümmern. Deine Aufgabe ist es jetzt, schön brav zu sein und wieder gesund zu werden...«

»Werde ich denn wieder gesund, Sir?« Der Junge lächelte unter Tränen.

»Natürlich wirst du das, Billy.«

»Und was passiert dann mit mir, Sir?«

Drinkwater schluckte. Wie sollte er diesem Neunjährigen erzählen, daß er ein frei geborener Brite war, der nie Sklave sein würde? Es stand ihm frei, sich die Straßenecke auszusuchen, an der er als Bettler verrotten wollte. Möglicherweise bekam er ja auch eine kleine Rente. Vielleicht zehn Pfund pro Jahr für den Verlust zweier Beine, falls jemand sich seines Falles annahm. Drinkwater seufzte.

»Ich werde mich um dich kümmern, Billy. Sobald es dir besser geht, besuchst du mich, verstanden? Wir werden dir ein Paar feine Stelzen aus dem Stoßzahn eines Narwals einsetzen...«

»Aye, Sir, und ein Paar Krücken aus der Bramrah des Froschfressers, nicht wahr, Captain?«

Ein älterer Seemann, der neben Billy lag, stemmte sich hoch und grinste in der Dunkelheit. Drinkwater nickte, erhob sich und suchte sich einen Weg über die reglosen Körper. Rispin war inzwischen gestorben.

Am Niedergang blieb Drinkwater einen Moment stehen und blickte zurück.

»Drei Hurras für Captain Drinkwater!« gellte da schrill die Stimme des kleinen Billy. Ein Chor rauher Männerstimmen antwortete ihm. Drinkwater erfaßte ein Schaudern, er griff nach dem Handlauf.

Dulce et decorum est ...

Tregembo hatte er im Lazarett nicht gesehen, fiel ihm ein, als er am Posten Kajüte vorbeiging. Er öffnete die Tür und sah sich einer Gruppe Leute unter dem Befehl Quilhamptons gegenüber, welche dabei waren, die Laschungen der quer über das Heck gelegten Kreuzbramstenge mit einigen letzten Törns zu verstärken.

»Wir mußten zwei Scheiben zerbrechen, Sir«, sagte Quilhampton entschuldigend, wobei er auf die seitlichen Heckfenster deutete.

»Macht nichts, Mr. Q. Wie geht's voran?«

»Wir sind praktisch fertig, Sir.«

»Gut.« Drinkwater stutzte und warf einen scharfen Blick auf einen der Männer, der mit dem Rücken zu ihm stand und sich gerade nach außen neigte. »Ist das nicht Tregembo?«

»Jawohl, Sir. Er weigert sich, im Lazarett zu bleiben.« Quilhampton grinste. »Er mault, daß er keinen Haufen ungeschickter Teerjacken unbeaufsichtigt in *seiner* Kajüte herumwerkeln läßt.«

Drinkwater lächelte. »Tregembo!«

Der Mann aus Cornwall drehte sich um. »Aye, Sir?« Sein Kopf war bandagiert, und er konnte nur mühsam sprechen.

»Wie geht's deiner Wange?«

»Och, gut, Sir. Mr. Singleton hat sie mit einem Dutzend Stichen zusammengenäht, das sollte wohl halten. Das Kauen wird etwas mühsam werden, aber das klarier' ich schon.«

Drinkwater fragte sich, was Tregembo mit seiner von Singletons Nähten durchkreuzten Backe wohl für einen Anblick bieten würde. Wenn sie je wieder nach Petersfield zurückkehrten, würde ihm Susan mächtig die Meinung geigen. Er nickte dem Mann, dessen Eingreifen ihm das Leben gerettet hatte, dankbar zu. Tregembos Augen leuchteten auf. Zwischen ihnen bedurfte es keiner Worte.

»Na gut.«

»Sie haben Ihren Degen zerbrochen, Sir«, sagte Tregembo vorwurfsvoll.

Drinkwater hatte die französische Klinge getragen, seit er sie dem toten Leutnant auf der *Creole* abgenommen hatte. Das war jetzt über zwanzig Jahre her, und er hatte die Angelegenheit fast vergessen.

»Sie nehmen am besten Mr. Germaneys Degen, Sir. Zumindest fürs erste.«

Drinkwater nickte noch einmal und wandte sich dann an Quilhampton.

»Machen Sie hier weiter, Mr. Q. Ich gehe nach oben.«

Als er wieder an Deck kam, war alles zum Einsetzen des Notruders bereit. Gorton hing auf der Heckreling mit zwei Toppsgasten halb außenbords.

»Fertig, Sir.«

Bourne hob die Flüstertüte an die Lippen und drehte sich um. »Mr. Wickham! Mr. Dutfield! Lassen Sie Ihre Trupps nur die Lose durchholen!«

»Aye, aye, Sir.« Die am Beschlag der Ruderhacke festgemachten Taljen fuhren bei den Halsklampen binnenbords, und hier hatten die beiden Fähnriche jeweils ein halbes Dutzend Leute bereitstehen, um die Hacke des Ruders beizuholen.

»Gut, Mr. Comley, zu Wasser damit.«

»Aye, aye, Sir. Achteraus das Ruder...«

Die Stenge wurde achteraus gebracht, wobei die Taljen je nach Bedarf gefiert oder steifgesetzt wurden. Als sich das Ruder langsam außenbords neigte, wurde sein Gewicht von den seitlichen Taljen aufgenommen, die von den Enden der Bramstenge nach unten führten, wobei Mr. Gorton Quilhampton in der Kajüte, wo die holenden Parten binnenbords kamen, genaue Anweisungen zubrüllte.

»Setzen Sie die Haltetalje dicht, Mr. Comley...«

»Talje trägt, Sir.« Sie hatten eine Talje zwischen dem Fuß des Kreuzmastes und dem oberen Ende des Ruderschafts angeschlagen. Diese würde jetzt einen großen Teil des Gewichts aufnehmen, bis sich der Schaft immer mehr der Senkrechten näherte und schließlich Quilhamptons seitliche Taljen voll zum Tragen kamen. Das Ruderblatt schwang jetzt nach unten und tauchte ins Wasser. Dann gab es einen bedrohlichen Ruck, als Comley seine Talje langsam auffierte und das volle Gewicht auf die seitlichen Taljen kam. Deren Blöcke waren jedoch schwer genug, um das Gewicht abzufangen, ohne Schaden zu nehmen. Der Schaft stand jetzt senkrecht und lag sowohl am Wulstfender als auch weiter unten an der Kreuzbramstenge an.

Comley war inzwischen dabei, die am Kreuzmast befestigte Talje abzuschlagen und zwei neue Taljen an den Nocken der unter den Davits festgelaschten Begienrah festzumachen. Das sollte die Auswirkung der Torsion, denen das improvisierte Ruder wahrscheinlich ausgesetzt sein würde, so weit wie möglich abschwächen.

Vorne ließen Wickham und Dutfield nach Bournes Anweisungen ihre Taljen steifholen. Als Comley fertig war, befahl ihm Drinkwater, noch einige zusätzliche Sicherungsleinen anzubringen, um die Enden der Kreuzbramstenge und der Begienrah zu stützen. Als das geschehen war, fühlte er sich erleichtert und rieb sich zufrieden die Hände.

»Gut gemacht, Mr. Bourne. Eine großartige Leistung.«

»Danke, Sir.«

Drinkwater preite den Ausguck im Mast an. Mr. Freys Kopf lugte über den Rand des Krähennestes.

»Was Neues von der *Requin*, Mr. Frey?«

»Keine Veränderung, Sir! Ostnordost, Entfernung zwischen neun und zwölf Meilen, Sir!«

»Gut, danke.« Drinkwater wandte sich an Bourne: »Drehen Sie bei, Mr. Bourne, und lassen Sie eine Wache aufziehen. Dann eine doppelte

Ration Rum für jeden, und schicken Sie die Mannschaft unter Deck. Wir werden vier Stunden beigedreht liegen bleiben. Der Ausguck im Mast ist die ganze Zeit zu besetzen. Weitermachen.«

Zum ersten Mal fühlte sich Drinkwater an diesem Tag etwas weniger schuldig.

Sechzehntes Kapitel

Juli–August 1803

Zuflucht zur rechten Zeit

»Wir übergeben daher ihren Leichnam dem Meer...«

Obadiah Singleton, die Stola des geweihten Priesters um den dick vermummten Hals, las die feierliche Begräbnisformel, während die gesamte Besatzung der *Melusine* schweigend angetreten stand. Als Drinkwater nickte, wurden die Planken angehoben. Unter dem bunten Tuch der Flagge hervor rutschten die in ihre Hängematten eingenähten Leichen über die Bordwand in die graugrüne See.

Fünfzehn Mann waren zu bestatten, und weitere sieben bis acht würden ihnen wahrscheinlich in ein bis zwei Tagen folgen. Drinkwater fragte sich, ob er recht daran getan hatte, erst so spät zu feuern; er wußte jedoch, daß die *Requin* auf diese Weise erheblich mehr Verluste erlitten hatte, und daß ihr Zögern, den Kampf wieder aufzunehmen, nur zum Teil auf die technischen Schäden zurückgehen konnte. Ihren Kapitän würde die profitorientierte Seite der Kaperei nicht von dem Bestreben abhalten können, sich mit Lorbeeren zu schmücken. Und die fähigsten französischen Seeleute befanden sich nicht auf den Schiffen der republikanischen Kriegsflotte, die in den Häfen vor sich hinfaulte, eingepfercht durch die ununterbrochene Blockade der Royal Navy, sondern auf den Blockadebrechern und Kaperern draußen auf See. Die hatten sich der Kriegführung verschrieben, die sie am besten beherrschten: dem Krieg gegen den Seehandel, womit sie die britischen Kaufleute am Geldbeutel trafen und so dafür sorgten, daß der Widerstand ins Parlament getragen wurde. Nicht ohne Grund hatte Napoleon Bonaparte die Briten eine »Nation von Krämern« genannt.

Singleton schloß das Gebetsbuch, als die Besatzung ihr letztes »Amen« murmelte.

»Mützen auf!«

Drinkwater machte sich auf den Weg zu seiner Kajüte, während Bourne die Wache auf ihre Stationen befahl.

Drinkwater warf einen Blick auf den Stumpf des Kreuzmastes, an dem sie nur noch den Besan setzen würden. Der Wind hatte zwar auf Süd gedreht, war jedoch nicht stärker geworden. Das brachte eine leichte Verschlechterung der Sicht, weshalb sie die *Requin* schon seit drei Stunden aus den Augen verloren hatten.

Obwohl Drinkwater sich etwas erleichtert fühlte, machte er sich doch Gedanken um das Ruder und hatte Bourne deshalb angewiesen, für den Anfang nur Besan, Großmarssegel und Vorstengestagsegel setzen zu lassen.

Improvisationen zu ersinnen, war eine Sache; ob sie funktionierten, eine ganz andere. Aber während Bourne das Schiff auf einen Kurs legte, der sie näher an die grönländische Küste führte, war da noch etwas, um das Drinkwater sich kümmern mußte.

»Mr. Quilhampton zu mir«, sagte er zum Seesoldaten, der Haltung annahm, als Drinkwater die Kajütentür öffnete. Er zog den Rock der Galauniform aus und legte stattdessen das fleckige Bordjacket über dem blauen Wollhemd an, welches ein unverzichtbarer, wenn auch unvorschriftsmäßiger Bestandteil seiner Uniform geworden war. Mit dem Einsetzen der südlichen Brise war es etwas wärmer geworden, aber auch viel feuchter, und Drinkwater spürte diese Feuchtigkeit sehr viel intensiver in seinen Knochen – und besonders in seiner Schulter – als die kalte, trockene Polarluft.

Er hörte es klopfen. »Herein!«

»Sie haben nach mir geschickt, Sir?«

»Ah ja, setzen Sie sich doch und schenken Sie uns bitte ein.« Er deutete auf die Karaffe mit Wein. Quilhampton tat wie geheißen, während Drinkwater eine Schublade in seinem Schreibtisch aufzog und ein Papier herausnahm.

»Der Tod eines Kameraden ist weiß Gott nicht erfreulich, James, aber was der eine verliert, gewinnt oft der andere.«

Er reichte das Blatt Quilhampton, der es stirnrunzelnd entgegennahm. Als er sah, um was es sich handelte, lichtete sich die Stirn des jungen Mannes.

»Oh... Danke, Sir.«

»Es ist nur eine zeitweilige Ernennung, Mr. Q, der Ihre Lordschaften vielleicht nicht zustimmen werden; Sie haben zwar Ihre Prüfung als Steuermann bestanden, sind aber noch nicht von einem Kapitänsausschuß auf Ihre Eignung als Offizier geprüft worden.«

Quilhampton nickte. »Jawohl, Sir, ich verstehe.«

»Gut. Sie übernehmen also Mr. Rispins Wache. Und viel Glück.« Drinkwater erhob sein Glas, sie tranken in schweigendem Einverständnis. Quilhampton starrte zerstreut durch die Heckfenster; der

Ausblick war durch die Spieren des Notruders eingeschränkt, aber das bemerkte er nicht einmal. Er dachte daran, wie er jetzt in Mrs. McEwans Salon treten konnte, um der reizenden Catriona seine Aufwartung zu machen und diese verdammte Landratte von einem schottischen Leibgardisten zum Teufel zu jagen.

»Ich sehe«, lächelte Drinkwater, wobei er sich umdrehte, »daß Sie sehr daran interessiert sind, wie unser Ruder reagiert, wenn wir jetzt Fahrt aufnehmen.«

»Äh, oh, jawohl, Sir...« Quilhampton konzentrierte sich schuldbewußt auf das Ruder, während Drinkwater sein Glas leerte, aufstand und seinen Hut ergriff.

»Schön, Mr. Q. Dann wollen wir uns mal ansehen, wie weit es unseren Bedürfnissen entspricht.«

Es diente seinem Zweck erstaunlich gut. Nach einigen Versuchen, die das Gleichgewicht des Riggs wieder herstellten, lief die *Melusine* jetzt unter handigen Segeln nach Westnordwest. Die Zahl der Eisschollen nahm ab und es wurde kälter, obwohl der Wind weiter aus Süd wehte. Nebelschwaden trieben heran, woraus Drinkwater schloß, daß die Küste Grönlands nicht mehr weit sein konnte. Andere Anzeichen sprachen ebenfalls dafür; es gab immer mehr Vögel, insbesondere Eiderenten, und Meetuck, der sich während des Gefechts mit der *Requin* irgendwo verkrochen hatte, zeigte plötzlich eine seltsam gespannte Aufmerksamkeit, rührte sich kaum noch vom Bugspriet weg und schnüffelte in der Luft wie ein Jagdhund.

Dann, kurz vor acht Glasen in der Morgenwache, sah man ihn aufgeregt nach vorn zeigen. Immer wieder rief er dasselbe Wort.

»*Nunataks! Nunataks!*«

Die Matrosen in ihrer gutmütigen, wenn auch etwas zur Geringschätzung neigenden Beschränktheit, lachten über ihn, tippten sich an die Stirn und amüsierten sich mächtig über den Eskimo. Quilhampton hatte die Wache und konnte nichts Außergewöhnliches sehen. Trotzdem ging er nach vorn und ließ Singleton aus der Koje holen.

»Was, zum Teufel, meint er bloß, Obadiah?«

Singleton starrte voraus und nickte, als Meetuck, dessen Augen vor Aufregung leuchteten, ihn am Arm zog.

»Sie müssen schon durch Ihr Glas sehen, Mr. Quilhampton. Meetuck meint das Licht auf den Bergspitzen von Grönland.« Ein ungewöhnlicher Beiklang von Ehrfurcht lag in Singletons Stimme, den der praktisch veranlagte Quilhampton jedoch nicht wahrnahm.

»Da hol' mich doch dieser und jener...« sagte er erstaunt, während er durchs Fernrohr einen Blick auf die schroffen, weiß glänzenden Konturen warf, die sich schwach gegen die tiefstehenden Wolken im Westen abhoben. Das waren die von der Sonne beschienenen, ewigen Eiskappen der Berge Grönlands.

»Mr. Frey! Benachrichtigen Sie bitte den Captain!«

Wohl zum hundertsten Mal hob Drinkwater das Glas und betrachtete die fernen Berge. Sie unterschieden sich von Eisbergen durch die steil abfallenden dunklen Felshänge, auf denen kein Schnee liegenblieb. Er schätzte die Entfernung auf etwa zwanzig Meilen, konnte aber nicht näher herangehen, weil ein permanenter Eisgürtel die Küste umgab: altes Treibeis, dessen Höcker geglättet und dessen übereinandergeschobene Schollen durch den wiederholten Beschuß mit Millionen und Abermillionen windgetriebener Eisnadeln erodiert waren. Bisher hatte er noch keine Lücke in der Barriere entdecken können, welche ihm die Existenz eines Ankerplatzes verraten hätte. Drinkwater fluchte in sich hinein. Er war ein Narr zu glauben, ein primitiver Wilder könne eine Ahnung haben, welchen Hafen er suchte. Und ein noch größerer Narr war er, weil er tatsächlich danach suchte. Dennoch sah er immer wieder durch sein Glas, in der schnell schwindenden Hoffnung, daß Meetuck doch recht haben könnte.

»Ein bemerkenswerter Anblick, nicht wahr?« Neben ihm richtete Obadiah Singleton das ziemlich mitgenommene Wachgängerglas, welches er von Hill geborgt hatte, auf die ferne Küste.

Drinkwater konnte an ihr nichts besonderes finden. Sie wirkte so kalt und abschreckend, wie die von Arabien heiß und feindselig gewesen war. Seine Gereiztheit wurde noch durch die Gewißheit verstärkt, daß Singleton aufgehört hatte, wie ein Schiffsarzt der *Melusine* zu denken, und wieder in den Zustand eines anglikanischen Missionars zurückgefallen war.

»Finden Sie Grönland denn nicht bemerkenswert?« fragte Singleton erneut.

»Das würde ich, Mr. Singleton, wenn ich einen eisfreien Ankerplatz mit feinem Sandboden in fünf Faden Wassertiefe bei Ebbe fände. Dann würde ich es allerdings höchst bemerkenswert finden.«

»Aber die Farbe, die Farbe da drüben, worauf ist die wohl Ihrer Meinung nach zurückzuführen?«

»Was?« Drinkwater senkte das Glas und blickte in die von Singleton bezeichnete Richtung. Er hatte die Küste voraus abgesucht und dabei die merkwürdige Färbung des Schnees auf einem Berghang übersehen, der auf der Südseite einer anscheinend eisbedeckten Bucht ins Meer abfiel. Dieser Hang, der jetzt an Backbord in Sicht kam, war von einem dunklen, leuchtenden Rot.

»Vielleicht zutage liegender roter Fels«, sagte er mäßig interessiert. »Die Felsen und Klippen von Milford Haven sehen recht ähnlich aus.«

»Nein, das ist zu ebenmäßig, als daß es Fels sein könnte. Es ist Schnee, roter Schnee! Bei Egedé wird kein einziges Mal roter Schnee erwähnt...«

»Zum Teufel mit Ihrem roten Schnee, Mr. Singleton! Holen Sie den verdammten Eskimo und quetschen Sie ihn aus. Ist er wirklich sicher, daß es hier diesen Ankerplatz für große Kajaks gibt? Haben Sie ihm klargemacht, daß wir unser Schiff vor Anker legen müssen und es nicht einfach wie ein verdammtes Kanu auf den Strand ziehen können?«

Singelton seufzte. »Das habe ich ihn schon mehrere Male gefragt, Sir.«

»Schön, dann schaffen Sie ihn her und fragen Sie ihn noch einmal.«

Erneut hob Drinkwater sein Glas und suchte langsam das Ufer ab, bis voraus ein Kap in seinem Blickfeld erschien. Jenseits des Kaps setzten sich die Konturen der Küste schemenhaft fort. War das vielleicht die Bucht, die es hier nach Meetucks Worten gab? Und wenn es sie gab, wie zum Teufel sollten sie es mit einem lecken alten Rumpf und einem Notruder, einem Kreuzmaststumpf und einem verkürzten Großmast schaffen, diesen Festeisgürtel zu durchbrechen?

Sie hatten für Meetuck Karten gezeichnet, aber er schien mit der Vogelperspektive nichts anfangen zu können. Drinkwater beurteilte Singletons Versicherung, daß er noch über andere Fähigkeiten verfügte, immer skeptischer.

Die Geruchsorgane zum Beispiel waren nach Drinkwaters Meinung als Navigationshilfe nicht sehr hoch einzuschätzen, weil man durch die eigentümliche moschusartige Ausdünstung des Eskimos neben ihm in einer permanenten Duftwolke stand. Drinkwater hatte über Singletons Starrsinn gespottet und sich im Stillen gesagt, daß die feste innere Überzeugung, die einen Mann zum Priester werden ließ, auch verriet, daß es ihm an gesundem Menschenverstand fehlte.

Drinkwater roch, daß Meetuck gekommen war, und ließ das Glas sinken. Seit ihrer seltsamen Begegnung im Morgengrauen schien sich Meetuck in Drinkwaters Gegenwart unbehaglich zu fühlen. Er blieb dicht bei Singleton und nickte gelegentlich, als dieser ihm die gleichen Fragen noch einmal stellte.

Als er dann antwortete, vermeinte Drinkwater aus seiner gewöhnlich ausdruckslosen Sprache, die ihm mit ihrer monotonen Modulation und den klickenden, minimalen Mundbewegungen völlig unverständlich schien, eine ungewöhnliche Begeisterung herauszuhören.

»Er sagt«, übersetzte Singleton, »er ist sicher, daß Nagtoralik nördlich von hier liegt, nicht mehr weit weg.« Singleton deutete auf die Küste. »Das hier ist Aqitseg, ein Platz ohne Namen. Er ist auch *anoritok*, sehr windig, und es gibt keine Fische hier. Bald, so sagt er, werden wir *Uivak* sehen, ein Kap, das wir runden müssen, und dahinter liegt dann *Ikernsak*, die Meerenge, an deren nördlicher Küste sein Volk wohnt.« Bei jedem Inuit-Wort drehte sich Singleton fragend zu Meetuck um, und jedesmal wiederholte dieser das Wort und grunzte zustimmend.

»Er sagt, es ist *upernavsuak*, ein guter Platz, um dort im Frühjahr zu leben, woraus ich schließe, daß es um diese Zeit eisfrei ist. Er wiederholt aber noch einmal, daß böse weiße Männer in der Nähe von Nagtoralik sind, weiße Männer wie Sie, Sir. Irgendwie scheint er nach dem Kampf mit der *Requin* auf den Gedanken gekommen zu sein, daß Sie mit ihnen etwas zu tun haben. Ich verstehe das nicht ganz, Sir.«

»Vielleicht haben Ihre Predigten schon einen Christen aus ihm gemacht, Mr. Singleton. Meetuck scheint große Angst vor Gewaltanwendung zu haben«, bemerkte Drinkwater trocken. »Während des Kampfes hat er sich an Deck nicht blicken lassen. Fragen Sie ihn«, und damit zeigte Drinkwater auf das vor ihnen liegende Kap, »ob dies das Vorgebirge ist, das wir runden müssen.«

Meetuck kniff die Augen zusammen und starrte nach vorn. Dann geschah etwas Seltsames. Sein wettergegerbtes Gesicht glättete sich, als ihm bewußt wurde, daß sie in der Tat das gesuchte Kap vor sich hatten. Als er sich umwandte, um Singleton Bescheid zu sagen, konnte Drinkwater schon aus seinem Ausdruck ablesen, daß Meetuck sie zu dem gesuchten Platz gebracht hatte, ob er nun für ihre Zwecke geeignet war oder nicht. Aber sein Blick fiel auf Drinkwater, und sein Ausdruck änderte sich. Er murmelte etwas, während er auf die nächste Kanone deutete, knurrte: »Bumm!«, rannte davon und verschwand unter Deck.

»Bei meiner Seele, Mr. Singleton, was zum Teufel sollte das bedeuten?«

Singleton runzelte die Stirn. »Ich weiß es nicht, Sir. Aber er hat eine Aversion gegen Sie und Kanonenfeuer. Und wenn ich mich nicht sehr irre, hat das mit den bösen weißen Männern von Nagtoralik zu tun.«

»Kein Grund!« Der Singsang des Mannes, der in regelmäßigen Abständen das Handlot warf, verkündete nur eine Vorsichtsmaßnahme, denn das Wasser in der Meerenge war offenkundig sehr tief.

»Haben Sie einen Namen für das Kap, Sir?« fragte Quilhampton, der mit Hill und Gorton eifrig dabei war, Kreuzpeilungen auf ein großes Blatt Zeichenpapier zu übertragen, das sie auf eine Tafel geheftet hatten.

»Eigentlich müßte man es nach dem Ersten Seelord benennen. Dagegen spricht jedoch, daß er in seinem Titel schon den Namen eines portugiesischen Kaps führt«, sagte Drinkwater etwas zerstreut, wobei er die Wellen betrachtete, die der auffrischende, vom Küstengebirge im Südwesten herabfallende Wind aufwarf.

»Wie wäre es denn mit Kap Jervis, Sir?« schlug Quilhampton vor, der geneigt war, das Vorgebirge Kap Catriona zu nennen, wenn Drinkwater sich nicht schnell zu entscheiden vermochte.

»Vorzügliche Idee, Mr. Q«, erwiderte Drinkwater und schrie dann zum Steuermann hinüber: »Stütz, stütz Ruder!«

Eine Fallbö packte die *Melusine* plötzlich mit heulender Gewalt. Die am Notruder stehenden Leute zogen und schoben aus Leibeskraft an dem plumpen Geschirr. Trotz allem hatten sie es geschafft, eine Rinne voller Eisschollen zu durchqueren, die jetzt in den Sermiligag müdete, wie ihn Meetuck nannte: den Fjord der vielen Gletscher.

Mit ihrer stark verkleinerten Segelfläche legte *Melusine* sich nur leicht auf die Seite, als die Bö sie erfaßte. Getrieben von dem kalten Wind, der von den felsigen Höhen an Backbord herunterfegte, begann sie nach Westen zu laufen.

»Kein Grund!« Auf dem Achterdeck hatte sich Neugierde breitgemacht. Diejenigen Offiziere, die nicht mit der Führung des Schiffes oder der Vermessung der Küste beschäftigt waren, scharten sich um Singleton.

Die Augen des Missionars leuchteten, als er mit Besitzerstolz auf den dunklen Fels zeigte, der in zahlreichen horizontalen Schichten stufenförmig nach oben stieg.

»Es ist noch viel eindrucksvoller«, sagte Singleton, »als ich nach den Berichten von Crantz oder Egedé vermuten konnte. Wegen der enormen Ausdehnung dieser Küste vielleicht sogar noch eindrucksvoller als jene bizarren Schichtungen, denen man auf den Hebriden begegnet... Läßt sich nicht leicht vorstellen, weshalb so ein Land die Phantasie der alten nordischen Sänger anfeuerte, als sie ihre Sagas dichteten? Ein Land, in dem angeblich Riesen lebten?«

Einiges von Singletons lyrischer Begeisterung drang auch an das

Ohr Drinkwaters, der auf dem Achterdeck auf und ab schritt, die Fahrt des Schiffes aufmerksam verfolgte und die in aller Eile vorgenommene, kartographische Erfassung des Küstenverlaufs im Vorübergehen registrierte.

Am folgenden Nachmittag präsentierte sich ihnen eine flachere Küstenlinie, aber das Senkblei erreichte auch hier keinen Grund. Meetuck versicherte, daß dies nicht der Platz sein, den sie suchten. Dennoch gingen sie etwas dichter unter Land, und ein halbes Dutzend Gläser richteten sich auf die Flecken überraschend grünen Buschwerks, das zwischen den dunklen Felsbrocken wuchs. Eiderenten und Gänse bevölkerten die schwarzen Sandstrände, und Mr. Frey entdeckte ein paar Schneehühner, die sich schwirrend in die Luft erhoben.

Melusine ging über Stag, und Drinkwater schwelgte in der überraschenden Wärme der Sonne. Sie durchdrang seine Schultern, senkte sich in seine schmerzenden Muskeln und linderte etwas die nervöse Spannung, die aus Besorgnis um *Melusine*, aber auch um Sawyers und die *Faithful* in ihm entstanden war.

Vorn sah er Meetuck, der seinen Platz beim Ohrholz wieder eingenommen hatte und unausgesetzt voraus starrte. Drinkwater fühlte bei seinem Anblick jetzt eine seltsame Beruhigung, eine wachsende Zuversicht, daß der Eskimo wußte, wovon er sprach.

Die Sonne war eine Wohltat und stark genug, um den Schnee zu schmelzen; die Gletschermoräne enthielt genug Erde, um einigen Pflanzen Nahrung zu geben, welche das niedrige Gestade säumten. Das sprach dafür, daß Menschen in dieser Gegend leben konnten. Wenn nur auch ein Ankerplatz da wäre...

Sie wendeten erneut und rundeten eine Landzunge aus abweisenden, schwarzen Klippen. Es war ein Ausläufer der Berge, deren Gipfel sich bis zu den fernen glitzernden *Nunataks* türmten. Von nahem gesehen, zeigten die dunklen, rissigen Felsen im Sonnenlicht eine Vielfalt von Farben, wo Einschlüsse von Quartz und bunte Flechten die Eintönigkeit unterbrachen. Dabei wurden sie sehr nachhaltig auf die unangenehme Tatsache hingewiesen, daß es hier auch eine Menge Stechmücken gab, eine überraschende Entdeckung, die selbst den philosophischen Singleton gereizt machte.

Auf der Lafette einer Karronade hockend, hielt der kleine Frey die vorbeiziehende Küstenlandschaft in Skizzen fest – die Felsen als genaue Mischung aus Grautönen, mit sattem Rot und dunklem Grün dazwischen. Seit sie Land gesichtet hatten, war er mit Zeichenstift und Pinsel eifrig beschäftigt gewesen, und die Ermunterung seines Kommandanten hatte sogar den Spott von Walmsley und Glencross zum Schweigen gebracht, zumindest in der Öffentlichkeit.

Neben ihnen ragte das Kliff steil in die Höhe. Unzählige kleine Felsvorsprünge in der schroffen Wand waren mit kalkigem Vogelmist bedeckt, der die Nistplätze von Möwen und Alken verriet. Einige Vögel sahen neugierig von ihren luftigen Wohnungen herunter, zusammen mit den Papageientauchern, deren leuchtend gefärbte Schnäbel im hellen Sonnenlicht wie Juwelen glänzten.

Längsseits kam ein alter Robbenbulle an die Oberfläche, während zwei hellfarbige Junge eilig abtauchten, als der Schatten des Schiffes auf sie fiel. Sowie sie die Felsnase rundeten, hörten sie Meetucks Freudengeheul. Er zeigte nach Westen, wo sich am Ende des Fjords ferne Berge blau gegen den Himmel abhoben.

Singleton ging weiter nach vorn und spitzte die Ohren, um mitzubekommen, was Meetuck rief.

»Anscheinend liegt der Ankerplatz von Nagtoralik am oberen Ende dieses Fjords, Sir.«

Drinkwater nickte. »Wollen wir nur hoffen, daß es wirklich der günstige Zufluchtsort ist, den wir so dringend brauchen, Mr. Singleton.«

»Und wo Sie mich an Land setzen können«, antwortete Singleton leise, den Blick nach vorn gewandt.

Während der sechs Stunden, in denen die Sonne jetzt unter den Horizont sank, verwandelte sich das Tageslicht in ein leuchtendes Zwielicht. Man spürte, daß der kurze arktische Sommer schnell seinem Ende zuging. Mit schwindender Wärme legte sich auch der Wind, und feuchtkalter Nebel senkte sich über das Schiff. Leinen hingen schlaff herunter, Segel schlugen nutzlos hin und her. Nach der Wärme des Tages ließ die Kühle der grauen Mitternacht die Besatzung frösteln, auch wenn die Temperatur zwischen den Eisbergen der Grönlandsee weitaus niedriger gewesen war.

Vor Kälte zitternd brachte Drinkwater das Schiffstagebuch auf den letzten Stand:

Angenommen, daß es uns gelingt, das Ruder zu reparieren, so bin ich doch keineswegs optimistisch, was das Auffinden der Faithful *betrifft. Der mangelnde Kampfgeist von Kapitän Sawyers und seiner*

Mannschaft macht sie zu einer leichten Beute der Franzosen, und es ist unwahrscheinlich, daß wir ihm noch groß von Nutzen sein können.

Er hielt inne, unwillig, sich einzugestehen, wie sehr er bei der Ausführung von Earl St. Vincents Befehlen versagt hatte. Im Augenblick war jedoch die Notwendigkeit, einen sicheren Hafen zu erreichen, Reparaturen auszuführen und die Walfänger sicher nach Hause zu geleiten, von vorrangiger Bedeutung. Seufzend wandte er sich einem Problem zu, das ihm im Augenblick näherlag.

Mein Wunsch, hier vor Anker zu gehen, wird mich leider der Dienste Mr. Singletons berauben, der fest entschlossen ist, seine Missionstätigkeit bei den Eskimos aufzunehmen. Ich bin hin- und hergerissen zwischen Bewunderung und …

Er hielt inne. Er war drauf und dran gewesen, »Verachtung« zu schreiben, aber das wäre nicht ganz richtig gewesen. Zwar hielt er Singleton für einen Narren, wenn er glaubte, er könne die Eskimos bekehren oder in diesem Lande überleben. Männer, die von Singletons religiösem Eifer erfüllt waren, konnten unglaubliche Strapazen aushalten, aber seine eigenen Seefahrtsjahre hatten ihn gelehrt, niemals das Schicksal herauszufordern und immer alle Chancen sorgfältig abzuwägen. Drinkwater seufzte erneut. Andererseits bewunderte er Singleton wegen seiner seelischen Kraft und respektierte seinen Glauben. Also strich er den letzten Satz aus und schrieb:

Ich bewundere Singletons Mut, sich an diese Aufgabe zu wagen, aber ich verstehe nicht, woher er die Kraft seines Glaubens nimmt. Seine Dienste als Bordarzt werden uns sehr fehlen, doch ich fürchte, daß er sich keinesfalls umstimmen lassen wird und entschlossen ist, an dieser Küste zu bleiben.

Kurz darauf senkte sich Drinkwaters Kopf auf die Brust. Er schlief ein.

»Captain, Sir! Captain, Sir!«

»Was gibt's?« Drinkwater erwachte mit einem Ruck, durchfroren und steif in allen Gliedern.

»Empfehlung von Mr. Quilhampton, Sir, und es weht eine leichte östliche Brise.«

»Danke, Mr. Frey. Ich komme gleich hinauf.«

Der Junge verschwand, und Drinkwater kam mühsam auf die Beine. Oben an Deck waberte der Nebel so dicht wie zuvor, aber über ihm begannen sich die Segel in dem leichten Wind zu bauschen. Quilhampton legte grüßend die Hand an den Hut.

»Wind frischt auf, Sir. Kurs West zu Nord. Sollen wir beidrehen, Sir, oder auf diesem Kurs weiterlaufen und jede Minute einen Signalschuß abfeuern?«

»Lassen Sie Minutenschüsse abgeben, Mr. Q, und schicken Sie einen Fähnrich auf die Back, der uns meldet, wenn ein Echo zurückkommt. In dem Fall gehen wir sofort hart an den Wind, Kurs Nordost.«

»Aye, aye, Sir.«

Drinkwater begann nach alter Gewohnheit auf dem Achterdeck hin und her zu marschieren. Bevor der Nebel sie einschloß, hatten sie gesehen, daß der Fjord nach Westen hin offen vor ihnen lag. Sie konnten also ziemlich ungefährdet hineinsegeln, vorausgesetzt, daß das Krachen der Minutenschüsse nicht plötzlich als Echo von den hochragenden Klippen zurückkam. Es schlug acht Glasen, das Ende der Mittelwache um vier Uhr morgens, und schon war die Sonne aufgegangen. Er konnte kaum erwarten, daß sie den perlmuttfarben schimmernden Dunst durchbrach, den Nebel aufzehrte und die Schmerzen in seiner Schulter linderte.

Doch erst sechs Stunden später begann sich der Nebel aufzulösen. Der Wind hatte wieder nachgelassen, und sie waren, begleitet vom regelmäßigen Krachen des Minutenschusses, nur langsam vorangekommen. Jetzt tauchten die ersten Gipfel aus dem Dunst, und sie merkten, daß sie sich dem Ende des Fjords näherten, denn die Berge lagen nun nicht nur zu beiden Seiten, sondern auch recht voraus. Schnee glänzte im plötzlich gleißenden Licht der Sonne, und der Nebel verwandelte sich aus einer dichten, alles verhüllenden Wolke in geisterhaft vorbeistreichende Schwaden, zog sich dann schließlich etwas zurück und ließ einen kleinen dunstigen Kreis Wasser rund um das Schiff frei.

Es war ein phantastisches Bild, auch wenn über dem Meer selbst noch immer ein dichter Schleier lag, der ihre Sicht behinderte. Noch eine Stunde segelten sie langsam nach Westen, während Drinkwater ungeduldig umherwanderte, Meetuck hingegen mit der gespannten Aufmerksamkeit eines Jagdhundes am Ohrholz kauerte und unablässig nach vorn starrte.

Doch dann, gegen fünf Glasen der Morgenwache, lösten sich die letzten Nebelschleier plötzlich auf. Die *Melusine* hatte fast das obere Ende des Fjords erreicht. Südlich von ihnen erstreckten sich die Berghänge und Klippen bis hin zu dem Kap, unter dessen rissigen Felsen sie tags zuvor gewendet hatten. Diese gewaltige Felswand beschrieb einen Bogen über West nach Nord und bildete so die natürliche Begrenzung für den Fjord. Die Berge auf der nördlichen Seite waren weniger steil, die Uferzone bildete größere und kleinere Buchten, von denen einige mit niedrigen Koniferen gesäumt waren. Am Kopf des Fjords, wo einst ein mächtiger Gletscher Eisberge in die See gekalbt hatte, lag eine weite Bucht; dahinter stieg das Land sanft an, eine alpine Weidelandschaft, die in eine Geröllhalde überging, an deren oberen Ende schwarzer Fels steil zu den Gipfeln emporwuchs.

Auf der Back streckte Meetuck triumphierend den gesunden Arm aus, tanzte herum und klatschte, über das ganze Gesicht strahlend, in die Hände.

»Mein Gott!« Drinkwater tastete nach seinem Glas. Das hier war ein Ankerplatz, da gab es gar keinen Zweifel. Denn keine Meile entfernt lagen fünf Schiffe ruhig vor Anker. Eins von ihnen hatte die französische Trikolore gesetzt, es war die *Requin*. Einen Augenblick später eröffnete sie das Feuer.

Siebzehntes Kapitel

August 1803

Die Bucht von Nagtoralik

»Lassen Sie Klarschiff anschlagen, Mr. Bourne!«

Drinkwater ignorierte das wilde Durcheinander, das um ihn herum entstand, als das Schiff gefechtsklar gemacht wurde. Er schwenkte sein Glas langsam über die vor Anker liegenden Schiffe, um deren Kampfkraft abzuschätzen. Die *Requin* kannte er natürlich schon. Sie mußte eine ganze Weile vor ihnen hier eingetroffen sein und lag jetzt, an ihrer Ankerspring herumgeholt, breitseits *zur Melusine*, die ihre Ankunft durch die Minutenschüsse bereits angekündigt hatte.

Drinkwater fluchte vor sich hin, denn südlich von *Requin* ankerte ein großer französischer Lugger, eine sogenannte *Chasse marée*, und östlich von ihr erkannte er die unbewaffnete *Faithful*. Sawyers' Schiff unter diesen Bedingungen wiederzufinden, war nicht gerade beruhigend, besonders angesichts der Tatsache, daß *Melusine* mit einem Notruder manövrieren mußte.

Westlich von *Requin* lagen zwei weitere Schiffe vor Anker, die Drinkwater sofort als Walfänger identifizierte. Er konnte jedoch im Moment nicht erkennen, um welche Schiffe es sich handelte. Als Bourne meldete, daß die Korvette gefechtsbereit sei, befahl Drinkwater eine Kursänderung nach Steuerbord, um etwas näher heranzukommen, bevor er das Feuer der *Requin* erwiderte, auch wenn er damit riskierte, von ihren Geschützen der Länge nach beharkt zu werden. Er begann, seine Chancen abzuwägen. Der große französische Kaperer machte offensichtlich keine Anstalten, ankerauf zu gehen. Er würde inmitten seiner Prisen liegenbleiben und sich auf seine überlegene Größe und Feuerkraft verlassen, um die *Melusine* auf Abstand zu halten. Hatte er die Briten auf diese Weise abgeschlagen, konnte er in aller Ruhe die Verfolgung aufnehmen und ihnen den Gnadenschuß verpassen.

Drinkwater fluchte noch einmal. Das Notruder und die Verkleinerung des Riggs verriet ihre Schwäche nur allzu deutlich. Noch einmal warf er einen prüfenden Blick auf die *Requin*. Ihr Bugspriet war inzwischen repariert, zwar etwas kürzer als vorher, schien aber seinen Zweck vollauf zu erfüllen.

»Das ist doch die verdammte *Nimrod*!« rief Hill erstaunt. »Und die *Conqueror*!«

Drinkwater schwenkte sein Glas herum. Das ganze Ausmaß seines Irrtums traf ihn wie ein Schlag, noch während Bourne dem Navigator antwortete: »Mein Gott, sie müssen vor Spitzbergen gekapert worden sein!«

Hatte Bourne damit recht? Hatte der Franzose wirklich *Nimrod* und *Conqueror* vor Spitzbergen gekapert und sie ungestraft durch die Grönlandsee hierher gebracht? Wenn sich das so verhielt, war der ganze Einsatz der *Melusine* nur eine Farce gewesen, alle Bemühung ihrer Besatzung eine nutzlose Zeitverschwendung. Er sah wieder die Verachtung in Kapitän Ellerbys blaßblauen Augen. Als wie gerechtfertigt hatte sie sich jetzt erwiesen! Er hatte den ihm von Lord St. Vincent erteilten Auftrag verpfuscht, und sein Mißerfolg starrte ihm aus jeder Kanonenmündung der *Requin* ins Gesicht.

Drinkwater schluckte mühsam. Ihm war zumute, als habe man ihn geschlagen.

»Backbordbatterie klar zum Feuern, Mr. Bourne. Legen Sie das Schiff mit Steuerbordhalsen an den Wind, Mr. Hill. Wenn wir gleich das Feuer auf die *Requin* eröffnen, Mr. Bourne, sollen alle Stückführer versuchen, ihren Großmast dicht über Deck zu treffen.« Seine Stimme klang ruhig und zuversichtlich und ließ nichts von dem Aufruhr ahnen, der in seinem Innern tobte.

Er nickte, als die beiden Offiziere seine Befehle bestätigten, und hob wieder das Glas ans Auge, um sein Gesicht zu verbergen.

Melusine lief jetzt auf die Küste zu, und ihr Bugspriet zeigte auf das Heck der *Faithful*, als *Requin* ihre zweite Breitseite abfeuerte. Sie lag besser als die erste, zumal sich die britische Korvette jetzt gut in Reichweite der feindlichen Geschütze befand. Mehrere Kugeln trafen das Schiff, etliche Segel wurden durchlöchert, und Drinkwater fühlte sich aufgrund ihres schwerfälligen Notruders äußerst verletzlich. Dennoch begann in seinem Kopf ein Plan Gestalt anzunehmen. Wenn es ihm gelang, *Melusine* längsseits an *Faithful* zu legen, konnte er *Requin* vielleicht mit den Booten angreifen, wobei *Melusines* verletzliches Heck zumindest teilweise durch den Rumpf des Walfängers vor dem schweren Kaliber des Franzosen geschützt sein würde.

»Backbordbatterie feuerbereit, Sir«, meldete Bourne.

»Feuern, sobald das Ziel aufgefaßt ist, Mr. Bourne.«

Sie näherten sich der *Faithful* schnell und mußten dabei noch weitere Treffer hinnehmen, die das Holz des Vorschiffs zersplitterten und Meetuck wie ein verängstigtes Kaninchen unter Deck jagten. Seine Flucht wurde vom brüllenden Gelächter der Besatzung begleitet, das jedoch im Krachen der rollenden Breitseite unterging, als die Stückführer an ihren Abzugsleinen rissen und die Kanonen der *Melusine* sprachen.

»Mr. Mount! Ihre Männer stürmen die *Faithful*, sobald wir in Lee bei ihr längsseits gegangen sind. Ich glaube nicht, daß mehr als ein Prisenkommando an Bord ist und... Verdammt noch mal!« Eine Kanonenkugel zertrümmerte einen Teil der Heckreling und ließ die Stücke über Deck fliegen. Sie kamen Mr. Hill, der am Ruder stand, gefährlich nahe, und er fluchte überrascht. Als Drinkwater aufsah, um die Herkunft der Kugel festzustellen, wurden sie erneut getroffen, wobei eine Kanone an Backbord achtern von ihrer Lafette stürzte. Es war das Feuer einer Karronade.

»Das kommt von der verfluchten *Nimrod*, der Teufel soll sie holen!« brüllte Hill mit zorngerötetem Gesicht. Woher es auch kam, es war äußerst gefährlich, und Drinkwater beschloß, sich zurückzuziehen.

»Gehen Sie sofort auf Steuerbordbug, Mr. Hill!«

Hill verlor keine Zeit, den Befehl auszuführen, und Drinkwater richtete sein Glas auf die *Nimrod*. Eine Wolke Pulverdampf trieb an ihrer Seite entlang, dann sah er den gelblichen Feuerblitz und wurde eine Sekunde später von der Gischt durchnäßt, welche die kurz hinter ihrem Heck niedergegangene Kugel aufwarf.

»Gott im Himmel...« Drinkwater starrte den großen, schwarzbärtigen Mann an, der drüben an der Reling stand. Es war Jemmet Ellerby, da gab es kaum einen Zweifel. Jetzt schwenkte er seinen Hut, während er einen weiteren Schuß aus einer seiner Karronaden abfeuern ließ. Drinkwater gerann fast das Blut in den Adern. Um ganz sicherzugehen, beobachtete er die große Gestalt genau im Glas. Ja, da gab es überhaupt keinen Zweifel mehr, es war Ellerby. *Nimrod* hatte keine Nationale gesetzt, während über ihm die britische Flagge auswehte, als die *Melusine* den feindlichen Schiffen das Heck zeigte und schnell Fahrt aufnahm.

»Schiff voll und bei auf Steuerbordbug, Sir«, meldete Hill. Drinkwater nickte, noch ganz verwirrt von dem Gesehenen. Die Situation kam ihm völlig unglaublich vor. Doch dann, als sie aus dem Gefahrenbereich heraus waren und er den Stückmannschaften einige Erleichterungen gestatten konnte, nahm er sich Zeit zum Nachdenken.

»Kreuzen Sie gegen den Wind auf, Mr. Hill. Kürzen Sie die Segel, und lassen Sie die Leute auf ihren Stationen mit Essen versorgen.«

»Sehen Sie sich das an, Sir! Sehen Sie's?« schrie Lieutenant Bourne verblüfft. Er zeigte nach achtern, wo jenseits der ankernden Schiffe niedrige Steinhütten am Ufer standen, die sich kaum von ihrer Umgebung abhoben. Daneben stand ein Flaggenmast, an dem die unverwechselbaren Farben der französischen Republik auswehten.

Während die *Melusine* in kurzen Schlägen nach Osten aufkreuzte, saß Drinkwater in seiner Kajüte und begann alle Tatsachen aufzuschreiben, die zur Klärung dieser mysteriösen Angelegenheit beitragen konnten. Nach einer Weile erfaßte ihn eine gewisse Erregung, als sein Gedächtnis mit der Hilfe von einem oder zwei Glas Wein seltsame, halbvergessene Tatsachen ans Licht förderte, die aber genau ins Puzzle paßten. Überzeugt, daß seine Überlegungen richtig waren, schickte er nach Singleton und erklärte ihm, daß er ihn an Land setzen würde, sobald das gefahrlos möglich sei, daß sich Nagtoralik jedoch allem Anschein nach in der Hand der Franzosen befände.

»Ich möchte, daß Sie Meetuck noch einmal ausführlich befragen, Mr. Singleton. Seine Einstellung zu Kanonen schien mir sehr seltsam, auch sein Verhalten mir gegenüber. Sie werden sich erinnern, daß er von ›schlechten‹ weißen Männern gesprochen hat«, erklärte Drinkwater, und Singleton nickte.

»Wahrscheinlich kann er nicht zwischen Briten, Franzosen, Holländern oder Russen unterscheiden, die sich alle von Zeit zu Zeit in diesem Gebiet hier aufhalten. Er wird auch nicht verstehen, daß wir uns mit den Männern, die sein Dorf besetzt haben, im Kriegszustand befinden.«

»Dann haben Sie also ein Dorf gesehen?«

Singleton nickte. »Ich habe so um die zwanzig *topeks* gezählt; außerdem lagen mehrere Kajaks am Strand.«

»Na schön. Sehen Sie zu, was Sie aus unserem Eskimofreund herauskriegen. Ich bin sicher, daß Ellerby, Kapitän der *Nimrod*, mit den Franzosen im Bunde ist. Er hat auf uns geschossen.«

Nachdem Singleton gegangen war, konzentrierte sich Drinkwater erneut auf das vor ihm liegende Problem. Natürlich hatte St. Vincent nicht vermutet, daß die Franzosen schon dabei waren, in Grönland Niederlassungen zu gründen. Drinkwater konnte sich vorstellen, an welchen Entbehrungen die Siedler während des arktischen Winters hier leiden mußten. Aber seit dem Verlust Kanadas vor vierzig Jahren hatte Frankreich die Inseln St. Pierre und Miquelon in seinem Besitz gehalten. Es war nicht auszuschließen, daß Frankreich jetzt, da es Dänemark eingeschüchtert hatte – das Land welches die Staatsgewalt über diese Küste beanspruchte –, nicht auch versuchen sollte, hier Fuß zu fassen. St. Vincent hatte Kanada erwähnt, und sicherlich wurden von Bonapartes Regierung oder ihren Agenten, mochten sie nun offiziell oder als Geschäftsleute auftreten, auch Vorstöße in diese nördlichen Regionen unternommen. »Das ist beileibe keine Sinekure«, hatte der Earl gesagt, »und ich ersuche Sie, daran zu denken, daß Sie nicht nur gehalten sind, die nördliche Walfangflotte zu beschützen, sondern auch jeden Versuch der Franzosen, eigene Fischereiflotten zusammenzustellen, vereiteln müssen...«

War es das, was sie hier machten? Es schien nicht abwegig. Auch die Portugiesen stellten dem Wal von ihren Inseln aus nach. Im Winter würde die Bucht zwar zufrieren, aber die Zusammenarbeit mit einem Verräter wie Ellerby, der ihnen Walfleisch, Fett, Öl und Walbein liefern konnte, bekam jetzt einen gewissen Sinn. Beim Gedanken an Ellerby drängte sich auch das Bild Wallers in Drinkwaters Bewußtsein. Die *Conqueror* lag ja ebenfalls in der Bucht vor Anker. Steckte Waller mit Ellerby unter einer Decke? Hatte die *Conqueror* ebenfalls, wenn auch unbemerkt, auf die *Melusine* gefeuert?

Drinkwater dachte an den Hull zurück. Schon dort war ihm die besondere Vertrautheit zwischen den beiden Männern aufgefallen. Ganz offensichtlich handelten sie in geheimem Einvernehmen. Und Ellerbys Feindseligkeit gegenüber Palgrave hatte sogar zu einem Duell geführt. Trotz seiner Abneigung gegen Männer vom Schlage Palgraves kam Drinkwater der Gedanke, daß dieser Streit vielleicht absichtlich provoziert worden war. Und dann noch die Versicherung Ellerbys, daß er beabsichtige, Wale dort zu fangen, wo es ihm beliebte. »Erwarten Sie nicht, daß wir wie verängstigte Kinder an Ihren Rockschößen hängen«, hatte er überheblich gesagt. Diese Erinnerung setzte andere frei. Als Drinkwater die Bedrohung durch französische Kaperschiffe und das Operieren feindlicher Schiffe in arktischen Gewässern erwähnt hatte, wollte er durch eine bewußte Übertreibung die Aufmerksamkeit der Versammlung erregen. Aber er erinnerte sich genau an die überraschten Blicke, die der schwarzbärtige Ellerby und der neben ihm sitzende Mann daraufhin gewechselt hatten. Dieser Mann war Waller gewesen.

Später, im Bressay-Sund, hatte Wallter erhebliches Interesse an Drinkwaters Absichten gezeigt. Mit einer gewissen Verbitterung erkannte Drinkwater, daß er diesen Indizien seinerzeit zu wenig

Beachtung geschenkt hatte und geschickt ausmanövriert worden war. Noch überzeugender schien ihm etwas anderes: Waller hatte Drinkwaters Schutzangebot geringschätzig abgewiesen und gesagt, daß die Kapitäne der Walfänger jede Einmischung strikt ablehnten; als Drinkwater dann den Treffpunkt festlegte, hatte Waller die Seekarte glattgestrichen. Er hatte links von Drinkwater gestanden, also auf die Westküste Grönlands geblickt, obwohl er und Ellerby doch gesagt hatten, daß sie vor Spitzbergen auf Waljagd gehen wollten!

Der Plan war einfach: Ellerby, der bereits vergeblich versucht hatte, Drinkwater einzuschüchtern, trat bewußt in den Hintergrund und schickte Waller zur Konferenz im Bressay-Sund. Waller bemühte sich, Drinkwaters Methoden und Absichten zu ergründen, horchte ihn aus und versuchte, sich ein Bild von seinem Eifer und seinen Fähigkeiten zu machen, bevor er Ellerby Meldung erstattete. Drinkwater fluchte vor sich hin. Das erklärte auch, warum Ellerbys *Nimrod* trotz ihrer öffentlichen Demütigung beim Auslaufen aus dem Humber alle Konvoi-Bestimmungen peinlich genau beachtet hatte. Dabei hatte Sawyers noch von Ellerbys »mächtigem Stolz« gesprochen, das Bild von David und Goliath gebraucht und Drinkwater vor Ellerby gewarnt. Einen Augenblick erwog Drinkwater den Gedanken, daß auch Sawyers ein Teil dieser Verschwörung sein könnte, verachtete er doch aufgrund seiner Religion den Krieg und alle seine Anlässe. Nahm man noch das bekannte Profitstreben der Quäker hinzu, so kam er als Verdächtiger durchaus in Frage. Aber die *Faithful* war direkt vor Drinkwaters Augen gekapert worden, und Sawyers' Verhalten gab durchaus keinen Grund zum Verdacht.

Drinkwater lehnte sich zurück, überzeugt, daß er das Rätsel gelöst hatte. Die Franzosen also hatten an einer Stelle der grönländischen Küste, die nachweisbar eisfrei war, eine Niederlassung gegründet, um von dort aus Walprodukte nach Frankreich zu schicken. Angesichts der Engmaschigkeit der britischen Blockade waren die Risiken groß. Um wieviel leichter war es aber, Verbindung mit zugänglichen britischen Kapitänen aufzunehmen, die den Transport der Ladungen nach Frankreich erleichtern konnten, indem sie sich die Hilfe geeigneter Schmuggler sicherten. Vom Hull aus war die niederländische Küste leicht zu erreichen, und wie jeder Marineoffizier hatte auch Drinkwater gehört, daß die französischen Soldaten lieber in den guten Lederstiefeln aus Northhampton marschierten als in den zusammengeleimten Produkten ihres Heimatlandes.

Ein kampfkräftiger französischer Kaperer, mehr Fregatte als Korsarenschiff, sprach durchaus für diese Theorie. Wurde er auf See angetroffen, so ließ nichts auf eine offizielle französische Beteiligung an der Niederlassung schließen, wodurch Schwierigkeiten mit den Dänen vermieden wurden. Ein eventueller Verlust der *Requin* würde dem Ersten Konsul andererseits keine große Verlegenheit bereiten.

Drinkwater nickte zufrieden, überzeugt von Ellerbys Verrat und fast sicher, daß Waller sein Komplize war. Lord St. Vincent jedoch, das kam ihm plötzlich zu Bewußtsein, würde nicht so leicht zu überzeugen sein.

Es klopfte, Frey steckte den Kopf durch die Tür. »Entschuldigung, Sir, aber Mr. Hill läßt ausrichten, daß drei der Schiffe Segel setzen.«

»Gut, Mr. Frey. Meine Empfehlung an den Ersten Offizier, und er soll für alle Mann Rum ausgeben lassen; und danach werden wir diesen verdammten Piraten eine Abreibung verpassen, was?«

»Aye, aye, Sir.«

Drinkwater blieb noch einen Moment sitzen. Eins der Schiffe würde die *Requin* sein und das zweite mit ziemlicher Sicherheit die *Nimrod*. War das dritte die *Conqueror* oder dieser verdammte Lugger? Er seufzte. Um welches Schiff es sich auch handelte, ihm war mit großem Unbehagen bewußt, daß der Feind sie zahlenmäßig und an Feuerkraft übertraf und daß es vielleicht nur eine Stunde dauern würde, bis er Germaney und Rispin ins Dunkel des Todes folgen mußte.

An Deck sah er, daß es sich bei dem dritten Schiff um den Lugger handelte, dessen große Segel ihn am Wind erheblich schneller machten als die anderen beiden Schiffe, bei denen es sich in der Tat um *Requin* und *Nimrod* handelte. Er beobachtete sie durchs Glas. *Nimrod* lag hinter *Requin*, im Schutz der zahlreichen Kanonen des Kaperers und bereit, mit der vernichtenden Kraft ihrer schweren Karronaden auf eine *Melusine* loszuhämmern, die, zumindest in der Vorstellung ihres Kapitäns, praktisch schon ein Wrack war.

Drinkwater ließ Singleton kommen und bat ihn für den kommenden Kampf, bei dem sicher wieder viel Blut fließen würde, um seine ärztliche Hilfe. Außerdem fragte er ihn, was er von Meetuck erfahren hatte.

»Es ist eine recht komplizierte Angelegenheit, aber er redete von einem großen bärtigen Mann mit Augen von der Farbe ›überschatteten Eises‹, wenn Sie damit etwas anfangen können.«

»Ich bin Ihnen sehr verbunden.« Drinkwater lächelte, und Singleton empfand plötzlich Mitleid mit ihm und seinem schrecklichen Beruf. »Und jetzt, Mr. Singleton wäre ich Ihnen dankbar, wenn Sie uns das Marinegebet vorlesen würden.«

Die Besatzung trat in der Kuhl an, Offiziere und Mannschaften nahmen ihre Kopfbedeckungen ab, und Obadiah Singleton verlas die vor einem Gefecht zu sprechenden Worte: »O allmächtiger und glorreicher Gott, Herr der himmlischen Heerscharen, der Du Gewalt hast über alle Dinge...«

Dann ließ er die Besatzung noch das Vaterunser sprechen, wonach Bourne, der die näherkommenden Feindschiffe besorgt und voller Ungeduld beobachtet hatte, die Männer ohne weiteren Zeitverlust wieder auf ihre Stationen schickte.

Kaum weniger ungeduldig befahl Drinkwater, noch mehr Segel zu setzen, und wandte sich dann an Hill, um ihm zu erklären, was er vorhatte und was der Feind seiner Ansicht nach beabsichtigte.

»Die *Requin* wird versuchen, uns manövrierunfähig zu machen, Mr. Hill, indem sie uns aus größerer Entfernung die Takelage kaputtschießt. Sobald wir bewegungsunfähig sind, werden sie uns entern, während die *Nimrod* auf der anderen Seite vorbeiläuft und uns mit ihren verdammten Karronaden beharkt. Sie hat zwar nicht viele, aber ich wette, sie sind äußerst unangenehm.«

»Entschuldigen Sie, Sir, aber ist die *Nimrod* denn von einem Prisenkommando bemannt?«

»Wahrscheinlich nicht, Mr. Hill. Ich glaube, daß sie von ihrem britischen Kapitän befehligt wird, einem gewissen Jemmet Ellerby, der es verdient, für seinen Verrat zu hängen.«

»Herrgott im Himmel...«

»Also, wir werden jetzt abfallen und vor den Wind gehen. Mr. Bourne, wenn Sie einen Moment Zeit haben? Wir wollen vierkant auf den Lugger zulaufen. Er liegt vor den anderen beiden Schiffen und hat ohne Zweifel die Absicht, ebenfalls längsseits zu kommen und seine Leute auf die *Melusine* zu schicken, sobald die *Requin* uns entert. Wenn wir ihn ordentlich mit Kugeln und Kartätschen eindecken, können wir ihn vielleicht davon abhalten. Dann habe ich vor, die *Requin* auszumanövrieren und mit unseren langen Geschützen die *Nimrod* außer Gefecht zu setzen...« Er unterrichtete Bourne in großen Zügen von Ellerbys Verrat und merkte, wie dessen anfängliche Verwunderung grimmiger Entschlossenheit wich.

Die Tatsache, daß sie nur wenig Hoffnung hatten, ein Gefecht mit der *Requin* zu überleben, behielt er wohlweislich für sich.

Jedenfalls würde sich die Nachricht von Ellerbys Verrat jetzt wie ein Lauffeuer verbreiten und ein zusätzlicher Ansporn für seine Leute sein. Er lächelte seinem Ersten Offizier und dem Navigator zu. »Das wär's, meine Herren. Viel Glück. Gehen Sie jetzt auf Ihre Posten.«

Sie segelten vierkant auf den Lugger zu, der auszuweichen versuchte. Drinkwater war zu der Überzeugung gelangt, daß das Notruder den notwendigen Belastungen gewachsen sein würde. Falls der Feind es nicht durch gezieltes Feuer zerstörte, konnte man erwarten, daß sich die *Melusine* einigermaßen manövrieren ließ, auch wenn sie nach den Monaten im Eis etwas Wasser machte.

Dank ihrer größeren Höhe und überlegenen Feuerkraft war es ihnen gelungen, das Deck des Luggers leerzufegen und seinen Großmast zu beschädigen. Aber die Hartnäckigkeit, die er trotz allem an den Tag legte, beunruhigte Drinkwater. Er war ziemlich sicher, daß ihr Kapitän versucht hatte, hinter *Melusines* Heck durchzugehen und ihr Ruder zu treffen, obwohl er sich dabei in Reichweite auch ihrer leichten Geschütze begeben mußte. Diese Absicht verriet, daß der Feind über den schwachen Punkt der *Melusine* genau im Bilde war. Aber die erste Attacke war jedenfalls vereitelt worden, jetzt mußte er mit der eigentlichen Bedrohung fertig werden.

Die *Requin* lag Steuerbord voraus mit Backbordhalsen hart am Wind. In wenigen Minuten würde sie den Kurs der *Melusine* kreuzen, sie dabei in Längsrichtung beschießen und sich dann in Luv hinter sie setzen, so daß sie ihr empfindliches Ruder unter Feuer nehmen konnte.

Drinkwater befahl eine Kursänderung nach Steuerbord, um die Geschütze der *Melusine* zum Tragen zu bringen, wenn die Schiffe einander passierten.

»Möge uns der Herr dankbar machen für alles, was wir gleich empfangen werden.« Ein Chor blasphemischer »Amen« folgte Hills spöttischer Bemerkung.

Achtzehntes Kapitel

August 1803

Ellerby

»Feuer!«

Die Stückführer sprangen zurück und zogen mit einem Ruck am Abzugsseil. Die Sechspfünder der *Melusine* an Backbord wurden durch den Rückstoß in ihre Brooktaue zurückgeworfen, und als ihre Bedienungsmannschaften herbeistürzten, um die Rohre zu reinigen und neu zu laden, traf sie die Breitseite der *Requin*. Ohne an seine eigene Sicherheit zu denken, beobachtete Drinkwater mit Besorgnis, was sie angerichtet hatte, denn er wußte sehr wohl, daß der Feind ihm an Feuerkraft überlegen war, und kannte auch das Risiko, welches er eingegangen war, als er sich zum Kampf stellte.

Als sich der Rauch aus der Kuhl verzog, sah er, daß Bourne an Deck lag und acht oder neun weitere Männer entweder tot oder schwer verwundet waren.

»Mr. Gorton! Übernehmen Sie das Kommando über die Batterien!«

Gorton ging auf die andere Seite und sorgte dafür, daß Bourne mit den übrigen Verwundeten ins Lazarett gebracht wurde, dieweil Drinkwater sich der *Requin* zuwandte, die eine halbe Kabellänge entfernt Backbord achteraus stand. Der große Kaperer hatte, hart am Wind segelnd, seine Geschütze wegen der starken Krängung und seiner Lage zur *Melusine* nicht optimal einsetzen können. Trotzdem war der Schaden, den er mit einer einzigen Breitseite angerichtet hatte, groß genug. Drinkwater hoffte, daß seine eigenen Geschütze, abgefeuert von dem nur wenig geneigten Deck eines vor dem Wind segelnden Schiffes, noch größere Wirkung erzielt hatten. Er sah, wie die Segel der *Requin* zu killen begannen, als sie durch den Wind ging und auf das ungeschützte Heck der *Melusine* zulief. Wenn ihre Stückführer auch nur etwas von ihrer Arbeit verstanden, konnten sie die britische Korvette jetzt verkrüppeln.

Drinkwater drehte sich resolut nach vorn um und hob sein Glas. Sie waren schon sehr nahe an die *Nimrod* herangekommen. Ellerbys Gestalt erschien mit überraschender Deutlichkeit in seinem Gesichtsfeld. Drinkwater schob das Glas mit einer heftigen Bewegung zusammen.

»Steuerbordbatterie, klar zum Feuern!« Quilhampton blickte die Reihe der Kanonen entlang; den Degen hatte er gezogen. Er nickte Gorton zu.

»Alle Geschütze klar, Kartätschen und Kugeln geladen.«

Drinkwater hob sein Sprachrohr. »Segeltrimmer auf Stationen!« Dann wandte er sich an Hill: »Gehen Sie hinter *Nimrods* Heck an den Wind, Mr. Hill. Ich möchte sie mit der Breitseite von Steuerbord achteraus treffen.«

»Aye, aye, Sir.«

Sie liefen schnell auf den herankommenden Walfänger zu. Sein massiger Rumpf und seine schwerfälligen Bewegungen verliehen ihm den Anschein größerer Stärke, als er tatsächlich besaß. Er führte auf jeder Seite nur drei Karronaden, allerdings von schwerem Kaliber.

Drinkwater rannte nach vorn zum Steuerbord-Kranbalken und hob das Sprachrohr an den Mund. Die beiden Schiffe lagen bereits mit dem Bug auf gleicher Höhe.

»Kapitän Ellerby! Kapitän Ellerby! Im Namen des Königs: Ergeben Sie sich, wenn Sie Ihre Männer nicht an den Galgen bringen wollen!«

Ellerbys wütende Geste war alles, was Drinkwater von seiner Antwort mitbekam, denn der Rest ging in dem Brüllen seiner Karronaden unter, deren große Mündungen auf kürzeste Distanz rote und orangefarbene Flammen spuckten.

Drinkwater nickte Quilhampton zu, und als Hill das Ruder in Lee legte und die *Melusine* sich beim Anluven etwas auf die Seite zu neigen begann, deckten ihre Steuerbordgeschütze das Achterschiff des Walfängers mit Kugeln und Kartätschen ein. Drinkwater kämpfte sich mühsam wieder nach achtern durch, vorbei an den schwitzenden Geschützmannschaften und den Schwerverwundeten und Verstümmelten, die von Ellerbys Karronaden niedergestreckt worden waren. Ein Mann taumelte gegen ihn. Er hielt sich den Kopf und stöhnte überraschend leise vor sich hin, wenn man bedachte, daß ihm ein Sammelsurium Eisenschrott im Schädel steckte. Drinkwater erreichte schließlich das Achterdeck und sah, daß die *Nimrod*, dem Anschein nach unbeschädigt, auf östlichem Kurs weitersegelte.

»Luven Sie an, Mr. Hill, und gehen Sie mit Backbordhalsen an den Wind!«

Hill gab sofort die nötigen Befehle, während die Toten und Verwundeten weggetragen und die Geschütze wieder geladen wurden. Das regelmäßige Exerzieren machte sich jetzt bezahlt. Jeder Mann kümmerte sich um die ihm zugewiesene Aufgabe, Fähnriche und Maate überwachten ihre Halbdivisionen oder Trupps; jeder Leutnant hatte seine Untergebenen im Auge und sorgte für die Feuerbereitschaft seiner Batterie, während Hill das Trimmen der Rahen und Segel mit gelassener Kompetenz vom Achterdeck aus leitete, um das Beste aus dem Schiff herauszuholen.

Melusine ging durch den Wind und nahm, über Steuerbordbug segelnd, die Verfolgung der *Nimrod* auf. Hinter dem Walfänger erkannte Drinkwater die *Requin* und spürte eine plötzliche Erregung. Mit einem Quentchen Glück konnte er sich jetzt vielleicht aus der Affäre ziehen, während *Requin* und *Nimrod* einander auf Gegenkurs passierten. Er besprach die Sache mit Hill.

»Die *Melusine* macht das schon«, sagte Hill nach kurzem Überlegen.

»Das wollen wir hoffen, Mr. Hill.«

Drinkwater wußte aber nur zu gut, daß die *Melusine* mit ihrem Notruder und ihrem vom Treibeis mitgenommenen Rumpf nicht mehr viel mit der eleganten Korvette gemeinsam hatte, die im Frühsommer, handig wie eine Yacht, humberabwärts gesegelt war.

Sie kreuzten das Heck der *Nimrod* im Abstand von vier Kabellängen; nicht nahe genug, daß die Kugeln ihrer Sechspfünder großen Schaden an den massiven Planken des Walfängers hätten anrichten können. Da dessen Karronaden nicht antworteten, richtete Drinkwater seine Aufmerksamkeit jetzt auf die *Requin*, welche schnell an Steuerbord aufkam.

»Er wird's nicht zulassen, Mr. Hill.« Sie hatten gehofft, auch das Heck der *Requin* kreuzen und sie dabei mit den Geschützen der Steuerbordbatterie unter Feuer nehmen zu können. Aber der Kapitän des Kaperers war kein Dummkopf und bereits im Begriff, auf sie zuzudrehen, um die britische Korvette auf Gegenkurs zu passieren. Wie zuvor würden sie sich mit Breitseiten eindecken...

»Abfallen! Abfallen!« schrie Drinkwater. »Steuerbordbatterie nicht feuern!«

»Klar bei Leebrassen!« brüllte Hill, der ahnte, was Drinkwater vorhatte.

»Versucht, die Offiziere abzuschießen!« rief Drinkwater den Fähnrichen und Seesoldaten in den Toppen zu. Die *Melusine* begann bereits zu drehen, wobei das primitive Ruder wegen der starken Belastung besorgniserregend ächzte. Die Geschütze der *Requin* krachten, noch während das Heck der *Melusine* aus dem Schußfeld schwenkte, und obwohl ein Teil der Heckreling zersplitterte, blieben der Ruderpfosten und die zur Befestigung des Notruders dienenden Spieren unbeschädigt.

»Halten Sie sie auf diesem Kurs, Mr. Hill, und bringen Sie sie dann mit Backbordhalsen an den Wind. So weit, so gut.«

Die Tatsache, daß es ihm gelungen war, den Feind in der letzten halben Stunde praktisch nach seiner Pfeife tanzen zu lassen, versetzte Drinkwater in Hochstimmung trotz der Verluste, die sie hatten hinnehmen müssen. Er spürte auch die freudige Erregung an Deck, wo die Leute die letzten Minuten noch einmal durchlebten und ihrer Anspannung mit allen möglichen Possen Luft machten. Vielleicht war es nur natürlich, daß sie dabei keine Gedanken an diejenigen verschwendeten, die gestorben oder unter Deck dem Skalpell Singletons ausgeliefert waren.

Die *Melusine* kreuzte gegen den Wind auf, während ihre beiden Feinde wendeten und zur Verfolgung ansetzten. Schon lagen sie eine Meile zurück, und Drinkwater glaubte, daß er ihnen noch ein bis zwei Stunden das Heck zeigen könne, während er nach einer neuen Chance suchte.

»Der Lugger ist aus dem Rennen, Sir«, meinte Hill und zeigte auf die *Chasse marée*, die eine halbe Meile entfernt vor ihnen stand. Ihre Mannschaft hatte Riemen ausgebracht und versuchte verzweifelt, aus dem Weg der herankommenden Briten zu pullen, die direkt auf sie zuzufahren schienen, um ihnen den Gnadenstoß zu versetzen.

Drinkwater hatte den Lugger inzwischen völlig vergessen. Er nickte Gorton mit der gutmütigen Herablassung eines Lehrers zu, der seinen Schülern nachsichtig gestattet, mit dem Katapult auf Spatzen zu schießen. Die Backbordgeschütze feuerten, als sie den Lugger passierten, und riefen offensichtlich Panik unter dessen Besatzung hervor.

Drinkwater hatte plötzlich das Gefühl, daß es bisher zu leicht gegangen war, und mußte an die Toten und Verwundeten denken. Er wandte sich um und rief den auf dem Achterdeck diensttuenden Fähnrich zu sich, der aus offensichtlicher Erleichterung darüber, daß er noch am Leben war, mit den nächststehenden Stückmannschaften munter schwatzte.

»Mr. Frey!«

»Sir?«

»Suchen Sie bitte den Schiffsarzt auf, richten Sie ihm meine Empfehlung aus und stellen Sie fest, wie hoch unsere Verluste sind. Besonders liegt mir daran, etwas über Mr. Bourne zu erfahren.«

»Aye, aye, Sir.«

Als Frey gegangen war, ließ sich Drinkwater die Schäden melden.

Der Zimmermann berichtete, daß sie einen Treffer kurz oberhalb der Wasserlinie abbekommen hätten, daß das feindliche Feuer sich jedoch in der Hauptsache gegen die Mannschaft an Deck gerichtet habe.

Auf und ab wandernd versuchte Drinkwater, die Lage seiner Feinde abzuschätzen. Es war ihm nicht gelungen, die *Nimrod* zur Aufgabe zu zwingen; seine Chancen, die *Requin* zu vernichten, waren gering. Aber der Walfänger hatte die Möglichkeit eines unbehinderten Schusses auf das Heck der *Melusine* nicht genutzt. Hatte seine militärisch unausgebildete Mannschaft nur einfach eine Gelegenheit verpaßt, oder hatten sich die Leute vielleicht Drinkwaters warnende Worte zu Herzen genommen?

Disziplin wurde auf einem Handelsschiff nicht so streng gehandhabt wie auf einem Kriegsschiff, und eine Mannschaft konnte durch die Drohung mit dem Galgen wohl dazu gebracht werden, ihre Bindung an den Kapitän fahren zu lassen. Drinkwater dachte einen Augenblick über diesen Aspekt nach. Was nun die *Requin* betraf, war ihr Feuer wirklich gegen die Leute an Deck gerichtet gewesen und nicht auf die Takelage? An der Stelle des Kaperkapitäns hätte er sicherlich versucht, das Kriegsschiff aus sicherer Entfernung außer Gefecht zu setzen, ohne das eigene Schiff zu gefährden.

Es sei denn, überlegte Drinkwater, die Überlegenheit der *Requin* wurde überschätzt. Vielleicht hatte sie gar nicht so viele Leute an Bord, wie er vermutete, so daß ihr Kapitän es vor allem darauf abgesehen hatte, die Crewstärke des Briten zu dezimieren.

»Der Wind raumt, Sir«, unterbrach Hill seine Überlegungen.

So war es. Er hatte bereits drei, vier Strich gedreht und briste jetzt aus Südwesten auf. Drinkwater starrte nach Süden; ein weiteres Umspringen war zu erwarten. In rund zehn Minuten, rechnete er, würde der Wind direkt von den Bergspitzen im Süden kommen. Alle Schiffe im Fjord würden dann einen raumen Kurs anliegen können. Damit änderte sich alles.

»Das läßt die Sache in einem neuen Licht erscheinen, Mr. Hill.«

Hill nickte zustimmend. Nach kurzer Überlegung kam Drinkwater zu einem Entschluß.

»Kursänderung auf *Nimrod*, Mr. Hill. Wir wollen unverzüglich längsseits gehen und entern.«

Das war eine Entscheidung, die mehr vom Ehrgefühl als vom gesunden Menschenverstand geprägt schien, aber Drinkwater befand sich aufgrund seiner Befehle in einer Zwickmühle. Es war fraglich, daß St. Vincent das Ausmaß der französischen Präsenz in der Arktis oder den Verrat Ellerbys und Wallers hatte voraussehen können. Aber

Drinkwaters Befehle besagten klar und deutlich, daß er jegliche französische Vormachtstellung in diesem Gebiet zu verhindern habe. Jetzt nicht alles in seiner Macht Stehende zu tun hieße, ein Exekutionskommando herauszufordern, wie es Byng* vor fünfzig Jahren getan hatte.

Die Kugeln der *Requin* drückten mittschiffs das Schanzkleid ein, warfen eine Kanone von ihrer Lafette und töteten zwei Kanoniere. Die Großstenge zersplitterte und ging über Bord, und der große Kaperer segelte auf das Heck der *Melusine* zu. Das Krachen einer besonders präzise gerichteten Kanone schien die vier am Notruder stehenden Männer von den Füssen zu fegen.

Dann merkte Drinkwater, daß der Ruderpfosten in Stücke geschossen war und die herabfallende schwere Spiere die Männer nur mit an Deck gerissen hatte. Sie erhoben sich unverletzt. Aber Drinkwaters Blick begegnete dem Hills, und beide Männer wußten, daß sie jetzt manövrierunfähig waren. Zwei Minuten später prallten sie, vor dem Wind treibend, mit einem knirschenden Krachen mittschiffs gegen die *Nimrod*.

»Entermannschaft vor!« Außer sich vor Enttäuschung und Ärger, zog Drinkwater den Degen, ergriff eine Pistole und rannte los. Männer verließen ihre Kanonen und packten die in Halterungen am Mast stehenden Piken; Entermesser blitzten im Sonnenlicht, das jetzt warm auf ihre Rücken brannte, als sie über die Back auf das Deck des Walfängers sprangen.

Quilhampton war Drinkwater ein paar Schritte voraus und hatte die Poop der *Nimrod* erreicht, wo Ellerby seine große bronzene Harpunenkanone auf die Kuhl richtete, in der Drinkwater mit der Entermannschaft heranstürmte. Einige Leute hatten sich um Ellerby geschart, aber der Großteil der Besatzung, über zwanzig Mann, hatte sich ohne Widerstand in jeden nur einigermaßen Schutz bietenden Winkel verdrückt; die meisten hoben die Hände zum Zeichen, daß sie sich ergeben wollten, und schrien um Gnade.

»Mr. Q! Zur Seite, verdammt noch mal!« rief Drinkwater. Seine Stimme war eisig vor unterdrückter Wut. Er sah, wie Ellerby die riesige Kanone auf seine Brust richtete, und hörte ihn brüllen: »Bleiben Sie stehen, Captain Drinkwater! Hören Sie mich? Bleiben Sie stehen!«

* Admiral John Byng, der am 14. März 1756 wegen Pflichtverletzung an Deck der *HMS Monarch* exekutiert wurde – »pour encourager les autres«, wie Voltaire später in seinem ›Candide‹ sagte (Anm. d. Übers.).

Aber Drinkwater rannte weiter und sah noch, wie sich an der Kanone eine Rauchwolke bildete. Er fühlte den Luftzug an seiner Wange, als die Harpune dicht an ihm vorbeischoß, und stieß eine Sekunde später Quilhampton beiseite.

Irgendjemand hatte Ellerby eine Lanze gereicht, und ihr langer Schaft hielt Drinkwater auf Distanz. »Ellerby, Sie verräterischer Bastard! Nehmen Sie das Ding da weg, oder ich bring' Sie an den Galgen, so wahr mir Gott helfe!«

Drinkwater wurde zurückgerissen, stolperte und stürzte, als Ellerby, das Gesicht haßverzerrt, mit der rasiermesserscharfen Lanze nach ihm stach. Ellerby stürmte über den kleinen Niedergang in die Kuhl und stand jetzt mit erhobener Lanze über Drinkwater.

Angesichts der zitternden Lanze und des fanatischen Ausdrucks in Ellerbys Augen konnte Drinkwater nur noch an die Pistole denken, die halb unter ihm lag. In dem Moment, als Ellerbys Lanze zustieß, rollte Drinkwater auf die Seite, ergriff die Pistole, zog mit dem Daumen den Hahn zurück und schoß.

Er spürte, wie das Eisen der Lanze in ihn hineinfuhr, fühlte den sauberen Schnitt der scharfen Klinge mit objektiver Klarheit, die ihm sagte, daß es sich um keine tödliche Verwundung handelte, daß die Lanze nur durch die dünne Muskelschicht über seinen rechten Rippen gefahren war. Er stand auf; das Blut quoll durch einen langen Riss in seinem Rock.

Ellerby stützte sich wie betrunken auf die Lanze, die der Stoß tief ins Deck getrieben hatte. Ein Schrei quoll aus seinem Inneren hoch und brach mit einem Speichelregen aus seinem bärtigen Gesicht. Drinkwater konnte nicht sehen, wo die Kugel Ellerby getroffen hatte, aber als dieser wie ein gefällter Baum vornüberstürzte, war die blutige Austrittswunde deutlich sichtbar: Sein Rückgrat war zerschmettert. Ellerbys durch Hilflosigkeit und Schmerz genährtes Brüllen verlor sich in keuchenden Atemzügen.

Drinkwater preßte die Hand auf die Wunde an seiner Seite und sah auf seinen gefallenen Feind hinunter. Ellerbys Wunde war tödlich. Als sich diese Nachricht verbreitete, streckten auch die wenigen Leute, die noch zu ihm gehalten hatten, die Waffen. Nach einem Blick auf Drinkwater gab Quilhampton Befehl, die *Nimrod* in Besitz zu nehmen.

Drinkwater wandte sich um; warmes Blut lief über seine Hand. Vor ihm suchte der kleine Frey seine Aufmerksamkeit zu erregen.

»Ja, Mr. Frey? Was gibt's?«

Frey deutete zur *Melusine* hinüber, hinter der man die *Requin* aus dem Rauch auftauchen sah.

»Verzeihung, Sir! Aber eine Empfehlung von Mr. Hill, und die *Requin* kommt vor dem Wind auf uns zu.«

Als wollte sie die Dringlichkeit von Freys Meldung unterstreichen, füllte *Requin* die Luft mit dem Donner ihrer Breitseite, während zu Drinkwaters Füßen Ellerby unbeachtet seinen Geist aufgab.

NEUNZEHNTES KAPITEL

August 1803

Alle Plagen Ägyptens

Drinkwater spürte dankbar die Erleichterung durch die breite Bandage, welche eine dicke Kompresse gegen seine Rippen drückte. Er starrte durch den Rauch und versuchte, Skeete zu ignorieren, der nach dem Anlegen des Verbandes an seinem Hemd herumzupfte.

»Das reicht, verdammt!« überbrüllte er den Kanonendonner.

»Aye, aye, Sir.« Skeete grinste hämisch mit seinen verrotteten Zähnen, während sich Drinkwater ungeduldig das Hemd in die Hose stopfte und zu erraten versuchte, was der Kapitän der *Requin* wohl vorhatte.

Nachdem er Lord Walmsley das Kommando über die *Nimrod* gegeben hatte, war Drinkwater mit der Entermannschaft auf die *Melusine* zurückgekehrt, obwohl der Walfänger und die Korvette immer noch fest ineinander verkeilt waren. Die *Requin* lag luvwärts und feuerte mit ihrem schweren Kaliber auf das britische Schiff. Jedesmal wenn ihre Geschütze krachten, prasselte ein Eisenhagel auf *Melusine* nieder. Tote und Sterbende lagen auf den Grätings, wohin ihre Kameraden sie geschleppt hatten, damit sie ihnen nicht im Wege waren. Wer noch Überlebenschancen hatte, wurde von den Sanitätsgasten unter Deck geschafft, wo die Schrecken der Amputation, der Auskratzung oder Sondierung ihrer Wunden auf sie warteten. Die nur leicht Verwundeten versorgten sich selbst. Zu diesem Zweck hatte man die Handspakenlöcher in den Spillköpfen mit Verbandszeug gefüllt. Drinkwater sah, daß überall blutige Bandagen herumlagen, daß die Sechspfünder an Backbord von Männern beider Batterien bedient wurden und daß Gorton verwundet war.

Der Krach war ohrenbetäubend, denn auch die Geschütze der *Melusine* feuerten so schnell sie konnten. Leinen und Holzsplitter regneten aus der Takelage herab, und am Fuß des Großmastes lagen drei Männer, die von oben gekommen waren. Nur der Fockmast stand noch unversehrt, das Vormarssegel war noch gefüllt.

Der Gestank des Pulvers, der immense Lärm, die unglaubliche Wärme der Sonne brachten den durch seine Verwundung geschwächten Drinkwater an den Rand des Zusammenbruchs. Einen Moment dachte er daran, die Flagge zu streichen, wenn er damit nur dem Hinmetzeln seiner Männer und dem unerträglichen Lärm ein Ende setzen könnte.

Seine Gedanken mußten sich in seinem Gesicht widergespiegelt haben, denn Hill sah ihn besorgt an.

»Alles in Ordnung, Sir?« rief er.

Drinkwater nickte grimmig.

»Hier, Sir...« Damit hielt ihm Hill eine Flasche entgegen. Drinkwater setzte sie an und nahm einen kräftigen Schluck. Der starke Rum rüttelte ihn sofort wieder auf.

»Danke, Mr. Hill.« Er warf einen Blick auf den Besan. Der hatte inzwischen zu viele Löcher, um noch von großem Nutzen zu sein, aber er brachte ihn auf eine Idee.

»Lassen Sie den Besan backholen, Mr. Hill. Vielleicht genügt das, um unser Heck herumzudrücken und die *Nimrod* zwischen uns und diesen verfluchten Bastard zu legen!«

Ein Hagel von Holzsplittern flog ihnen um die Ohren, als die Reling von einem Schuß zerschmettert wurde, und der Luftdruck der Kugel ließ Drinkwater und Hill taumelnd nach Luft schnappen. Aber Hill fing sich sofort und schrie nach den Schanzgasten. Drinkwater drehte sich um. Er brauchte etwas Zeit zum Nachdenken. Da sah er Mount, der gerade die Wache für die Gefangenen auf der *Nimrod* eingeteilt hatte.

»Mr. Mount!«

»Sir?«

»Mr. Mount, lassen Sie Ihre Leute auf dem Achterdeck antreten.«

Eine Fallbö packte sie mit unvermittelter Heftigkeit. Sie kam heulend vom Gebirge im Süden herunter, zeichnete Schaumstreifen auf das Wasser und hatte kurze, tückische Wellen aufgeworfen, bevor sie so richtig begriffen, was los war. Die wolkenlose Sonne hatte seit Stunden die Luft über dem Wasser erwärmt. Sie war von der Wasseroberfläche aufgestiegen, so daß eisige Luft von den Bergen jetzt ihren Platz einnehmen konnte, als Katabatische Bö aufs Wasser herabfiel und die unvorbereiteten Schiffe ansprang.

Die Vorbramstenge der *Melusine*, schon belastet durch die zertrümmerte Großstenge und ihre Rahen, kam in Lee herunter. Aber der backgeholte Besan drehte die Korvette und ihre Prise herum, während sich die Segel der *Nimrod* füllten und beide Schiffe Fahrt voraus machten, so daß sich der Abstand zu ihrem Peiniger vergrößerte.

Dieser Vorteil war jedoch nur von kurzer Dauer, denn auch die beigedrehte *Requin* sackte jetzt schneller nach Lee. Dann allerdings wurde die Belastung für ihre Takelage zu groß. Schon durch das Feuer der *Melusine* beschädigt, ging ihr Fockmast über Bord. Durch die backstehenden Segel des Großmastes wurde sie in den Wind gedreht und trieb jetzt noch etwas schneller nach Lee ab. Drinkwater brauchte nicht lange, um seine Chance zu erkennen. Nach einem schnellen Blick in die Takelage der *Nimrod* stellte er fest, daß es nicht schwer sein konnte, ihr Drehmoment umzukehren und das exponierte Heck des Feindes mit der Backbordbatterie unter Feuer zu nehmen.

»Belegen Sie das, Hill!« Er deutete auf den Besan. »Lassen Sie den Besan aufgeien! Auf der Back! Mr. Comely! Vorstengestagsegel backsetzen...« Obwohl ihm fast die Stimme versagte, preite er nun die *Nimrod* an: »*Nimrod*, *Nimrod*, 'hoi! Lassen Sie die Großmars- und Kreuzmarssegel backsetzen, Mr. Walmsley. Wer von Ellerbys Mannschaft freiwillig hilft, wird begnadigt...«

Es war eine verrückte, aus der Verzweiflung geborene Idee, die, um erfolgreich zu sein, schneller in die Tat umgesetzt werden mußte, als der Kapitän der *Requin* reagieren konnte. Drinkwater wartete besorgt und ungeduldig, seine Laune wurde zusehends schlechter. Mehrere Male hob er das Glas und sah zur *Requin* hinüber. Aber mit Sicherheit konnte er nur erkennen, daß der große Kaperer weiter auf sie zutrieb. Und dann endlich begannen *Melusine* und ihre Prise sich langsam in die andere Richtung zu drehen, wobei sie durch die Windsee ins Rollen gebracht wurden und knirschend gegeneinander scheuerten.

Die Fallbö war zu einem stetigen Wind von nahezu Sturmstärke geworden, der das Meer blankgefegt hatte. Die Sonne schien immer noch von einem wolkenlosen Himmel, stand jedoch schon sehr tief. Wegen der veränderten Lage der Schiffe war das Geschützfeuer völlig eingestellt worden, man hörte jetzt nur noch das Heulen des Windes in der Takelage und das Knirschen und Ächzen der ineinander verkeilten Rümpfe. Drinkwater schüttelte den Kopf, um das hartnäckige Klingen in den Ohren loszuwerden, das der Kanonendonner hervorgerufen hatte, und setzte erneut das Sprachrohr an.

»Backbordbatterie! Alle Stückführer zielen auf das mittlere Fenster im Heck des Feindes. Kartätschen über Kugeln laden. Feuern auf Kommando, danach selbständig weiterschießen!«

Er sah Quilhampton in der Kuhl stehen und den Befehl durch Handzeichen bestätigen und fragte sich, was wohl mit Gorton los war.

»Irgendwelche Befehle, Sir?« versuchte Mount sich wieder bemerkbar zu machen.

Drinkwater hörte ihn nicht. Er verfolgte gebannt, wie *Melusine* langsam herumschwang, und wartete auf die Feuerbereitschaftsmeldungen. Endlich zeigte auch der letzte Stückführer klar. Er wartete noch einen Augenblick. Mit unendlicher Langsamkeit, so kam es ihm jedenfalls vor, schwenkten die Rohre auf ihr Ziel ein... Jetzt, bei Gott!

»Feuer!«

Unter donnerndem Krachen stießen die zehn Sechspfünder Rauch und Flammen aus, während sechzig Pfund Eisen und zehn Pfund Kartätschenkugeln das Heck der *Requin* trafen. Drinkwater stand plötzlich in einer großen Wolke Pulverdampf, die jedoch schnell vom Wind auseinandergetrieben wurde. Dann begannen die Sechspfünder unabhängig zu feuern, wobei jeder Stückführer seine Kanone mit großer Sorgfalt richtete. Das konzentrierte Feuer zersplitterte drüben die Verzierungen und Schnitzereien, schmetterte mit ungeheurer Wucht ins Heck, riß eine riesige, klaffende Wunde und fuhr verheerend durch die ganze Länge des Rumpfes.

»Sir, Sir!« Mr. Frey neben ihm tanzte aufgeregt von einem Bein aufs andere.

»Was, zum Teufel, gibt's denn, Mr. Frey?«

»Sie streicht die Flagge, Sir! Sie streicht die Flagge!«

Drinkwater sah nach oben. Hastig und mit ruckartigen Bewegungen wurde die Trikolore von der Gaffel niedergeholt.

»Wahrhaftig, Mr. Frey. Sie haben recht!«

»Irgendwelche Befehle, Sir?« wiederholte Mount hoffnungsvoll.

»Aber gewiß, Mr. Mount: Sie und Mr. Frey übernehmen sofort das Kommando auf der *Requin*!«

Drinkwater schreckte aus dem Schlaf hoch. Die kurze arktische Nacht war bereits vorüber. Seine Wunde, von dem erschöpften Singleton als oberflächlich bezeichnet, klopfte schmerzhaft, und sein gesamter Körper tat ihm weh. Er stand auf und starrte durch die Heckfenster. Die *Melusine* lag mit ihren Prisen in der Bucht von Nagtoralik, die übel zugerichtete britische Korvette am weitesten seewärts, eine Spring an der Ankertrosse, so daß sie die anderen Schiffe gut unter Kontrolle halten konnte. Drinkwater hatte Prisenkommandos auf dem Lugger *Aurore*, der *Requin* und der *Nimrod*, wenn auch die *Nimrod* zu einer Art Begleitschiff geworden war, da sie die hilflose *Melusine* zum Ankerplatz hatte schleppen müssen.

Sie waren von Booten der *Conqueror* und *Faithful* empfangen worden, als sie bei schwindendem Tageslicht vor Anker gingen. Nach dem Gesicht Kapitän Wallers von der *Conqueror* zu schließen, hatte er die Situation beim Anblick der von *Nimrod* geschleppten *Melusine* völlig falsch interpretiert. Seine gleißnerischen Glückwünsche hatte sich Drinkwater gar nicht erst angehört, sondern ihn sofort festnehmen und in Eisen legen lassen.

»Da habt Ihr recht daran getan, Freund«, sagte Sawyers, indem er ihm die Hand reichte. Aber Drinkwater mochte sich jetzt nicht auf längere Gespräche einlassen und verabschiedete den Quäker freundlich, dringende Pflichten und Erschöpfung vorschützend. Später würden sie Zeit genug für Erklärungen haben; im Augenblick genügte es ihm, daß die *Faithful* zurückerobert und die *Requin* genommen war.

Drinkwater ging vom Heckfenster zu seinem Sessel und ließ sich hineinsinken. Das Licht der Laterne fiel auf die Musterrolle. Bei den beiden Gefechten mit *Requin* hatte er ein Drittel seiner Mannschaft verloren, darunter auch Lieutenant Bourne, der kurz nach der Kapitulation der *Requin* an seinen Kopfverletzungen gestorben war. Das waren schreckliche Verluste.

Kaum jemand war ohne Verletzung davongekommen. Der kleine Frey hatte einen Säbelhieb am Unterarm davongetragen, den er tapfer allein verbunden und dann ignoriert hatte, bis Singleton seiner ansichtig wurde und ihn unter Deck schickte. Tregembo war bewußtlos geschlagen worden, und von den Offizieren waren nur Mount und Hill unverletzt geblieben.

Drinkwater blies den Streusand von der Musterrolle. Neben allen anderen Aufgaben, die ihn am Morgen erwarteten, mußte er auch die Toten bestatten. Seine Augenlider wurden schwer. An Deck marschierte Mr. Quilhampton auf und ab; die Wache stand an den Geschützen bereit. Mount war mit einer Abteilung seiner Seesoldaten an Bord der *Requin*, Lord Walmsley befehligte die *Nimrod* und der Ehrenwerte Alexander Glencross die *Conqueror*.

Eine Stunde Schlaf konnte er sich noch gestatten. Die Vorsehung hatte ihn zwar gestraft, aber das Glück hatte ihn schließlich gerettet. Der Kopf fiel ihm auf die Brust, und dann hörten endlich auch seine Ohren auf zu klingen.

»Wollen Sie die Abordnung jetzt empfangen, Sir?«

Drinkwater nickte dem in der Türöffnung stehenden Mr. Frey zustimmend zu. Er fand es fast erschreckend, wie schnell der Junge gereift war. Frey trat beiseite, und ein halbes Dutzend Walfänger betraten linkisch die Kajüte, eskortiert von einem Unteroffizier der Seesoldaten und zwei Mann.

»Nun«, fragte Drinkwater kalt, »wer ist euer Sprecher?«

Ein Mann, der eine speckige Mütze aus Robbenfell nervös in den Händen drehte, wurde nach vorn geschoben. Den Blick gesenkt, begann er zu sprechen, wobei seine betreten hinter ihm stehenden Bordkameraden ihm gelegentlich weiterhalfen.

»Ver... Verzeihung, Euer Gnaden...«

»Wie heißen Sie?«

Der Mann sah sich unbehaglich um, als fürchte er, sich zu einer Identität zu bekennen, die ihn aus der anonymen Masse heraushob.

»Antworten Sie dem Captain!« fauchte Frey mit unvermuteter Heftigkeit.

»Jack Love, Sir, mit Verlaub. Zimmermann der *Nimrod*, Sir...«

»Weiter, Love. Was haben Sie zu sagen?«

»Na ja, Sir, wir haben bei Käpt'n Ellerby mitgemacht, weil...«

»Und bei Käpt'n Waller, Sir«, warf ein anderer unter zustimmendem Murmeln der übrigen ein.

»Weiter.«

»Na ja, Sir, da war allerhand zu verdienen, während des Friedens sozusagen...« Offensichtlich wollte er damit andeuten, daß ein Handel mit den Franzosen unter solchen Umständen nicht illegal war.

»Womit haben Sie gehandelt, Love?«

»Wir brachten, was die Leute hier dringend zum Leben brauchten, Sir – Lebensmittel –, und nahmen Felle mit zurück...«

»Felle?«

»Aye, Sir«, sagte eine ungeduldige Stimme, und ein schmächtiger Mann drängte sich nach vorn. »Felle, Sir. Felle für die Armee der Froschfresser. Ellerby hat sie mit hohem Profit verkauft.«

Während er über diese Neuigkeit nachdachte, kam Drinkwater ein Gedanke. »Wissen Sie etwas über zwei Walfänger vom Hull, die im letzten Winter verlorengingen?« Er blickte in das Halbrund der Gesichter. Love rieb sich unruhig mit der Hand über den Mund und schüttelte den Kopf; aber er konnte Drinkwater nicht in die Augen sehen.

»Mit solchen Sachen haben wir nichts zu tun, Sir. Wir wurden sozusagen genötigt...« Er wußte nicht weiter. Das Wort war ihm wohl von einem Bordadvokaten eingeblasen worden, der sich im Rechtswesen auszukennen meinte. Drinkwater wußte, daß er log, aber er besaß nicht den geringsten Beweis. Auch sie hatten, ganz gleich ob im

Krieg oder Frieden, unter Ellerbys Befehl ihren Profit gemacht, solange kein Marineoffizier seine verdammte Nase in ihre Angelegenheiten steckte.

Angespornt durch die Einflüsterungen seiner Bordgenossen, brachte Love jetzt ihr Verteidigungsargument vor.

»Als wir merkten, was Ellerby vorhatte, Sir, wollten wir nicht mehr mitmachen. Wir haben ihm den Gehorsam verweigert, Sir...«

Drinkwater erinnerte sich, daß die *Nimrod* ihre vorteilhafte Position während des Kampfes nicht ausgenutzt hatte. »Und die Leute von der *Conqueror*. Wie steht's mit euch?«

»Wir wurden ebenfalls genötigt, Sir. Kapitän Waller drohte, unsere Heuer einzubehalten, wenn wir nicht mitmachten...«

Drinkwater starrte sie an. Ihr Anblick weckte in ihm Verachtung und Mitleid. Er konnte sich vorstellen, wie sie unter den verderblichen Einfluß Ellerbys geraten waren, und erinnerte sich gut an den eiskalten Fanatismus in dessen Augen. Die Männer wurden unter seinem prüfenden Blick unruhig. Sie waren zwar Opfer ihrer Schwäche, aber andererseits hatten sie durch ihren Verrat den Tod vieler Menschen verursacht.

»Wollt ihr eure Loyalität gegenüber König und Vaterland beweisen?« fragte er und erhob sich, ganz das Bild eines patriotischen Marineoffiziers. Ihre schnell beteuerte Beflissenheit war schon fast abstoßend.

»Nun gut. Ihr findet Arbeit genug bei der Instandsetzung der Schiffe, unter Anleitung meiner Offiziere. Geht jetzt an Bord zurück. Aber ich warne euch: Der erste Mann, der es an absoluter Loyalität fehlen läßt, wird hängen.«

Ihre freudige Erleichterung war offenkundig. Auf diese Weise davonzukommen, hatten sie kaum zu hoffen gewagt. Sie nickten ihm dankend zu und stapften eilig hinaus.

»Sie können die Wache wegtreten lassen, Sergeant.« Und zu Frey sagte Drinkwater: »Gehen Sie auf die beiden Walfangschiffe hinüber, Mr. Frey, und durchsuchen Sie die Kajüten von Kapitän Ellerby und Kapitän Waller. Ich will die Freistellungsbescheinigungen von jedem verdammten Besatzungsmitglied der Walfänger haben.«

Drinkwater betrachtete Waller mit Abscheu. Ohne Ellerby war er ein Nichts, während Drinkwater wußte, daß er für Waller den Mann mit der Henkerschlinge repräsentierte. Irgendwie schien ihm der Strick jedoch eine zu einfache Lösung für diesen Fall.

»Lügen ist zwecklos, Kapitän Waller. Ellerby hat auf ein britisches

Kriegschiff geschossen, und aus dem, was die Männer der *Nimrod* und der *Conqueror* berichten, geht hervor, daß Sie und er aus Profitgier mit dem Feind verräterisch gemeinsame Sache machten. Allein schon dadurch haben Sie Ihren Eid verletzt, keiner anderen Tätigkeit als dem Walfang nachzugehen. Was ich aber gern wissen möchte: Zu welchem Zweck haben Sie hier Handel getrieben und mit wem?«

Wallers Gesicht hatte jede Farbe verloren. Drinkwater schlug mit der Faust auf den Tisch. »Reden Sie, Mann!«

Wallers Kinn hing schlaff herunter, es schien ihm völlig die Sprache verschlagen zu haben. Drinkwater seufzte und stand auf. »Vielleicht«, sagte er beiläufig, »vielleicht überlegen Sie mal, ob es nicht ratsam wäre, sich als Kronzeuge zur Verfügung zu stellen. Ich habe genug Beweismaterial, um Sie an den Galgen zu bringen, Waller.«

Die Sicherheit, mit der Drinkwater seine Argumente vorbrachte, war von erdrückender Überzeugungskraft. Waller schluckte schwer.

»Wenn ich als Kronzeuge auftrete...«

»Erzählen Sie mir die ganze verdammte Wahrheit, Waller, oder bei Gott, Sie baumeln schon in der nächsten Stunde an der Großrah!«

»Es war Ellerby... Er sagte, da könne überhaupt nichts schiefgehen. Während des Friedens haben wir gut dabei verdient und daher auch keinen Grund gesehen, damit aufzuhören. Als dann der Krieg wieder ausbrach, versuchte ich, die Sache zu beenden. Aye, ich sagte ihm, das Risiko wäre jetzt zu groß. Aber Ellerby meinte, das wäre die Sache wert. Vielleicht hätt' ich's besser wissen sollen. Jedenfalls hab' ich mitgemacht...«

Waller wirkte bei seiner Beichte wie ein Mann, der nach innen gekehrt seine Schwächen erkennt. Wieder fühlte Drinkwater Mitleid mit diesem Narren, den der Ehrgeiz einer starken Persönlichkeit mitgerissen hatte.

»Mitgemacht wobei?« fragte er leise.

»Beim Fellhandel. Die Franzosen haben diese Siedlung hier aufgebaut. Kurz vor dem Frieden von Amiens begegnete Ellerby einem französischen Kaperkapitän, Jean Vrolicq. Dieser Vrolicq versprach uns einen hübschen Profit, wenn wir Felle nach England brächten und sie dann über den Kanal schmuggelten. Felle für die französische Armee. Sie haben Bärenfelle auf jedem Kavalleriepferd, Felle an den Husarenuniformen...«

Drinkwater dachte an die Karikaturen der französischen Soldaten, die er gesehen hatte, an die barfüßigen Vogelscheuchen, die von republikanischem Sendungsbewußtsein erfüllt waren... Und doch konnte er Wallers Worte nicht mehr anzweifeln.

»Wir nahmen ganze Ladungen von Fellen mit – Fuchs, Hermelin, Bär und Hase –, das bedeutete vierhundert Pfund Reinverdienst zusätzlich zu dem, was uns der Fisch einbrachte.«

»Gut, Kapitän Waller. Schreiben Sie das nieder. Ich lasse Ihnen alles dazu Nötige schicken.«

Drinkwater rief den Posten, und Waller wurde abgeführt.

Es war eine seltsame Geschichte. Und doch sah er, wenn er an seine Gespräche mit Earl St. Vincent und Lord Dungarth zurückdachte, daß die ersten Anzeichen dieses Geheimnisses eigentlich schon damals zu erkennen gewesen waren.

Er schenkte sich ein Glas Wein ein und horchte auf die Geräusche um ihn herum. Das Ruder der *Melusine* wurde gerade herausgehoben, und der Schmied der *Faithful* war dabei, ein Jocheisen herzustellen, damit Steuerreeps an dem beschädigten Kopf festgemacht werden und sie die Heimreise antreten konnten. Währenddessen wurden von der *Requin* Spieren herübergeschafft, um die Takelage der Korvette instandzusetzen; auch die *Aurora* wurde für die Reise nach England klargemacht.

Eingedenk der politischen Zwänge, die St. Vincent erwähnt hatte, war Drinkwater darauf bedacht, daß sowohl die *Nimrod* als auch die *Conqueror* zum Hull zurückkehrten. Leider hinderte ihn der Mangel an Leuten daran, auch die *Requin* als Prise mit nach Hause zu bringen. Er beabsichtigte daher, sie zu verbrennen, bevor er die Bucht von Nagtoralik verließ.

Es klopfte, und Obadiah Singleton trat ein. Sein blauschimmerndes Kinn wirkte noch markanter als sonst, da sein Gesicht vor Erschöpfung spitz und eingefallen war.

»Ich denke, daß ich meine Verpflichtung den Kranken gegenüber nun erfüllt habe, Captain Drinkwater«, begann er. »Ich überlasse sie jetzt der Pflege Skeetes.«

»Gott möge den armen Teufeln beistehen!«

»Amen. Aber für mich gibt es Arbeit an Land.«

»Ich kann Sie hier nicht absetzen, Mr. Singleton, es ist eine französische Niederlassung.«

»Ihre Instruktionen lauteten, mich an Land zu setzen, Captain Drinkwater. Hier leben auch Eskimos. Was nun die Franzosen angeht, so glaube ich nicht, daß sie noch eine Rolle spielen...«

»Ich habe den Befehl, Mr. Singleton«, unterbrach Drinkwater ihn scharf, »jegliche Präsenz der Franzosen in arktischen Gewässern zu unterbinden. Zu diesem Zweck muß ich alle Militärpersonen an Land ausfindig machen und gefangennehmen.«

»Die Fürsorge für Ihre Mannschaft und Ihr Schiff wird das nicht zulassen«, sagte Singleton mit großer Entschiedenheit.

»Was zum Teufel meinen Sie damit?«

»Ich meine damit, daß Mr. Frey, den Sie zum Wasserholen an Land geschickt haben, mit Informationen zurückgekehrt ist. Die armen Kerle an Land sind mit allen Plagen Ägyptens geschlagen, Captain Drinkwater.«

ZWANZIGSTES KAPITEL

August–September 1803

Niemand hat größere Liebe denn die …

Sie hatten alle französischen Gefangenen an Land gebracht, da die *Requin* in Brand gesteckt werden sollte. In Begleitung von Mount, Singleton und eines Trupps Seesoldaten inspizierte Drinkwater die elenden Hütten, aus denen die französische Siedlung bestand. In einiger Entfernung von den Kaperern und unter den feindseligen Blicken einiger Eskimos beobachtete ein Haufen unordentlicher, verhungert aussehender Männer ihr Nahen mit mißtrauischer Vorsicht. Sie trugen zerlumpte Militärmäntel, hatten die Füße mit Lappen umwickelt und Felle über die Schultern geworfen. Die meisten hatten ihre Gesichter verhüllt. Das also waren Bonapartes arktische Kolonisten.

Die Erklärung kam so langsam, als dürfe das Schreckliche nicht abrupt enthüllt werden. Es waren nur noch die Schatten von Soldaten, zwei Kompanien von Invaliden der vielgerühmten ägyptischen und syrischen Feldzüge Napoleons. Eine Handvoll Männer, denen es gelungen war, wieder nach Frankreich zu gelangen, nachdem Napoleon sie im Stich gelassen hatte und sein Nachfolger Kleber einem Meuchelmord zum Opfer gefallen war; Männer, die aus dem annektierten Ägypten nach Hause zurückgekehrt waren, wo ihre Berichte über das, was sie erlebt hatten, und ihre von Krankheit zerfressenen Körper die Behörden gleich zweifach in Verlegenheit brachten.

Drinkwater musterte die verrotteten Reste französischen Ehrgeizes, die man verlockt hatte, nach Grönland zu gehen, um dort eine Handelsniederlassung aufzubauen. Hier durften sie die unersättlichen Bedürfnisse der französischen Armeen auf Kosten der Eskimos befriedigen, denen sie für ihre Felle Alkohol gaben, Alkohol, den sie wiederum von den britischen Walfängern erhielten.

Unter Drinkwaters prüfendem Blick nahmen mehrere Franzosen Haltung an: Soldaten bis zum bitteren Ende. Die verhüllenden Tücher fielen von ihren Gesichtern. Die verheerenden Auswirkungen der Bilharziose, durch die Körnerkrankheit hervorgerufene Erblindungen,

Pusteln und Abzesse, Erfrierungen und was sonst noch für Krankheiten zeigten sich in ihrer ganzen Schrecklichkeit.

Als Drinkwater sich angeekelt abwandte, begegnete er dem Blick Singletons. »*Dulce et decorum est pro patria mori*«, sagte der Missionar leise.

»Wo steckt dieser Vrolicq?« murmelte Drinkwater durch die zusammengebissenen Zähne.

Mount hatte den Kapitän des Kaperschiffes und seine Offiziere in einer elenden Steinhütte mit einem Dach aus Weidengeflecht untergebracht. Sie standen mit zusammengekniffenen Augen in dem fahlen Sonnenlicht, das durch einen dünnen Wolkenschleier fiel, und starrten die britischen Offiziere an. Jean Vrolicq, Korsar, republikanischer Opportunist und Kriegsgewinnler, sah Drinkwater mit dunklen, mißtrauischen Augen entgegen. Er war klein und hatte ein bärtiges, von Falten durchzogenes und wettergegerbtes Gesicht. Drinkwater erkannte in ihm den Mann wieder, der ihn beim ersten Gefecht mit der *Requin* verwundet hatte.

»Soso, Captain, heute fällt Ihnen endlich ein, daß Sie Gefangene haben, was?«

Vrolicqs Englisch war gut, und sein Akzent verriet eine Vertrautheit mit Cornwall, die zweifellos mit viel Praxis im »freien Handel« zusammenhing.

»Sagen Sie, M'sieur, war diese Abmachung, die Sie mit Ellerby hatten, für Sie eigentlich rentabel?« fragte Drinkwater. Vielleicht dachte Vrolicq, der Brite wäre bestechlich und neben seinen Pflichten ebenfalls an der Übernahme einer Ladung interessiert.

»Aber sicher, Captain. Auch für den Überbringer.« Dabei grinste er gierig. »Ihr Briten seid Experten im Erlassen von Gesetzen, aus denen sich ohne Schwierigkeiten Profit schlagen läßt. Genausogut versteht ihr es, eure eigenen Gesetze zu brechen, was vielleicht der Grund ist, warum ihr sie überhaupt macht. Ellerby tauschte Felle gegen Cognac, seine Freunde tauschten Gold gegen Cognac. Wir Franzosen haben jetzt Gold in Frankreich und Cognac in Grönland. Ellerby hat Felle, mit denen er ebenfalls Geschäfte macht. So haben wir Gold, Cognac und Felle, und Ellerby hat einen hübschen Profit gemacht. Ganz schön schlau, nicht wahr? Und das alles, weil euer König George ein weises Parlament hat, dessen Mitglieder gern französischen Cognac trinken.« Die Verachtung in Vrolicqs Stimme war nicht zu überhören. Drinkwater wurde jetzt auch klar, warum Ellerby ihn nicht in der Grönlandsee hatte haben wollen, seinen Schutz jedoch in den britischen Küstengewässern brauchte, wo ihm ein Marineoffizier auf der Suche nach Seeleuten vielleicht ein Kommando Bewaffneter an Bord schicken und dabei die Felle über dem Walspeck entdecken konnte. Wenn Ellerbys Plan nicht schiefgegangen wäre, hätten sich er und Waller Ende September am Treffpunkt bei den Shetland-Inseln eingefunden und Drinkwater gestattet, sie sicher bis zum Humber zu geleiten. Wie eifrig war Drinkwater darauf bedacht gewesen, Ellerby genau den Schutz angedeihen zu lassen, den dieser für seinen schändlichen Handel brauchte!

»Es ist durchaus möglich«, sagte Vrolicq, Drinkwaters Gedanken unterbrechend, »daß auch Sie selbst ein wenig Profit machen könnten...«

»Gehen Sie zum Teufel!« fauchte Drinkwater, drehte sich abrupt um und kehrte zurück zum Strand, wo das Boot auf ihn wartete.

Drinkwater stand auf dem Achterdeck, eingehüllt in das Bärenfell, welches ihm seine Offiziere geschenkt hatten. Es war bitterlich kalt, und der auf den Bergen liegende Nebel streckte seine feuchten Fühler bis in die Bucht aus. Die Tage waren verhangen und düster; der arktische Sommer ging seinem Ende entgegen.

»Ein Boot kommt, Sir.« Drinkwater quittierte Freys Meldung mit einem Nicken und sah eins von den Booten der *Nimrod* heranscheren, das sie für die *Melusine* requiriert hatten. Er wartete geduldig, bis Obadiah Singleton über die Reling kletterte, begrüßte ihn und führte ihn in seine Kajüte.

»Sie haben also meine Mitteilung bekommen, Obadiah. Ich bin auslaufbereit. Alle Schiffe sind seeklar, und sobald sich der Nebel hebt, wird uns der Wind, schwach wie er ist, gut aus dieser Bucht herausbringen. Sie haben jetzt die letzte Chance, Ihren Entschluß zu ändern.«

»Kommt überhaupt nicht in Frage, Nathaniel.« Singleton lächelte, was er selten tat. Schon seit geraumer Zeit begegneten sie sich wie Gleichrangige. Singletons Entschlossenheit, in Grönland zu bleiben und dem menschlichen Strandgut behilflich zu sein, widersprach allen Instinkten Drinkwaters. Immer noch konnte er nicht ganz glauben, daß Singleton wirklich bleiben würde. »Oh, ich weiß, was Sie sagen wollen: ›Bedenkt, mit wem Ihr es zu tun habt; ein Vagabundenpack, Ausreißer und Halunken, der Abschaum der Bretagne; dazu gemeine Bauernlümmel, von ihrem übervollen Lande ausgekotzt für hoffnungslose Unternehmen und den sich'ren Untergang...‹ Aus ›König Richard der Dritte‹, Nathaniel. Die letzte Zeile ist besonders zutreffend. Kaum einer von ihnen wird den kommenden Winter überleben. Es gibt Anzeichen von Typhus...«

»Typhus!«

»Ja, man nennt es auch Schiffs- oder Gefängnisfieber...«

»Ich weiß verdammt gut, was Typhus ist.«

»Gut, dann wissen Sie auch, daß ich Sie dringend bitten muß, Barmherzigkeit zu üben und Mitleid mit den armen Kerlen zu zeigen, selbst auf das Risiko hin, Ihre eigene Besatzung der Ansteckung auszusetzen. Als Arzt kann ich Sie vor weiteren Kontakten nur warnen. Es gibt nicht nur Fälle von Typhus, sondern auch...«

»Ich weiß, ich weiß. Ich möchte nicht über den ganzen Katalog von Übeln nachdenken, die diesen ungesunden Ort heimsuchen. Sie raten mir also, nichts zu unternehmen und sie einfach hier verrotten zu lassen.«

»Zum ersten Mal erlebe ich Sie unentschlossen, Nathaniel.« Singleton lächelte erneut.

»Es ist aber nicht notwendig, daß Sie an dieser Erfahrung auch noch Vergnügen finden, verdammt noch mal!«

»Verzeihen Sie mir. Während unserer Bekanntschaft habe ich gelernt, daß militärische Entscheidungen selten nach philosophischen Prinzipien gefällt werden. Manchmal sind die Belastungen Ihrer Stellung einfach zu groß. Es ist Gottes Wille, daß ich Ihnen gewissermaßen als Gewissensersatz diene.«

»Und was wird mit Ihnen, Obadiah?«

»Das weiß ich nicht. Überlassen wir es dem Willen Gottes. Sie sollten mich an der Küste Grönlands absetzen, und das haben Sie getan.«

»Und Vrolicq?«

»Vrolicq ist ein Werkzeug des Teufels. Überlassen Sie ihn mir und Gott.«

»Ich habe Ihnen bereits angeboten, alles für Sie an Land schaffen zu lassen, was Sie von den Schiffen benötigen. Sicherlich benötigen Sie meine Pistolen...«

»Danke, nein. Ich habe alles, was ich brauche, von Bord der *Requin* geholt, bevor Sie sie in Brand stecken ließen.« Er hielt einen Augenblick inne. »Ich habe meinen Frieden gefunden, Nathaniel. Beunruhigen Sie sich meinetwegen nicht. Sie sind es, der für unerbittliche Herren arbeitet. Die Lehre Christi besagt im Kern, daß wir unsere Feinde lieben sollen.«

»Ich verstehe Sie nicht; ich verstehe Sie einfach nicht.«

»Johannes, Kapitel fünfzehn, Vers dreizehn.« Singleton streckte die Hand aus. »Leben Sie wohl, Nathaniel.«

»Haben Sie noch Fragen, meine Herren?«

Die versammelten Offiziere schüttelten den Kopf. Sawyers von der *Faithful* hatte seinen Harpunier Elijah Pucill zur Verfügung gestellt, damit er Mr. Quilhampton helfen sollte, die *Nimrod* nach Hause zu segeln. Gorton war inzwischen soweit wiederhergestellt, daß er mit Lord Walmsley als Stellvertreter die *Conqueror* führen konnte. Sawyers' Sohn half Glencross auf der *Aurora*. Die Mannschaften der beiden Walfänger wurden durch Prisenkommandos der *Melusine* in Schach gehalten, während man diejenigen, deren Loyalität immer noch zweifelhaft war, an Bord der *Melusine* gebracht hatte. Drinkwater händigte jedem eine Abschrift seiner Befehle aus und entließ sie. Als sie gingen, blieb Sawyers zurück.

»Sie wollten mich sprechen, Kapitän Sawyers?«

»Aye, Freund. Während der letzten fünf Tage hatten wir beide mehr als genug zu tun. Aber ich wünschte mir eine Gelegenheit, um Euch meine Dankbarkeit zu bekunden. Ich habe Gott gedankt, denn die Kraft Eures Arms glich derjenigen Davids, als er den Goliath erschlug. Doch weiß ich wohl, daß es eine harte Plage für einen Mann sein kann, ein Werkzeug Gottes zu werden.«

Drinkwater mußte über Sawyers' seltsame Argumentation lächeln. »Ich halte es für weniger riskant, vom Eis umgeben zu sein als von Theologen. Trotzdem danke ich Ihnen.«

»Ich habe Eurem Diener, dem Mann aus Cornwall, einige Pelze gegeben. Vielleicht könnt Ihr eine Verwendung dafür finden, die besser ist als eine Zierde für die Pferde der Gottlosen.«

Drinkwater grinste. Jetzt hatte er auch eine Erklärung für Sawyers' Aktivitäten in den letzten Tagen. Ihm kam der Gedanke, daß Sawyers die ganze Zeit von Ellerbys Verrat gewußt haben könnte, daß sein religiös bedingter Abscheu vor dem Krieg ihn jedoch befähigt hatte, darüber hinwegzusehen. Außerdem hatte der geschäftstüchtige Quäker den größten Teil der Pelze, welche sich auf der *Nimrod* befunden hatten, sicher an Bord seiner *Faithful* verstaut.

»Was haben Sie über Ihre Aufbringung ins Logbuch eingetragen?«

»Daß ich von einem französischen Schiff gekapert wurde und gezwungen war, einen Ankerplatz in Grönland anzulaufen, wo ich dann von Euch befreit wurde. Ich habe nicht teil an Eurem Krieg, außer daß ich gezwungen bin, seine Beschwerlichkeiten zu erdulden.«

»Gut. Ich hatte nämlich nicht die Absicht, Ellerbys Verrat publik zu machen. Das würde nur den Familien schwacher und wehrloser Männer schaden.«

Sawyers hob die Augenbrauen. »Könnt Ihr Euch solche Großzügigkeit leisten? Seeleute reden gern, mein Freund.«

»Kapitän Sawyers, angenommen, Sie fänden zwei unbemannte Walfangschiffe, die unterhalb von Spurn Head vor Anker liegen. Würden Sie dann dafür sorgen, daß sie heil zu ihren Eignern nach Hause kommen?«

Sawyers verstand ihn sofort. »Ihr habt vor, die Mannschaften in Eure Dienste zu pressen, wenn die Schiffe vor Anker liegen?«

»Ein paar sind ja bereits an Bord. Ich bitte Sie nicht, Ihr Logbuch zu fälschen, Sie sollen es nur berichtigen.«

Sawyers lachte in sich hinein. »Ein Mann, der nicht imstande ist, ein Logbuch so zu schreiben, daß es ihm zum Vorteil gereicht, ist nicht geeignet, ein Schiff zu führen, Captain Drinkwater.« Er zögerte einen Moment. »Aber was für einen Vorteil habt Ihr davon?«

Drinkwater zuckte die Schultern. »Eine wieder vollzählige Mannschaft.«

»Patriotismus bringt nicht viel ein, und Euer Scharfsinn empfiehlt Euch eigentlich für andere Unternehmen. Habt Ihr aber auch das Problem ihrer Freistellung berücksichtigt?«

»Ich habe die Freistellungsbescheinigungen aller Männer einsammeln lassen. Sie sind mit der *Requin* verbrannt.«

»Und Waller?« fragte Sawyers, voller Bewunderung eine Augenbraue hebend.

Drinkwater lächelte grimmig. »Ellerby hat seinen Verrat durch den Tod gesühnt. Waller kann seine Habsucht, wenn auch nicht seinen Verrat, dadurch wieder gutmachen, daß er zusammen mit den übrigen Walfängern in den Dienst des Königs tritt. Es ist besser, sie tanzen vor dem Stock eines Bootsmanns als in einer Henkerschlinge. Überdies, wie Lord Vincent mir erklärte, bedeutet der Verlust von Walfängern den Verlust von erstklassigen Seeleuten. Es wäre jammerschade, wenn wir Seine Majestät der Dienste guter Seeleute berauben wollten, nur um dem Henker Arbeit zu verschaffen.«

Sawyers lachte. »Ich glaube kaum, daß man da noch von Buße sprechen kann. Mir scheint es eher eine Opferung zu sein.«

Drinkwater blieb noch eine Weile in seiner Kajüte, nachdem der Quäker gegangen war. Dann nahm er seinen Hut und stieg an Deck, um den Befehl zum Ankerlichten zu geben.

Drinkwater starrte achteraus. Möwen stießen in das Kielwasser der *Melusine* hinunter, und das Notruder neben ihm knarrte. Als legte sie einen Schleier an, verschwand die Küste Grönlands im Nebel.

Weit im Westen über der Nebelbank, durch die Entfernung und Höhe aller Schwere beraubt, leuchteten schwach die *Nunataks* der ewigen Eiskappe, einsam und menschenfeindlich.

Drinkwater riß sich von der Betrachtung der arktischen Küstenlandschaft los und begann wie gewohnt an Deck auf und ab zu gehen. Er dachte an Meetuck, der mehrere Tage lang verschwunden gewesen war, aufs höchste erschreckt durch das Donnern der Kanonen über seinem Kopf. Schließlich war er, vom Hunger getrieben, wieder zum Vorschein gekommen und an Land gebracht worden, ein Held in den Augen seines Volkes. Er dachte an die über dreißig Besatzungsmitglieder der *Melusine*, die nicht mehr nach Hause zurückkehren würden. Und an die Überlebenden: Mr. Frey, Gorton, Hill, Mount und James Quilhampton. Und an den kleinen Billy Cue, über dessen Zukunft er mit Elizabeth sprechen mußte.

Er sah noch einmal achteraus. Dort kümmerte sich Singleton um die kranken Veteranen einer atheistischen Regierung, welche die Eskimos korrumpierte. Bei dem Versuch, ihre Qualen zu lindern und ihre Seelen zu retten, während er die Existenz eines Gottes der allumfassenden Liebe verkündete, würde Singleton selber sein Leben hingeben.

Er konnte keinen Sinn darin finden. Was war es doch nur, was Singleton zum Abschied gesagt hatte?

»Mr. Frey!«

»Sir?«

»Holen Sie mir bitte eine Bibel.«

»Eine Bibel, Sir?«

»Ja, Mr. Frey, eine Bibel.«

Frey kam zurück und übergab Drinkwater eine kleine, ledergebundene Bibel. Drinkwater schlug das Johannes-Evangelium auf, Kapitel fünfzehn, Vers dreizehn. Er las: *Niemand hat grössere Liebe denn die, daß er sein Leben lässet für seine Feinde.*

Dann erinnerte er sich an das Zitat, welches Singleton gemurmelt hatte, als sie den französischen Veteranen gegenüberstanden: *Dulce et decorum est pro patria mori.*

»Es ist alles nur eine Frage der Weltanschauung, Mr. Frey«, sagte er plötzlich, während er ihm die Bibel wieder in die Hand drückte.

»Wirklich, Sir?« fragte Frey erstaunt.

»Ja. Und des Standpunkts.«

Einundzwanzigstes Kapitel

November 1803

In der Nore *

»Lassen Sie die Rahen vierkant brassen, Mr. Hill, und die Bramsegel setzen.«

Drinkwater beobachtete, wie die Walfänger, unterstützt durch die auflaufende Flut, in den Humber einkreuzten. Als er die anderen Schiffe, die *Earl Percy, Provident, Truelove* und den Rest am Treffpunkt bei den Shetland-Inseln wieder unter seine Fittiche genommen und bis zur Humbermündung geleitet hatte, erfüllte ihn das befriedigende Gefühl, seinen Auftrag ausgeführt zu haben. Nur die *Faithful* lag jetzt noch zusammen mit der *Nimrod* und der *Conqueror* auf der Hawke-Reede vor Anker, und Kapitän Sawyers war dabei, seine Prisenkommandos an Bord der beiden anderen Schiffe zu schicken.

Auf *Melusine* verfolgte Drinkwater inzwischen, wie Mr. Comleys Rohrstock widerstrebende Walfänger ermunterte, etwas williger in die Takelage zu gehen. Deren wehmütige Blicke zu ihren früheren Schiffen verursachten Drinkwater einige Gewissensbisse. Es war eine brutale und grausame Entscheidung gewesen, die Mannschaften von *Conqueror* und *Nimrod* zu pressen, aber zumindest sah es so aus, als wäre sein Vorgehen durch die gängige Praxis sanktioniert. Außerdem würde jetzt niemand wegen Ellerbys Verrat an den Galgen kommen. Die Ironie dieser Situation blieb ihm keineswegs verborgen. Noch vor wenigen Monaten hatte er sein Wort gegeben, daß kein skrupelloser Kreuzerkommandant, der vielleicht hier vor Spurn Head auf der Lauer lag, um zwangsweise Leute für die Royal Navy zu rekrutieren, auch nur einen Mann seines Geleitzuges pressen würde. Jetzt hatte er genau das getan, was er mißbilligte. Er glaubte nicht, daß die Klatschmäuler im Hafen von Hull seine Motive gründlich genug prüfen würden, um für sein im großen und ganzen berechtigtes Handeln Verständnis aufzubringen. Allerdings war es nicht die öffentliche Meinung am Hull, die ihn beunruhigte.

* Name einer Sandbank und Reede in der Themsemündung (Anm. d. Übers.).

Jetzt, nach der ermüdenden Heimreise von Grönland, hatte er alle seine auf verschiedene Schiffe verteilten Leute wieder an Bord. Auf der *Melusine* mußten die Wachen jetzt ständig die Lenzpumpen bedienen. Drinkwater selbst hatte wenig geschlafen und mit geschärften Sinnen auf das Knarren und Ächzen des Notruders gelauscht, sich innerlich jeden Moment darauf vorbereitend, daß es unter der Belastung brach. Aber es hatte bis zu den Shetlands gehalten, wo es noch einmal überholt wurde, und es würde, so Gott wollte, auch weiter halten, bis sie die Nore erreicht hatten.

Sie passierten die *Faithful*, als sie ihren Ankerplatz verließen. Sie war ebenfalls schon ankerauf gegangen, und Drinkwater, der Sawyers auf der Poop stehen sah, lüftete zum Abschied den Hut. Dem Quäker würde diese Reise ein kleines Vermögen einbringen, jetzt, da sein ›Bergegeld‹ für *Nimrod* und *Conqueror* noch zu dem Profit aus dem Verkauf des Walbeins, Walöls und der Felle hinzukam. Drinkwater wünschte ihm alles Gute. Der Quäker hatte versprochen, ein paar passende Worte bei denjenigen Schiffseignern am Hull fallen zu lassen, die versuchen wollten, von der Regierung eine Entschädigung herauszuschlagen, weil sich ein gewisser Captain Drinkwater in übertriebenem Diensteifer ihre Besatzungen angeeignet hatte.

Es gab andere Dinge, die Drinkwater Sorgen machten. Sawyers' Versicherung, daß alles klargehen würde, schien ihm plötzlich nicht mehr so überzeugend. Drinkwater hatte nahezu zwei Tage damit verbracht, einen vertraulichen Bericht an die Admiralität zu verfassen. Damit hatte er Mr. Quilhampton auf der *Earl Percy* zum Hull geschickt, damit er die nächste Postkutsche nach London nehmen konnte; einen Mr. Quilhampton, den er sorgfältig instruiert hatte, falls er in die Lage kommen sollte, irgendwelche Fragen Ihrer Lordschaften beantworten zu müssen. Drinkwater bezweifelte, daß es Ärger wegen des Pressens der Walfänger geben würde. Aber wie stand es mit Waller? Angenommen, Drinkwaters Entscheidung wurde falsch interpretiert? Was würde man dazu sagen, daß er die bemitleidenswerten französischen Invaliden ihrem Schicksal überlassen hatte? Die Admiralität hatte natürlich nicht gesehen, in welchem Zustand sich die Männer befanden, und deshalb mochten sie gefährlicher erscheinen, als sie in Wirklichkeit waren. Was nun Singleton anging, so konnte jetzt seltsam töricht wirken, was ihm in Grönland wie ein Akt tragischen Mutes vorgekommen war. Drinkwater hatte einen Brief von Singleton für die Missionsgesellschaft dabei und selbst noch ein Schreiben dazugelegt, aber Gott allein wußte, was aus dem Missionar werden würde.

»Wir sind klar von der Landzunge, Sir.«

»Gut, Mr. Hill, nehmen Sie bitte Kurs auf das Would-Feuerschiff.«

Drinkwater war in die Betrachtung der Schiffe versunken, die auf der Nore vor Anker lagen, als Mr. Frey ihm die Ankunft eines Bootes aus Sheerness meldete. Instinktiv wußte er, daß es Quilhampton bringen würde, den er mit seinem Bericht nach Whitehall geschickt hatte. Er setzte sich an seinen Schreibtisch und bemühte sich, ein Gefühl der Beklommenheit zu unterdrücken.

Das erwartete Klopfen kam kurz darauf. »Herein!«

Mr. Quilhampton trat ein und förderte ein versiegeltes Päckchen unter seinem Umhang zutage.

»Die Befehle, Sir«, sagte er mit ungebührlicher Heiterkeit. Drinkwater ergriff das Päckchen. Mit Schrecken sah er, das seine Hand zitterte.

»Wie hat man Sie empfangen, Mr. Q?« fragte er betont gleichgültig, während er sich mit den Wachssiegeln abmühte.

»Zunächst haben sie mich den ganzen Morgen warten lassen, Sir. Dann ließ mich der Erste Lord zu sich kommen, Sir. Komischer alter Kauz, Sir, entschuldigen Sie. Er forderte mich ganz höflich auf, Platz zu nehmen, und stellte eine Menge Fragen über das Gefecht in der Bucht von Nagtoralik und über die Kampfstärke der *Requin*. Ich hatte den Eindruck, daß er sich ein Urteil über die feindlichen Kräfte bilden wollte, mit denen wir es zu tun hatten. Dann stand er auf, ging eine Weile auf und ab und betrachtete die Bäume im Park, drehte sich schließlich um und entließ mich. Sagte mir, ich solle in der Halle warten. Nach zwei Stunden kam ein Bursche namens Templeton und gab mir das.« Er deutete mit dem Kopf auf die Papiere, die plötzlich auf den Tisch fielen, als Drinkwater das letzte Siegel gelöst hatte. »Es war recht merkwürdig, Sir...«

»Was?« Drinkwater sah abrupt auf.

»Dieser Templeton, Sir. Er sagte, soweit ich mich erinnern kann: ›Sie haben die Natter also ausgeräuchert. Wir wußten von dem Mann, seit wir Papiere abfingen, die nach Frankreich gehen sollten, aber Sie haben ihn auf frischer Tat ertappt.‹« Quilhampton zuckte die Schultern und fuhr fort: »Dann fragte er nach Lieutenant Germaney und schien ziemlich bestürzt über seinen Tod.« Aber Drinkwater hörte gar nicht mehr zu. Er hatte zu lesen begonnen, flüchtig zunächst und nach den wichtigen Sätzen suchend, welche ihn in Schande stürzen und die Vernichtung seiner Hoffnungen bedeuten konnten.

Die Buchstaben tanzten vor seinen Augen, er wühlte in den Papieren und sprang lesend von einem zum andern.

Mit der ruhigen Vertrautheit des getreuen Dieners kam Tregembo mit einer gefüllten Karaffe aus der Pantry.

»Der Captain hat endlich wieder einen anständigen Wein, Sir«, sagte er beiläufig zu Quilhampton. »Sie haben doch sicher Durst nach Ihrer Fahrt?«

Quilhampton sah auf den in die Papiere versunkenen Drinkwater und winkte ab.

»Geben Sie ihm ein Glas, Tregembo«, befahl Drinkwater. »Dann können Sie mir auch eins einschenken.«

Uneingeschränkte Zustimmung war es nicht. St. Vincent vertrat die Ansicht, daß er Waller den Behörden hätte übergeben sollen:

Eingedenk der politischen Auswirkungen auf die seefahrende Bevölkerung von Kingston-upon-Hull billige ich Ihre Handlungsweise mit einem gewissen Widerwillen, wobei ich die extremen Maßnahmen, die Sie zu treffen gezwungen waren, anerkenne. Ich bin sicher, daß der Dienst auf einem Schiff Seiner Majestät, welches unter Ihrem Kommando steht, diesen Waller zu wahrer Untertanentreue zurückführen wird...

Drinkwater faßte das als verstecktes Kompliment auf. Vielleicht hatte Dungarth einen gewissen Anteil daran. Aber er war sich nicht sicher, denn der Rest des Schreibens war purer St. Vincent:

Es ist nicht und war niemals die Aufgabe, noch wird es jemals die Aufgabe der Royal Navy sein, gegen Kranke Krieg zu führen, und Sie brauchen sich in dieser Hinsicht keine Sorgen zu machen. Die abscheuliche Isolierung, zu der der korsische Tyrann hier loyale Männer verdammt hat, zeigt uns besonders deutlich, welcher Natur die Schlechtigkeit ist, gegen die wir uns erheben...

Drinkwater entspannte sich. Man hatte ihm geglaubt. Er griff etwas zerstreut nach den anderen Papieren und nahm einen Schluck aus dem Glas, welches ihm Tregembo hingestellt hatte.

Angesichts der Tatsache, daß die unter Ihrem Kommando stehende Korvette Melusine *zur Zeit nicht einsatzfähig ist, haben mich Ihre Lordschaften angewiesen, Ihnen mitzuteilen, daß Sie die* Melusine *dem Werftbeauftragten in Chatham übergeben sollen; gleichzeitig wird die Besatzung auf die Fregatte* Antigone *versetzt, die sich dort in der Ausrüstung befindet...*

»Du lieber Himmel, James! Die ganze Besatzung ist auf die *Antigone* versetzt. Unsere alte Prise vom Roten Meer.«

»Die Welt ist wirklich klein, Sir. Heißt das, *Melusine* wird von Grund auf überholt?« Quilhamptons Sorge um seine eigene Zukunft lag in der Frage.

Drinkwater nickte. »Ich fürchte ja, James.«

»Und Sie selbst, Sir?«

»Ich?« Drinkwater nahm das letzte Papier in die Hand und wurde blaß. »Herr, du meine Güte!«

»Was ist los, Sir?«

»Ich bin zum Vollkapitän befördert worden und soll das Kommando über *Antigone* übernehmen. Eine Fregatte von sechsunddreißig Kanonen, James!«

»Vollkapitän, Sir? Meine allerherzlichsten Glückwünsche!«

Drinkwater blickte auf die Ernennungsurkunde nieder. Sie war von St. Vincent persönlich unterschrieben, ein außergewöhnliches Zeichen für das Wohlwollen dieses großen alten Mannes.

»Das wurde auch verdammt Zeit, Sir«, brummte Tregembo und füllte die Gläser.

Nachwort

Es ist eine Tatsache, daß den Walfängern in der Arktis während der Napoleonischen Kriege durch französische Schiffe Schaden zugefügt wurde. Meine Hauptquelle bezüglich des Walfangs selbst war der jüngere Scoresby. Die Jagd auf den Grönlandwal unterschied sich beträchtlich von der auf den bekannteren Pottwal des Südpazifik, hauptsächlich dadurch, daß der Walspeck wegen der relativen Kürze der Reise nicht an Bord zu Öl verkocht wurde. Obgleich bekannt war, daß der Wal Luft atmete, wurde er immer noch weitgehend als Fisch bezeichnet. In dieser Zeit glaubte man auch, daß der Wal schlecht hören, jedoch gut sehen könne. Wenn er auch gelegentlich Boote zum Kentern brachte, war der Mysticetus ein vergleichsweise friedfertiges Tier, weit weniger aggressiv als der Pottwal.

Die Verzögerung beim Auslaufen der Walfänger ist meine Erfindung, beruht jedoch auf der Tatsache, daß die Regierung im Jahre 1802, während des Friedens von Amiens, einige der für die Offiziere von Walfängern ausgestellten Freistellungsbescheinigungen wieder einzog, da man erneute Feindseligkeiten erwartete. Die mißtrauische Haltung der Kapitäne ist daher durchaus entschuldbar. Es stimmt auch, daß man im Frühjahr 1803 Pläne vom Hull und dem Humber auf dem Weg nach Frankreich abfangen konnte; hieraus wurde der Verrat Ellerbys entwickelt. Dieser handelte darüberhinaus illegal, da er einen Eid verletzt hatte, mit dem die Walfängerkapitäne sich verpflichteten, in der Arktis von keiner anderen Tätigkeit zu profitieren als dem Walfang.

Der außergewöhnliche Kanal im Eis entspricht annähernd demjenigen, der 1806 von Scoresby entdeckt wurde. Auf den großen Fjord, dessen einer Seitenarm die Bucht von Nagtoralik bildet, stieß Scoresby jedoch erst im Jahre 1822. Über den Scoresby Sound heißt es in den *Admiralty Sailing Directions*: »Dieses eisfreie Land besteht in der Hauptsache aus schroffen Bergen, aber... nahe der offenen See ist die Vegetation üppig und Wild reichlich vorhanden.« Außerdem gilt er »als der am leichtesten zugängliche Teil der Küste Ostgrönlands...«

Drinkwaters Gründe, seine Entdeckung für sich zu behalten, liegen auf der Hand. Als Beaufort zum Hydrographen der Marine ernannt wurde, verzögerte seine Angewohnheit, alle Vermessungen persönlich zu prüfen, in Verbindung mit der Entlegenheit des Ortes die Veröffentlichung einer anonymen Vermessung der »Bucht von Nagtoralik und Umgebung«. Zu dieser Zeit war Scoresbys Name natürlich schon fest mit diesem Gebiet verbunden.

R. W.